为每个孩子埋下一颗"职业理想"的种子

本书受浙江工业大学重点建设创新团队"职业教育现代化"项目资助

现代职业教育·畅远学术论丛
主编 刘晓

点亮未来

新时代职业启蒙教育的体系构建与实践路径

刘晓 等◎著

LIGHTING UP THE FUTURE

SYSTEM CONSTRUCTION AND PRACTICAL PATH
OF VOCATIONAL ENLIGHTENMENT EDUCATION IN THE NEW ERA

ZHEJIANG UNIVERSITY PRESS
浙江大学出版社
·杭州·

图书在版编目（CIP）数据

点亮未来：新时代职业启蒙教育的体系构建与实践
路径 / 刘晓等著. -- 杭州：浙江大学出版社，2024.
11 -- ISBN 978-7-308-25555-4

Ⅰ. G718. 5

中国国家版本馆 CIP 数据核字第 2024EZ4193 号

点亮未来：新时代职业启蒙教育的体系构建与实践路径

刘　晓　等著

策划编辑	陈佩钰	
责任编辑	金　璐	
责任校对	葛　超	
封面设计	雷建军	
出版发行	浙江大学出版社	
	（杭州市天目山路 148 号　邮政编码 310007）	
	（网址：http://www.zjupress.com）	
排　　版	杭州晨特广告有限公司	
印　　刷	杭州宏雅印刷有限公司	
开　　本	710mm×1000mm　1/16	
印　　张	17.25	
字　　数	300 千	
版 印 次	2024 年 11 月第 1 版　2024 年 11 月第 1 次印刷	
书　　号	ISBN 978-7-308-25555-4	
定　　价	98.00 元	

前言　为每个孩子埋下一颗"职业理想"的种子

青少年儿童是国家的未来,他们的成长与发展直接关系到社会的繁荣与进步。在这个快速发展的时代,职业启蒙教育的重要性日益凸显。它不仅能帮助孩子们了解各种职业,更能引导他们探索自我、培养兴趣、激发潜能。作为教育工作者,我们深知职业启蒙教育在青少年儿童成长过程中的重要性。因此,我们希望通过这本书,为广大家长和教育工作者提供一套系统、科学的职业启蒙教育方法,帮助孩子们更好地认识自我、了解社会、规划未来。

一、职业启蒙教育的时代价值

职业启蒙教育作为一种以青少年儿童为实施对象,旨在从培养职业思维能力出发,对职业特征的描述、职业类型的判断、职业技能的习得、职业规范的养成、职业道路的规划等方面进行智力改造的教育活动,对落实新时代劳动教育方针、完善全生命周期职业教育体系和推动技能型社会教育体系构建具有重要意义。

首先,职业启蒙教育是合理优化劳动资源的需要。近年来,我国结构性就业矛盾越发突出,劳动力市场"招工难"与"就业难"现象并存。问题的关键在于个人职业选择和教育选择的合理匹配仍然薄弱,缺乏系统的职业启蒙和指导。因此,在深入匹配就业需求的基础上,结合个体未来职业发展倾向和智能基础,进行更理性、更适合的职业启蒙和指导,可在一定层面上解决劳动力失衡、结构性失业等社会问题。

其次,现代职业教育体系应该是贯穿于职业启蒙、职前培养、职后培训、面向老龄社会的全生命周期的教育体系。因此,职业启蒙是实现普职衔接的桥梁,更是现代职业教育体系构建的根基。

最后,职业启蒙是明晰个体未来生涯发展的需要。职业启蒙旨在为学生提供一个接触社会、了解职业的窗口,通过对职业生涯乃至人生进行持续的系统设计,帮助个体选择更加满意和与之更加匹配的职业,为未来的学科选择、高考志愿填报、择业就业等做好准备。

二、职业启蒙教育的现实意蕴

在时间维度上，职业启蒙可分为初级、中级、高级三个阶段。初级阶段主要对应幼儿园、小学，将围绕职业类型、特点进行普适的职业认知和体验教育；中级阶段主要对应初中，将围绕个体兴趣倾向、智能优势进行初步的生涯指导教育；高级阶段主要对应普通高中，将围绕学生智能基础、职业理想等主观条件和劳动力市场需求、家庭情况等客观条件进行合理的职业方向规划。

在教育内容上，职业启蒙主要以职业认知、职业技能、职业规划、职业道德为主。通过引导学生从对"职业"以及"自我"的认识转化为对"职业自我"的综合认识，帮助他们经历职业感受、职业认知、自我认知、职业探索、职业规划等阶段，达到沟通职业态度与职业行动的目的。

在实施方式上，职业启蒙是通过职业体验、职业角色扮演、劳动实践等形式开展的。职业启蒙的核心路径是"职业体验"，可与社会组织、商业机构、家长、学校、社区等联合，整合社会组织资源，通过游戏、小组课程、实践体验等方式帮助学生了解自己、认识职业世界，增强学生的应变能力、表达能力、动手能力、团队协作、责任心等，全面建设学生的综合素质。同时，从各类职业体验、课程活动、劳动实践中理性审视人生之问——"要过一种什么样的人生"，从而帮助学生向"理想的职业人生"前进。

三、职业启蒙教育的实施路径

从目前开展青少年儿童职业启蒙教育的现状来看，还存在诸多实践的难点：一是无论是职业学校还是中小学、幼儿园都尚未发挥职业启蒙的重要主体作用。二是由于职业启蒙作为一个新的研究领域，理论界对于职业启蒙教育理论的系统性研究不够充分，缺乏科学合理的整体性设计和可操作的实践模式。三是在具体实施中，普通中小学由于资源有限，面临授课教师数量少且缺乏相关理论与实践经验、教学设备和场地不足、课程缺少"职业"特色等现实困境，导致职业启蒙教育实践难以有效落地。

基于上述背景，我们编写了本书，旨在通过深入的研究和分析，构建一个全面、系统、科学的职业启蒙教育体系。我们期望通过这本书，引导读者认识到职业启蒙教育的重要性，理解其内涵和价值，掌握其方法和策略，从而更好地指导青少年儿童的职业发展。在编写过程中，我们参考了大量的国内外相关文献和研究成果，结合新时代的社会背景和教育实践，对职业启蒙教育的理念、目标、内容、方法等方面进行了系统的梳理。同时,我们也结合了一些成功的实践案例,展示了职业启蒙教育在实际操作中的应用和效果。对此,本书提出以下建议。

首先,加强职业启蒙的理论研究和顶层设计,为实践活动提供具有可操作性的理论指引。围绕"实现什么样的职业启蒙"和"怎样实现职业启蒙"进行教育理论研究和一线实践分析,细化幼儿园、小学、中学各阶段职业启蒙的目标、内容、途径、方式和评价等,为职业启蒙实施提供系统性的理论框架。整体设计职业启蒙教育,构建层层递进的职业启蒙教育体系。

其次,强化职业体验中心的基础建设和内容活动,提高职业启蒙实施水平。以课堂教学为主渠道,通过学科课程渗透、综合实践活动课程设计、职业启蒙校本课程开发等多样化课程形式全方位落实职业启蒙。以具备职业启蒙理论知识和相应实践教学能力的专业师资为实施主体,同时对现有中小学教师进行理论和实践培训;由职业启蒙研究专家、家长、职业院校教师以及高校优质"导生"等组建教师共同体,因地制宜、因校制宜进行职业启蒙方案设计、实践落实和评估指导。以多样化教育形式扩宽职业启蒙渠道,通过 STEM 课程服务、社团活动体验、校园"职业周"、职业调研活动、职业启蒙讲座等多种形式的有机结合彰显"职业"特色,提升学生的职业兴趣。

再次,优化职业启蒙的教育资源配置和保障机制,从根本上破解职业启蒙的现实难题。一方面,要健全职业启蒙系统化落实机制,在政府统筹下构建大中小幼一体化职业启蒙教育体系。另一方面,要建立"政府主导、学校实施、家庭协助、社会支持"的四位一体保障机制,通过政府政策经费投入、中小学职校资源共享、家庭资源开发、社会职业体验基地资源建设等方式,破解职业启蒙实践资源不足难题,推动职业启蒙可持续发展。

最后,需要说明的是,职业启蒙教育是一个长期、复杂的过程,需要家庭、学校、社会等多方面的共同努力。因此,我们呼吁广大家长和教育工作者积极参与孩子的职业启蒙教育,为他们提供更多的实践机会和支持,共同促进他们的全面发展和健康成长。

刘晓

2024 年 2 月

目　录

第一章
职业启蒙教育体系构建与实践路径

职业启蒙教育作为一种能够有意识地影响学生对职业的体验、认知、探索以及规划的系统性活动,是儿童及青少年实现全面发展的必修课,也是他们明晰未来生涯发展的第一道窗口。职业启蒙教育所具有的跨界性特征,天然地强调以学校为主导、社会为支撑、家庭为阵地,打破时间边界与空间区隔以实现全息育人。[①] 为此,新时代的职业启蒙教育体系应集结家庭、学校、社会三方,共同探索职业启蒙教育的可能路径,让学生在家校社协同的合力下逐步发掘、发现、发展自己的职业兴趣,为他们未来的专业选择或就业选择埋下"一颗种子"。[②]

第一节　职业启蒙教育的价值意蕴与现实困境

一、职业启蒙教育的价值意蕴

职业启蒙教育作为基础教育的重要组成部分,兼有个体性与社会性价值。一方面,职业启蒙教育是启蒙青少年儿童职业认知,进而指引完满职业生活的重要基础;另一方面,其是缓解未来劳动力市场供需矛盾,解决经济社会发展对各行业劳动力结构性需求的前提基础。

(一)个体价值:启蒙青少年儿童职业生涯

杜威(Dewey)曾言,"职业是唯一能使个人的特异才能与他的社会服务取得平衡的事情"[③]。这表明,作为一个"社会人",职业是个人才能得以发挥的重要

---

① 吉标,杨旭.交叠影响域理论视野下职业启蒙教育实施困境及突破[J].教育与职业,2023(4):102-108.

② 刘晓,王海英.为每一个孩子种下"职业理想"的种子[N].中国教育报,2021-07-13(5).

③ 杜威.民主主义与教育[M].王承绪,译.北京:人民教育出版社,2001:324.

载体,也是个人幸福生活的有效保证。基础教育阶段是儿童身心发展的黄金阶段,是个人教育生涯的起点,也是世界观、人生观和价值观确立的关键时期。基础教育阶段的重点是向学生传授基础知识,为学生打开职业世界的大门,架起学生个人生活与职业生涯之间的桥梁。美国职业生涯教育家舒伯(Super)认为,职业发展的本质就是个体在对自我概念探索和进一步认知深化的过程中,实现自我概念与现实客观因素的相互衡量和妥协的过程,是一个可以被引导的动态的过程。① 根据舒伯提出的职业发展理论模型,在全生命周期,个人的职业生涯可以划分为五个阶段,即成长阶段(0—14 岁)、探索阶段(15—24 岁)、确立阶段(25—44 岁)、维持阶段(45—65 岁)和衰退阶段(65 岁以后),每个阶段的兴趣爱好、职业目标、人生追求均存在较大差异。其中,作为基础教育重要阶段的 0—14 岁(成长阶段),其任务主要是发展自我认知,明确职业意义,树立正确的职业态度。② 可见,基础教育阶段是学生为职业生涯奠定基础的关键期,这对职业启蒙教育提出了较高的要求。

尽管当前我国基础教育阶段的“双减”工作持续推行,但学生应试和升学压力依旧严峻,广大中小学依旧以“知识导向”为主开展教学与评价,导致许多学生到高中阶段都不能合理地认识自己以及职业世界,进而在高考选科、志愿填报中不知所措、盲目跟从,导致职业生涯畸形发展。20 世纪初,德国教育家凯兴斯泰纳(Kerschensteiner)提出“劳作学校”理论,他认为“进行职业的陶冶或职业陶冶的准备”是公立学校的基本任务之一,主张在学校的基础教育阶段开设“劳作课”,完成职业教育的“预备教育”任务,其主要目的在于培养学生的公民意识和社会技能,帮助学生未来能在国家的组织团体中承担任务或职务。③ 他所说的“预备教育”即职业启蒙教育。可见,职业启蒙教育能够很好地发挥个人职业选择的“指向标”功能,应该在基础教育阶段有所施行,与普通教育融会贯通。开展合理的职业启蒙教育,可以让学生对现代社会的各种职业有初步的认识和了解,树立正确的职业价值观,并在此过程中不断提升自身的核心素养,促进个体个性化发展和技能迁移,以增强未来竞争力,积极寻找多元化的发展路径,从而为职业生涯奠定良好的基础。

---

① Donald E, Super A. Theory of vocational development [J]. The American Psychologist, 1953,8(5):185-190.

② 陈鹏.职业启蒙教育学[M].北京:知识产权出版社,2019:24-29.

③ 凯兴斯泰纳.教育论著选[M].郑惠卿,译.北京:人民教育出版社,2004:15-16.

（二）社会价值：缓解劳动力市场供需矛盾

随着我国经济社会进入新的发展阶段，产业升级和经济结构调整加速，新产业、新业态催生新行业、新职业，职业迭代加剧。在新的形势下，我国劳动力市场整体供需矛盾凸显，结构性失业严重，个人择业、就业面临前所未有的困难与挑战。根据人社部公布的数据[①]，2023年全国普通高校毕业生数量高达1158万人，同比增加82万人，规模和增量均创历史新高，招工难、就业难并存的结构性矛盾突出，普工难招、技术工人短缺、高技能人才严重匮乏。与此同时，随着新兴产业的发展，一批新的职业尤其是数字职业、绿色职业人才供给短缺，传统产业劳动力供应过剩。数据显示，绿色技能人才在全球劳动力中的占比持续上升，从2015年的9.6%上升到2021年的13.3%；在过去五年，劳动力市场需要绿色技能的职位招聘规模以每年8%的速度增长，而同期绿色技能人才规模的增长比例仅为6%，供需矛盾突出。[②]

面对国内产业结构调整和人才需求结构变化的现状，《中华人民共和国国民经济和社会发展第十四个五年规划和2035年远景目标纲要》明确提出，要遵循人才成长规律，培养具有国际竞争力的青年科技人才后备军，加强创新型、应用型、技能型人才培养，壮大高水平工程师和高技能人才队伍；优先发展教育事业，建设高质量教育体系，增强学生文明素养、社会责任意识和实践本领。党的二十大报告进一步指出，建设人才强国战略，通过办好人民满意的教育，推进教育、科技、人才的一体化。职业启蒙教育作为基础教育阶段的职业认知教育，对于高技能人才、新职业人才的培养具有重要的作用。通过职业启蒙教育，可以引导学生认识社会产业结构及其发展规律，了解产业发展过程中出现的一些新兴职业。同时，学生可以在认识自己、了解职业的过程中，逐步激发学习兴趣，对职业生涯不断思考和探索，根据自身兴趣和优势选择未来可能的专业或职业领域，在适应日新月异社会变化的同时找到个人与职业之间的"平衡点"，树立科学的职业信念，发展综合的职业素养，最终实现个体就业与社会需求相统一。

---

① 教育部.人力资源和社会保障部部署做好2023届全国普通高校毕业生就业创业工作［EB/OL］.（2022-11-15）［2024-02-11］.http://www.moe.gov.cn/jyb_zzjg/huodong/202211/t20221115_991529.html.

② 刘育锋.绿色技能开发：诉求、方法及建议——可持续发展背景下的全球绿色技能战略论坛综述［J］.中国职业技术教育,2022(28):96-103.

二、职业启蒙教育的现实困境

尽管职业启蒙教育在当前承载着前所未有的历史使命，但现实层面仍存在部分有待纠偏的发展困境。本书课题组在过去几年围绕小学、中学的学生、教师与家长展开调研发现，职业启蒙教育的现实困境集中体现在其功能定位与实施路径两个层面。[①]

(一)职业启蒙教育功能定位逐渐游离

基础教育阶段作为学生生涯发展的起点，肩负着促使个体全面发展的功能。职业启蒙教育是中小学生了解职业、认识职业、感悟职业的"人生第一课"，能有效激发学生探求职业世界的好奇心，使他们初步形成职业理想并朝着职业理想不断奋进。美国社会学家阿伯特(Abbott)指出，职业支配着人类世界，它们能治愈身体、衡量收益、拯救灵魂，但人类对职业的态度却极度纠结。[②] 当前，高品质的职业启蒙教育在基础教育阶段的长期"缺席"，已引发一定范围的社会问题。调查数据显示，七成以上的高中毕业生对就读专业较迷茫，超八成的大学本科生对当前就读专业极不满意，这导致个体在成长与发展过程中对职业种类、职业功能与职业理念出现盲点。[③] 反观职业启蒙教育在家校社中的地位，当前许多中小学未能完全重视职业启蒙教育，许多学校仍将它作为一种体验式课程、班会活动；部分家长也因"刻板印象"而通过言传身教影响孩子对职业的认知；社区则更多关注面向成年劳动者的技能培训，无暇顾及职业启蒙教育。当前，家校社三方对职业启蒙教育的重视程度远远不够。

(二)职业启蒙教育实施路径有所偏离

在实施路径设计上，目前职业学校试图联系中小学开展职业启蒙教育。但现实中，职业学校被边缘化的现象屡见不鲜。首先，"两校"合作开展职业启蒙教育意识较为淡薄，合作途径少。中小学重"智"轻"职"的观念根深蒂固，对职业启蒙教育的认可度较低，因此职业启蒙教育中职业体验活动的实施动力明显不足，很少有中小学愿意主动与职业学校开启深入、持久的职业启蒙合作关系。其次，

---

① 邵文琪，王刚，刘晓.共生理论视角下职业启蒙教育资源整合的困境与突破[J].教育与职业，2021(7):5-11.

② 阿伯特.职业系统——论专业技能的劳动分工[M].李荣山，译.北京：商务印书馆，2016：11.

③ 马治国，周常稳，孙长梅.中小学实施职业启蒙教育的迫切性与可行性探析[J].教育探索，2016(1):22-26.

职业启蒙教育缺乏资源共享途径。据调研,目前中职学校开发的职业启蒙教育课程资源中有超九成的项目仍为职业体验类课程,其中涉及职业认知的课程不足 30％,有超过 50％ 的中职学校缺少长足的职业启蒙教育课程建设规划,缺乏对相关师资的培养培训,职业启蒙教育可用资源相当匮乏[1]。最后,职业启蒙教育资源共享途径仍停留在"物理共享"层面,缺乏社会资源的参与。职业启蒙教育多为职业学校面向当地社会单向开放,社会组织对职业启蒙教育的开发意愿淡薄,尤其是在网络数字化资源的开发和利用上,愿意合作的企业更是少之又少,职业启蒙教育的实施开展急需相应资源的加持。

第二节　职业启蒙教育的内涵探源

何为职业启蒙教育？新时代的职业启蒙教育包含哪些阶段与要素？回答上述问题,有助于提升大众对职业启蒙教育的价值认同与理性认识,为回应职业启蒙教育的价值意蕴与现存困境奠定基础。

一、职业启蒙教育的概念界定

"职业启蒙教育"一词,可从"启蒙""职业启蒙""职业启蒙教育"三个词进行概念辨析。

(一)关于"启蒙"

在《汉语大词典》中"启蒙"是"使初学者得到基本的、入门的知识",泛指通过宣传教育使社会接受新事物而得到进步的运动。[2] "启蒙"一词并非舶来品。早在元代,一位名叫刘埙的儒生就在《隐居通议・论悟二》中有所论述,"及既得师启蒙,便能读书认字",其意指通过宣传教育,使社会接受新事物。据国学史料记载,我国古代儿童"开蒙"的年龄一般在四岁左右。[3] 由此可推理出启蒙的几个特质:第一,从内容上来看,教育内容的难度不大;第二,从对象上来说,实施对象的社会阅历较浅;第三,从实施效果来讲,有改变偏见和纠错的作用。儿童、青少年时期是人成长过程中生理和心理变化最明显的阶段,抓住此关键时期开发孩

①　高山艳.中职学校面向中小学开展职业启蒙教育的现状研究——基于北京市 11 个区 19 所中职学校的调查[J].中国职业技术教育,2021(10):49-57.

②　罗竹风.汉语大词典(第三卷)[M].上海:汉语大词典出版社,1989:397.

③　刘晓,黄卓君.青少年儿童职业启蒙教育:内涵、内容与实施策略[J].中国职业技术教育,2016(23):32-37.

子的智力潜能,是教育者不容忽视的责任。当一些孩子无法通过广泛的社会调查和严格的实验检测得出结论时,以相对稳定的经验提醒他们把需要掌握的知识当作常识去运用,这种避免盲目求知的教育方法叫启蒙教育。古今中外,诸多名人的案例可以证明,一定程度的启蒙教育能为孩子将来的基础教育和高等教育打下良好的基础。

(二)关于"职业启蒙"

通过研究及梳理,国内外关于职业启蒙的论述主要基于以下三种思路。

一是"职业生涯指导"论,即认为职业启蒙相当于职业生涯规划的第一步——职业探索。这一观点的代表者是美国学者罗斯维尔(Rothwell)和思莱德(Sredl),他们根据职业发展的普遍规律将人的一生分为职业探索期、立业与发展期、职业发展期、职业衰退期四个时期,认为职业探索往往在 15 岁之前已经开始。[①]

二是"职业意识培养"论,即认为职业启蒙就是培养青少年儿童的职业意识,帮助他们发现自己的兴趣,探寻发展的机会。如舒伯认为,不同阶段的职业生涯内容和重点有所区别,如成长阶段的重点是对学生进行职业启蒙教育,发展自我形象,使之具备对工作世界的正确态度,并逐步意识到工作的意义。[②] 日本学者上官子木认为,职业启蒙教育是让小学生了解与职业有关的常识性知识,从而让学生懂得人们是如何在社会生存的,也促使他们从小思考自己将来有可能的发展方向。[③]

三是"儿童劳动技术课程"论。代表性观点如国内学者李俊对职业启蒙教育的定义,"它包含教育部门在初等教育阶段所采取的各种教育手段,旨在为学生将来进入职场和参与各种项目做准备,以帮助他们顺利从学校过渡到职场"[④]。

(三)关于"职业启蒙教育"

通过对"启蒙教育"和"职业启蒙"的剖析,可以将职业启蒙教育的内涵总结为:一种以青少年儿童为实施对象,以他们的成长环境为载体,以培养他们职业思维能力为目标,以识别职业特征、判断职业类型、习得职业技能、树立职业道

---

① 薄晓丽.从英国职业指导计划论及我国儿童职业启蒙教育 [J].职业教育研究,2012(11):79-80.

② 刘涛,陈鹏.中外职业启蒙教育的理论与实践述评[J].职教论坛,2015(12):39-42.

③ 洪明.儿童职业意识启蒙探析[J].中国职业技术教育,2011(18):92-95.

④ Li J. Pre-vocational Education in Germany and PRC-A Comparison of Curricula and Its Implications[D]. Köln:Universität zu Köln,2011.

德、规划职业道路为基本内容的智力改造。

具体可科学建构出以下职业启蒙教育内容与目标体系:在时间维度上,借助埃里克森(Erikson)的人格发展八阶段理论可知,4—7岁的儿童能通过运动神经进行更精确的活动,产生对未来规划的想象;8—12岁儿童的任务是学习一定的社会生存技能,为未来成为社会生产者打下基础,勤奋感超越自卑感;而13—18岁青少年则关心的是如何把各种角色及早期培养的技能与当今职业的标准相联系,实现自我同一性。所以,职业启蒙教育应主要针对4—18岁的小学生、初中生、高中生,帮助他们顺利完成这几个阶段的任务,然后以社会生产者的形象继续自己的人生。①

在内容上,教之以职业基础知识、授之以职业基本技能、引导规划职业方向、强调职业道德规范,帮助他们经历职业体验、职业认知、自我认知、职业探索、职业规划等几个阶段,实现学生从对"自我"的认知转化为对"职业"的认知,达到从职业态度向职业行动平稳过渡的目的。每个阶段不是单方向的进行,而是以循环上升的方式进行。经过迂回筛选的过程,层层凝练自己的职业目标。职业启蒙教育不是仅局限于"职业"一词的表层意思,而是从更深层次围绕"职业"的开展赋予人社会性,让孩子更清晰地知道自己如何才能更真实地投入社会(见图1-1)。

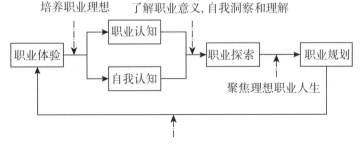

图 1-1 个体职业生涯发展系统

在实施方式上,职业启蒙教育通过整合社会组织资源,多空间开展职业角色模拟、行业精英人物讲座、职业场所参观等活动,体验成人职业世界,丰富青少年儿童感官体验和内心世界的建设,帮助他们增强应变能力、表达能力、动手能力、团队协作能力等。

---

① 刘晓,黄卓君.青少年儿童职业启蒙教育:内涵、内容与实施策略[J].中国职业技术教育,2016(23):32-37.

二、职业启蒙教育的内容体系

通过前文对职业启蒙教育内涵的认识，我们可以将职业启蒙教育分为职业体验、职业认知、自我认知、职业探索和职业规划五个阶段。

（一）职业体验阶段

著名的儿童心理学家皮亚杰（Piaget）认为，儿童通过手脚对真实事物的接触，能帮助他们在头脑中构筑知识，然后通过刺激与条件反射衍生出更多的技能，从而在这样一个良性的自我增强的循环过程中征服更多的挑战，更深刻地获得知识。[①]

职业体验是指青少年儿童在高仿真的设施场地和人为建构的社会单元中，在专业教师的指导下，通过身份扮演、机器触碰等方式了解各行各业要做的事情，在玩乐中判断自己的职业喜好。将职业体验作为青少年儿童职业启蒙教育的第一阶段，主要源于这一时期儿童对父母的职业工作充满好奇心，有着极高的模仿内驱力。通过角色扮演，可让儿童在轻松愉悦的氛围中了解大人的世界。而职业体验的目的和价值就在于：一是可以拓宽儿童认知范围，通过游戏的方式让儿童快速熟悉经济社会活动及现代组织结构；二是可以开发儿童多元智能，经过演讲与倾听、测量与推理、拼图与绘画、表演与玩乐、分工与合作等过程，儿童的语言、逻辑、空间、运动能力和人际交往等多元智能得到不同层次的提升；三是可以培养儿童健全人格，枯燥的理论知识被转化为生动有趣的主题互动游戏后，会对儿童产生一种神奇的吸引力，更对其保持热情的生活态度和良好的行为习惯有较好效果；四是可以培养儿童职业乐趣，提早与喜欢的工作邂逅，搭建从兴趣到乐业的桥梁，也给儿童一次提前择业的机会。

实际上，许多心理学家指出，儿童早期的一个必要任务是掌握分享和协调各种去情境化活动和替代活动的意义。根据豪斯（Howes）的观点，社会性表演有三个基本功能。[②] 第一，它创造了一种进行意义交流的情境。第二，它为儿童提供了学习控制和调解的机会，这些机会通常在儿童围绕假想角色、情节、游戏规则等进行讨论和协商时出现。第三，社会性假装为儿童探究和讨论亲密关系和信任等问题提供了"安全的"情境。简单地讲，研究者发现，经常参与社会性表演

[①] 皮亚杰.结构主义[M].7版.倪连生，王琳，译.北京：商务印书馆，2010：78.

[②] Howes C. The Collaborative Construction of Pretend[M]. Albany：State University of New York Press，1992：223-225.

游戏的儿童比不经常参与这些活动的同龄儿童有更熟练的社会技能。而且,各种训练研究表明,对社会性表演游戏的指导可以促进儿童合作、社会参与、角色扮演等技能的发展。①

（二）职业认知阶段

所谓职业认知,是指人认识社会工作和职业世界的过程,或者说是对作用于主体的外界职业活动进行信息加工的过程。这一过程主要包括熟悉职业分类、了解职业功能以及认识职业与性格的关联性。由于受教育程度较低以及社会独立性较差,青少年儿童对职业的理解和认识还不够充分,在有了职业体验的基础后,还需要对职业有进一步的系统化认识。

这一阶段的主要任务包括职业意识培养和职业能力训练。职业意识是人们对职业劳动的认识、评价、情感和态度等心理成分的综合反映,是支配和调控全部职业行为和职业活动的调节器,它强调与业余的区别,因此需要牢记并自我约束。需要注意的是,职业意识不是一点就燃的"火种",而是经历了一个由模糊到清晰,由摇摆到稳定,由羸弱到坚定的心理变化过程。职业能力是个体从事某种或某类职业所必备的本领,是个体实现就业的必要条件,包括个体在职业、社会和私人情境中的科学思维,对个人和社会负责任的行事热情和能力,职业能力是科学工作和学习方法的基础。奥苏贝尔(Ausubel)的认知同化理论说明,新知识与学习者认识结构中已有的适当观念建立起实质的、非人为的联系,从而使认知结构不断发展。② 据此可推断,儿童在学过"人是一切社会关系的总和"等知识后,再学习职业方面的知识时,能很容易理解职业人作为职业领域关系的总和,既有承担社会劳动的义务,又有获得合理报酬的权利。因此,这一阶段的职业启蒙教育,主要是加深学生对各行各业准入门槛、工作场所、职业追求等方面的了解,使他们认识到职业与社会运转联系紧密,也与自己息息相关。

（三）自我认知阶段

自我认知(self-cognition)是对自己的洞察和理解,包括自我观察和自我评价。青少年儿童阶段虽与成人阶段相连接,但处于这个阶段的个体有其特殊性。此时,他们的自我意识比较朦胧,可能经常会具有"破坏性"等不可思议的举动。

---

① Rubin K H, Fein G G, Vandenberg B. Play [M] // Hetherington E M, Mussen P H (eds.). Handbook of Child Psychology: Socialization, Personality and Social Development. New York: Wiley,1983:364-368.

② 朱式庆.教育技术学[M].合肥:中国科学技术大学出版社,2009:46.

这就需要对儿童天性有一定了解的教师，帮助学生探求内心的渴望，而不能在教学过程中鼓励他们一味追求分数而抹杀其创造性。

在职业启蒙教育的情境中，自我认知是通过教师外在的教育教学引导激发学生的内在潜能；自我观察是指学生自己对作为准职业人的所思所想、情感、意向等内部经验的分析；自我评价则是学生自己对已有的知识结构、兴趣爱好、思维方式及人格特征的判断与评估。简而言之，自我认知即让青少年儿童在经历对职业的了解和体验之后，回答"我究竟喜欢做什么"以及"我适合做什么"的问题。一个人如果能客观地认识和评价自己，便在个人与社会、他人与集体的关系问题上有了正确的态度和处理方式，有利于扬长避短，在工作中游刃有余。

（四）职业探索阶段

"三百六十行，行行出状元"，可见社会职业的广泛性。而在有限的生命里，如何实现最有效率的职业规划呢？这就需要对可能的职业进行初步探索。狭义的职业探索指对具体某一职业的探索。广义的职业探索指对专业、职业、行业、企业和职位等职业世界进行的探索，包括理论分析和实际调研的过程，目的是对职业世界有一定的了解，明确自身和职业目标的差距，并制定发展策略，从而有效规划职业道路。这个过程发生在自我评估结束后，探索的内容可以是某领域成功人士的成长轨迹，也可以是自己感兴趣专业的深造之道，还可以是优秀企业的成名之道，等等。探索的方法包括但不限于查阅资料、交流讨论、参观实习等。教师在学生进行职业探索的过程中，应积极提供素材，进行价值引导、情感熏陶等，结合平时对学生行动力的观察，鼓励他们对未来的职业进行大胆想象并列出"职业清单"，帮助学生锁定1—2个立志从事的职业并进行可行性分析。

（五）职业规划阶段

职业选择是人生一大十字路口，决定了我们未来事业的发展方向和即将加入的职业方阵。职业选择要经过职业定位、目标设定和通道设计三个步骤。

职业定位就是明确一个人即将施展抱负的领域，是个体在职业规划中的关键性问题，甚至是战略性问题。放眼职场，个体一方面要找准自己擅长的行业，一方面要明确自己在该行业中应该处的级别，换句话说就是横向和纵向定位自己在职场中的位置。本阶段的学生要增强大局意识，将工作信息和工作者特征统合在一起，充分考虑到组织情境、工作情境的要求。进行职业定位，是为了将有限的精力集中投入一项事业，在复杂的环境中趋利避害，理性抵御外界的干扰因素等。考虑到青少年儿童的可塑性，职业定位并不是让他们确定现在就是什么,更重要的是确定自己想要什么。在工作场合中,有明确职业定位的人往往更受企业青睐,因为这样的人更容易保持对工作的忠诚度。

有关目标设定,古语有云,"欲得其中,必求其上;欲得其上,必求上上",这一说法在已有研究中也得到验证。研究发现,外来的刺激(如奖励、工作反馈、监督的压力)都是通过目标来影响动机的。目标能引导活动指向与目标有关的行为,使人们根据难度的大小来调整努力的程度,并影响行为的持久性。[①] 可以说,学生的职业规划如果没有目标,就像一艘没有导航的游轮,可能随波逐流搁浅在一个不知名的海滩上,也有可能遇到大风大浪找不到正确方向。

通道设计是架设职业选择动机和职业现实目标的桥梁。一般来说,个人职业设计分五步走:第一步要树立正确的职业理想,确立清晰的职业目标。第二步要进行科学的自我分析和职业分析。第三步要围绕职业建立关键的知识结构。第四步要培养社会所需的实践能力。第五步要有意识地参加相关的职业训练。需要提醒的是,由于个体差异的存在,每个人各阶段的规划进度不一。随着个体心理因素的变化,以及经济需求、政策约束、文化意识和技术水平的影响,职业通道需要个体进行灵活动态调整。也就是说,通道设计不一定呈"单线性",可能是"双线性",也可能是"多线性"的。

第三节　职业启蒙教育的体系构建

针对职业启蒙教育实践成效不足、实践路径偏离等现实"藩篱",在深度理解职业启蒙教育之概念内涵的基础上,本书通过嵌入性理论来佐证与诠释在新时期背景下家校社协同开展职业启蒙教育的必要性,并就后续如何在实践中落实提出改革与创新性措施。

一、新时代建立职业启蒙教育家校社协同体系的必要性

通过分析职业启蒙教育面临的困境可以发现,家庭缺乏相应的开展条件,普通学校不重视职业启蒙教育的开展,社区不具备开展基础。家校社各主体仿佛各有苦衷,这造成"教育鸿沟"愈加明显,亟待理论的指导。而源于新经济社会学的嵌入性理论能较好回应家校社分离的问题。该理论认为行为主体具有嵌入性,会促进多主体之间产生互动、互适的合作关系,从而形成稳态的网络组织。

---

① 曹蓉,刘鹏.目标设置对工作记忆成绩影响的实验研究[J].心理科学,2011(2):332-336.

经过 70 多年的理论发展,嵌入性理论逐渐分化出以"层次结构""位置方向""网络联系"等不同视角的研究①,主要表示两种或多种组织之间的互动过程,可以作为家校社协同开展职业启蒙教育的理论基础。

(一)家校社协同体系开展职业启蒙教育的制度嵌入性

制度嵌入性是嵌入性理论的重要组成部分,它指国家为促进目的的达成而通过政策工具引导和规范主体行为的一种方式。② 2021 年 5 月,习近平总书记在中央全面深化改革委员会第十九次全体会议审议"双减"政策时强调,"义务教育最突出的问题之一是中小学生负担太重,短视化、功利化问题没有根本解决"③,短视化、功利性问题导致的学生作业和校外培训负担过重,严重对冲了教育改革发展成果④。教育的发展必须全面贯彻党的教育方针,着力解决教育中的功利化、短视化做法,全面关注学生长远的、可持续的生涯发展。而职业启蒙教育的作用恰恰能呼应这一要求,"双减"政策为职业启蒙教育提供了良性的政策嵌入性。在"双减"背景下,职业启蒙教育将聚焦教育定位,更加关注学生全面、健康、贴近社会、贴近生活、贴近劳动的发展。2021 年 10 月,《中华人民共和国家庭教育促进法》通过,其中规定了"家庭教育、学校教育、社会教育紧密结合、协调一致"的原则,要求家庭教育"帮助未成年人树立正确的劳动观念"。同时,《关于深化现代职业教育体系建设改革的意见》与新版《中华人民共和国职业教育法》也要求促进不同类型教育协调发展,积极鼓励在中小学实施"职业启蒙教育"。可以看出,国家设计的顶层文件和法律为家校社协同开展职业启蒙教育提供了良好的制度条件。

(二)家校社协同开展职业启蒙教育的结构嵌入性

结构嵌入性是指合作事件中各主体的身份及其在事件中的具体地位。家校社协同开展职业启蒙教育涉及家庭、学校(包括普通中小学和职业学校)以及社区这三大主体。⑤ 首先,家长会有意识地通过言传身教和家庭实践来教育子女,

---

① 杨玉波,李备友,李守伟.嵌入性理论研究综述:基于普遍联系的视角[J].山东社会科学,2014(3):172-176.

② 庄西真.地方政府教育治理模式改革分析:嵌入性理论的视角[J].教育发展研究,2008(21):7-10.

③ 完善科技成果评价机制深化医疗服务价格改革 减轻义务教育阶段学生作业负担和校外培训负担[N].光明日报,2021-05-22(1).

④ 张志勇."双减"格局下公共教育体系的重构与治理[J].中国教育学刊,2021(9):20-26,49.

⑤ 王凤彬,李奇会.组织背景下的嵌入性研究[J].经济理论与经济管理,2007(3):28-33.

因此家庭是职业启蒙教育的"基础"和"起点",更是最直接的作用场所。结合部分发达国家对家庭教育的广义定义,家庭教育作为增进家人关系与家庭功能的活动,需要实现社会及伦理教育的功能,而职业是个体所从事的服务于社会的工作,社会的发展能够指引个体职业的基本方向,所以通过家庭教育树立科学、崇高的社会观与生涯观,将使学生更容易形成与社会发展和谐一致的职业理想。其次,学校是职业启蒙教育的"主场域",学校教育为职业启蒙教育提供了大量资源。职业学校由于具备职教师资、实训器材与场地,天然地具备了开展职业启蒙教育的资源优势,这弥补了中小学的短板,学校老师可以通过日常教学帮助学生树立科学、系统的职业理想与职业价值观。[①] 最后,社区教育是面向区域内全体公民的教育活动,社区有条件成为职业启蒙教育的"延展"与"扩充"。我国社区教育源于 20 世纪 80 年代初期,它是在原有学校教育、家庭教育、社会教育相结合的基础上,借鉴美国社区学院经验形成的。在社区中开展职业启蒙教育旨在促进社区内学生的全面发展,社区在向中小学生普及职业知识、培养中小学生的职业观念方面具有积极影响,能帮助学生树立"劳动没有高低贵贱之分,任何一份职业都很光荣"的崇高理念。

(三)家校社协同开展职业启蒙教育的关系嵌入性

关系嵌入性是指达成目标过程中的一种合作伙伴关系。在家校社协同过程中,三大教育主体虽在教育形式上各有偏重,但它们彼此之间需要保持融洽的互动频率和密切联系,共同推进职业启蒙教育的发展。[②] 教育目标引领职业启蒙教育的具体走向,提升职业启蒙教育的实践价值,成为保障职业启蒙教育意义建构的核心要素。但深受结构功能主义思想的影响,职业启蒙教育本应作为家校社协同下的整体性教育行动,却逐步被分离为"教育孤岛",形成各自为政、关系错乱的局面。从教育推动经济发展的意义层面看,职业启蒙教育对推动经济社会高质量、多样态发展具有源远根深的基础性作用,是实现职普教育协调发展的重要举措。家校社在开展职业启蒙教育过程中能够发挥各自场域下的"主场优

---

① Leckie G, Pillinger R, Jenkins J, et al. School, family, neighborhood: Which is most important to a child's education? [J]. Operations Research,2012,52(1):63-64.

② 唐咏.关系和嵌入性之外:中国社会工作理论本土化研究的路径选择[J].深圳大学学报(人文社会科学版),2009,26(2):85-88.

势"①,但由于各主体对教育目的、教育内容、教育路径、教育性质、教育定位存在认知差异,也极可能会导致职业启蒙教育形成不同的开展格局与实践进路。这种具有明显分工特征的教育,以其显而易见的边界性将家校社再次分割开来,呈现出新一轮的教育断裂与教育自为。当下教育体系和格局的形成需依靠全社会的通力合作,唯有如此才能使职业启蒙教育不断完善。而也正是由于家校社之间合作关系的复杂性,职业启蒙教育得以穿梭在不同空间之中,在融通渗透的影响下使职业启蒙教育在知识与技能、过程与方法、情感态度与价值观三维目标上都有得到充分发展的可能。因此,职业启蒙教育需在家校社形成合力关系的基础上从"孤岛"走向"协同",职业启蒙教育不能是单方造就的教育,它应是家庭、学校和社区协同下的整体性教育。

二、家校社协同开展职业启蒙教育的体系构建

在现实与理论的关照下,家校社协同合作的可能逐渐变得清晰。在多方协同推进下,教育资源将得到最大限度的利用,职业启蒙教育也将打开更宽广的进阶空间。结合嵌入性理论的家校社协同开展职业启蒙教育的理论分析框架见图1-2。家校社协同开展职业启蒙教育涉及外部因素和内部因素,其中外部因素主要指由政策和氛围互嵌影响下的制度环境,内部因素指的是组织结构和关

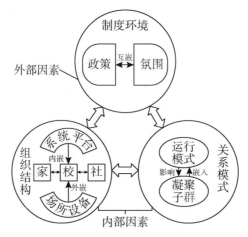

图 1-2　家校社协同开展职业启蒙教育的理论分析框架

① Defur S H, Taymans J M. Competencies needed for transition specialists in vocational rehabilitation vocational education, and special education[J]. Exceptional Children, 1995, 62(1):38-51.

系模式,组织结构受外嵌要素场所设备和内嵌要素系统平台的影响,关系模式则涉及职业启蒙教育的运行模式和凝聚子群。

(一)外部体系结构:家校社联动的制度环境

"双减"背景下,家校社教育的育人格局发生巨大转变。"双减"政策强调要"完善家校社协同机制",这表明制度环境要求家校社必须发挥各自优势。制度环境的营造可分为政策和氛围两部分,政策具有强制力,规范着家校社联动开展职业启蒙教育的行动准则;氛围则具有"柔性",代表着家长、教师、学生等个体的真实诉求。制度与氛围存在互嵌作用,政策制定会影响社会氛围的走向,而社会氛围将反作用于政策的制定。

"双减"政策规定了家校社的定位与责任,这为职业启蒙教育开展提供了行动准则。"双减"政策明确提出要"密切家校沟通,创新协同方式,推进协同育人共同体建设"的具体要求,这表明必须厘清家庭教育、学校教育与社区教育的功能定位。一方面,制度要求明晰家校社育人责任。长期以来,受应试教育思想的影响,家庭教育和社区教育成为学校教育的附属品,家庭教育和社区教育的功能发生了异化,家长和社工辅导学生功课、陪伴学生学习等现象屡见不鲜。另一方面,制度要求教育积极引导学生全面发展。"双减"政策要求,学生回家后要"完成剩余书面作业,进行必要的课业学习""开展适宜的体育锻炼,开展阅读和文艺活动",同时家校社要"引导学生合理使用电子产品,控制使用时长,保护视力健康,防止网络沉迷",家长要"积极与孩子沟通,关注孩子心理情绪,帮助其养成良好学习生活习惯"等,制度的规定为职业启蒙教育提供了政策遵循。

社会氛围主要包含职业启蒙教育开展过程中的社会舆论、文化导向等外部要素。由于家长、教师以及学生在思想层面与实际行动之间存在差距,因此家校社联动开展职业启蒙教育的意识还未真正落实到现实行动中。[①] 部分家长或老师未使学生树立正确的职业观与劳动观,他们对某些职业的"刻板印象"影响了学生,更有甚者会将劳动作为惩罚学生的手段,将带有偏见的"职业预言"作为学生不认真学习的恐吓之言,这些都是错误职业观带来的职业启蒙教育"陋习"。好在许多经典教育理念证实,职业启蒙教育对个体发展具有重要作用,正一步步改变社会大众看待职业启蒙教育的眼光。例如,凯兴斯泰纳的"劳作学校"思想主张在学校开设劳作课,希望唤起"公正的劳动方法""严谨的劳动习惯""真正的劳动热情",提早完成职业启蒙教育的"预备"作用。这种职业启蒙教育并非要培

---

① 王坤,张敏,董毅.劳动与职业启蒙教育认知度的实证研究[J].职教论坛,2019(11):41-50.

养学生面向未来岗位的职业技能,而是向学生提供了一定的职业理想、情感和态度教育。① 美国职业生涯规划大师舒伯将人的职业生涯发展分为五个阶段,其中第一阶段(0—14岁)对应了基础教育阶段,这一时期的儿童的主要任务是发展自我形象,发展对工作世界的态度,并了解工作的意义。以上科学化的理论都为良性社会氛围的营造打下了基础。

(二)内部体系结构:结构与关系维系联动持续

1.打造"软硬兼顾"的职业启蒙教育组织结构

在嵌入性理论中,组织结构用于对某项工作进行分工、分组及协调。职业启蒙教育的组织结构表明了家校社各部分的排列顺序、空间位置以及聚散状态,它是职业启蒙教育的具体行动框架。场所设备和系统平台会嵌入职业启蒙教育活动,对其开展机制产生不同影响。而依据作用形式的不同,可将职业启蒙教育的组织结构分为外部的场所设备和内部的系统平台。

场所设备是职业启蒙教育开展过程中的硬件要素,它是职业启蒙教育的资源供给,主要包括家校社开展职业启蒙教育的场所和设备,它们发挥并提升了资源共享与互换的价值。家校社的场所和设备各有独特优势,它们能在自身场域内通过开设职业启蒙教育课程和开展沉浸式职业体验活动,提升学生对职业的深度认知。具体而言,家庭作为学生的第一课堂,能让学生最直观地认识亲属的工作,有助于学生形成基本的职业认知②;中小学校则可以和职业学校协同合作,通过参观职业启蒙教育基地,让学生系统了解职业分类知识和职业基本技能,同时职业体验活动会高度还原真实的工作场景,让学生客观了解各类工作的职业技能过程;社区则是天然的职业资源聚集场所,能推动大量职业资源的快速流动,促进职业启蒙教育在辖区内的有效推广。

系统平台在家校社协同开展职业启蒙教育的过程中会提供课程、教学、项目等资源。它作为家校社沟通交流、资源互换的媒介,为职业启蒙教育提供了内部生长的驱动力。一方面,不同教育主体将选择适应自身发展的职业启蒙资源,这些资源会以多种形式表现出来。当各主体的合作交流逐渐深入,不同的教育形式会补全学生大脑中的职业伦理、职业习惯、职业认知、职业情感、职业技能,即

① 陈鹏,庞学光.大职教观视野下现代职业教育体系的构建[J].教育研究,2015,36(6):70-78.

② 胡金平.家长干预学校教育行为的现象分析——一种嵌入的视角[J].湖南师范大学教育科学学报,2012,11(2):32-36.

通过打造形式多样的职业启蒙特色课程全方位提升学生职业发展。例如,江苏省常州市"梅林心晴家园"社区,就凭借良好的系统平台整合各方资源,发挥合作效应以及常州机电职业技术学院的专业优势,开展"网络行为认知""科技兴趣导引"等职业启蒙、职业体验活动,取得了极佳的职业启蒙教育成果。① 另一方面,这些资源的整合需要借助成熟的教育管理经验与资源整合制度,才能使家校社建立稳固、长期的合作网络,提高职业启蒙教育资源利用率。目前,许多地区已形成职业启蒙教育资源有效整合的组织形式,如宁波市学生职业体验拓展中心开发了综合性的职业启蒙教育项目,为家校社协同开展职业启蒙教育提供了资源保障。

2. 构建"资源共生"的职业启蒙教育关系模式

职业启蒙教育的关系模式从宏观上看是指家校社协同过程中组织或个人的运行模式和相互联系。而借用嵌入式理论中"凝聚子群"的概念,从微观上看这种关系模式是指家庭、学校、社区内部的团体组织,他们可以是亲子团体、师生团体、社工与学生团体,抑或是师师团体、生生团体等。

一方面,职业启蒙教育运行模式是家校社在开展职业启蒙教育过程中人际行为和社会力量行为的方式。目前较成熟的划分方式是按照行为方式进行的,即通过寄生、偏利共生、非对称性互惠和对称性互惠四种模式,将职业启蒙教育划分为点共生模式、间歇共生模式、连续共生模式以及一体化共生模式。② 这些运行模式在无形中对家校社产生责权利的分配,对"教育孤岛"起到了凝聚作用,使职业启蒙教育资源得以融合不同教育主体的特色优势,家校社协同开展职业启蒙教育,最终形成互利共赢的共生型教育生态系统。

另一方面,凝聚子群是指在职业启蒙教育开展过程中各行动者之间实存或潜在的关系,在家校社协同开展职业启蒙教育的过程中存在紧密程度不一的各类关系,这些关系的紧密程度将反作用于职业启蒙教育的运行模式,影响职业启蒙教育的开展成效。从关系的一致性上划分,可以将凝聚子群初步分为教育主体内部、教育主体外部两个方面。教育主体内部主要是指职业启蒙教育开展中教育者和受教育者之间、教育者之间以及受教育者之间的关系,随着"双减"政策

---

① 常州机电职业技术学院.常州机电依托"社区教育"平台为中小学"职业启蒙教育"赋能 [EB/OL]. (2021-05-26) [2022-02-21]. https://www.czimt.edu.cn/xww/2021/0528/c4467a131022/page.htm.

② 邵文琪,王刚,刘晓.共生理论视角下职业启蒙教育资源整合的困境与突破[J].教育与职业,2021(7):5-11.

的实施以及社会各界对职业启蒙教育的重视,教育者和受教育者对职业启蒙教育的共生理念逐渐一致,这加深了家校社内部之间的协作程度,共同推进了职业启蒙教育的内生发展。教育主体外部则分为资源供应者与获取者之间、资源共享者之间的关系,目前由于各区域政治经济文化发展的不均衡性,职业启蒙教育的资源集聚和共享水平有着较大差异。例如在家庭内部,缺少对家长职业认知水平的专门化培训;偏远地区的中小学缺失与职业学校的合作机会;职业学校的科研产出和成果转化率低,无法很好地将优质资源转化为职业启蒙教育资源;企业想要加入职业启蒙教育,但却缺乏标准化的市场准入机制;社区举办的职业教育活动面向的对象大多还是就业困难群体,缺少有针对性的职业启蒙教育资源供给。

三、家校社协同开展职业启蒙教育的优化路径

本书从家庭、学校、社会等多视角与小学、普通高中、职业高中等多学段,综合运用了理论追溯与实践调研的手段,探究了我国职业启蒙教育的发展现状。在此基础上构建出新时代职业启蒙教育的家校社协同育人体系,并由此得出与之相对应的实践路径,从源头上为现代职业教育高质量发展谋求新的发展动能。

1. 跨界融合:跨学科主题下的学习项目设计

职业启蒙教育与跨学科主题学习的综合性、实践性等特点相契合,跨学科主题学习为职业启蒙教育的开展搭建项目支架,职业启蒙教育为跨学科主题学习提供可以依托的项目主题。基于职业启蒙教育的跨学科主题学习项目设计,应围绕特定的职业类型确立基于职业体验任务的跨学科学习项目主题,进而针对项目主题,挖掘各学科相关职业素材,并进行一体化设计,最终形成具有明确学习目标、学习内容和评价方式的跨学科主题学习项目。

2. 教学保障:职业启蒙教师工作主动性的提升

职业启蒙教育教师队伍是国家发展职业启蒙教育的第一资源,是支撑职业启蒙教育发展的关键力量。中职教师作为中职学校的主要人力资源,在参与中职学校组织的职业启蒙教育课程或者活动的过程中承担着传授职业启蒙教育知识、开发职业启蒙教育课程、整合职业启蒙教育资源、建设职业启蒙教育师资队伍的重任。中职教师参与职业启蒙教育的工作积极性会影响到职业启蒙教育的教学质量。因此,通过探究中职教师参与职业启蒙教育的工作动机及其影响因素,能够为中职学校建设职业启蒙教育师资队伍提供借鉴,寻求以中职学校为核心发展职业启蒙教育的出路。

3.家庭支持:家庭支持视角下中职学生的职业探索

家庭作为最小的社会组织,孩子的第一次走路、第一次与人打招呼、第一次欢笑都是在这一组织中习得的,监护人的榜样作用无可比拟,父母可以唤醒孩子最原始的感官力量,为孩子的行动能力、沟通能力、表达能力打下最坚实的基础。为此,本书将中职学生作为研究对象,用问卷调查法探讨家庭因素对青少年职业探索的影响。本书用文献分析法了解职业探索的相关研究,随后抽取浙江省各地的 436 名中职生进行问卷调查,同时结合访谈法深入探讨家庭社会经济地位、父母教养方式对中职生职业探索的具体影响。通过研究,本书建议中职生应积极主动探索自己未来的职业,并在探索过程中调整好自己的职业价值观,中职院校与家长对中职生职业探索过程中可能出现的问题应提前做出指导,提高中职生的职业探索水平,为中职生未来的职业选择做好准备。

4.国际借鉴:发达国家职业启蒙教育的经验启示

随着经济全球化的快速发展以及终身教育的普及,职业选择越来越丰富,职业教育的发展关乎一个国家在未来的就业形势。我国职业教育发展尚存在一些需要解决的问题,如缺乏系统的职业启蒙教育,在不同的教育阶段都对职业生涯教育缺乏重视,学生缺乏职业生涯规划的认识与能力,职业教育质量不佳,没有配套的相关政策法规,无法保障职业生涯教育按期按质开展等。学习和借鉴德国、日本等发达国家在整合职业启蒙教育资源、开发相关课程方面的发展经验,将有助于我国进一步开展职业教育。

5.体验提升:游戏化职业场馆的实践活动设计

场馆环境的情境性特征为游戏化学习提供了巨大的可能性。学习活动的过程即学习者以"挑战者"的角色在创设的游戏情境中逐步完成任务的过程。场馆游戏化学习活动设计的关键是游戏化情境创设,使转换游戏理论的基本要素(角色、情节与任务)与学习者的内在动机(幻想、好奇与挑战)产生紧密联系。因此,对学习活动的设计主要是对情境、角色和任务的设计,同时需要注意对学习活动的评价设计。游戏化学习活动旨在通过诊断性评价、过程评价以及情境、角色、任务等的设计,提供丰富、多元且有趣的职业启蒙教育体验。

6.数字赋能:数据驱动下的职业画像描摹

数字经济时代,"用户为上、体验为王"的理念深入人心。用户体验是个人与产品、服务或组织之间一系列交互的总和。[①] 体验的改进需要更多地考虑用户

---

① 加瑞特.用户体验的要素[M].范晓燕,译.北京:机械工业出版社,2007:3

的生活形态及产品或服务在使用时的全部情境。产品设计路线从用户入手，确定产品的目标人群。随后进入用户画像阶段，对真实用户的性格、喜好、行为、需求等特征进行挖掘提取，抽象综合成为一组对典型产品使用者的描述。在形成用户画像之后，进行用户需求挖掘和分析，从而促进产品的设计改进与体验升级。因此，类比用户画像在用户体验设计中的重要地位，后文将探讨基于数据驱动的职业画像如何通过提高人职匹配度提升个体的职业体验。

第二章
小学阶段职业启蒙教育的语文教科书分析

　　小学阶段是学生心理健康发展的关键时期,也是学生习惯和观念养成的重要时期。在小学阶段开展职业启蒙教育,可以让学生了解认识职业世界,树立正确的职业观和职业理想,改善日后择业就业困难的尴尬局面,也为人才培养结构的平衡打下基础。[①] 职业启蒙教育的重要性逐渐被公众熟知,而实践中往往因为缺少操作抓手而困难重重。语文课程是小学主要必修课之一,因其母语教育的特殊性,语文课对学生的影响较深。本研究选取小学语文教科书作为研究对象,书中的职业启蒙教育元素深植教科书文化氛围,从广度和深度上都对学生的成长产生重要影响。因此,探究小学语文教科书中的职业启蒙教育元素的呈现,能够为当前正在开展的职业启蒙教育指明方向,也为职业启蒙教育的实践提供实际支持。

第一节　教科书分析的设计与实施

　　在明确研究问题和目标之后,本章对研究对象即小学部编版语文教科书[②]进行内容分析,本节主要介绍对教科书的分析设计。

一、教科书内容的分析设计

　　对于教科书中职业启蒙教育元素的研究,首先需要明确小学阶段的职业启蒙教育内容,依据小学阶段职业启蒙教育应具备的元素制定教科书分析的框架。

[①]　刘晓,郁珂,杜妍.小学阶段开展职业启蒙教育的构建理路[J].全球教育展望,2020,49
(10):39-48.

[②]　2017 年 1 月由教育部负责组织编写,人民教育出版社出版的语文教科书。

（一）制定职业启蒙教育内容框架的依据

我国有关职业启蒙教育的研究相对起步较晚,相关文献信息相对不足。本研究基于团队已有成果（小学阶段职业启蒙教育分为职业了解、自我观察、职业探究、职业体察、职业陶冶、自我评价六大主题）与前人有关研究综合归纳出职业启蒙教育内容的分析框架,并下设分析维度、各维度下的分析类目及说明。根据分析框架对教科书中的职业启蒙教育元素进行编码以及信效度检验,以确保本研究中涉及的职业启蒙教育元素的归类客观准确。为确保职业启蒙教育内容划分高度客观,本研究对职业启蒙教育内容相关文献进行检索阅读,发现学界对职业启蒙教育内容的界定大同小异,因此在下载量和引用率较高的文献中,从职业启蒙教育的顶层设计、内部溯源、外部探察和国外经验的角度选取支撑本研究的观点,并进行归纳分析。

1. 职业启蒙教育的综合定义与内涵

刘晓和黄卓君在《青少年儿童职业启蒙教育:内涵、内容与实施策略》一文中,通过梳理国外有关职业启蒙的相关论述,并对启蒙教育进行剖析,对职业启蒙教育的内涵进行了总结,即"一种以青少年儿童为实施对象,以他们的成长环境为载体,以培养他们职业思维能力为目标,以识别职业特征、判断职业类型、习得职业技能、树立职业道德、规划职业道路为基本内容的智力改造"[1]。刘晓和黄卓君将职业启蒙教育内容细化总结为职业陶冶、职业体验、角色扮演、职业分类、职业意识培养、职业能力训练、自我观察、自我评价。按照职业启蒙教育的目的,其内容可概括为职业认知、自我认知与职业伦理的形成。

2. 职业启蒙教育内容目的论

龚丹和郝天聪认为职业启蒙教育并非定向培养和规划,而是注重正确职业观的形成、发掘自己的职业兴趣以及对自己进行动态评价。[2] 从教育目的而言,是将职业启蒙教育作为职业选择的前端,重点在于辅助了解自己与职业,并树立正确职业观。职业启蒙教育能够在一定程度上帮助学生减少专业选择、志愿填报的无助感,形成基础职业认知,发现职业倾向及兴趣。据此,可将职业启蒙教育概括总结为形成职业认知、产生职业兴趣以及自我评价。

---

① 刘晓,黄卓君.青少年儿童职业启蒙教育:内涵、内容与实施策略[J].中国职业技术教育,2016(23):32-37.
② 龚丹,郝天聪.论职业启蒙教育的基本内涵与现代价值——基于大职教观的视角[J].职业教育研究,2017(8):5-8.

3.国外小学阶段职业启蒙教育内容划分经验

田静和石伟平在《英国生涯教育:新动向、核心特征及其启示》中,通过分析英国的生涯教育,并结合我国教育现状,得出依据学段进行分级的职业启蒙教育。其中,小学阶段的职业启蒙教育即初级职业启蒙教育,以"通过一些简单的手工劳动、实践活动课程培养初步的职业认知和态度,养成良好的劳动习惯和劳动精神,有探索职业的欲望和好奇心"[①]为主要内容。因此,可将职业启蒙教育内容概括为形成正确的职业认知、职业态度、职业好奇与劳动观。

4.职业启蒙教育的内部溯源论

陈鹏和李蕾在《职业启蒙教育的内涵探源与维度分析》中通过对"职业""启蒙""教育"三词的探源,认为"职业启蒙教育就是对儿童实施的关于职业的入门教育,帮助儿童获得对职业世界的基本认知,形成初步的职业理想和向善的职业伦理,进而为未来的职业生涯发展提供最为基础的帮助"[②]。其内容为培养职业基础认知,包括明确职业在生活中的地位和作用,明晰学习与工作的关系,形成对劳动的正确认识和态度,以及对职业类型、职业要素、职业素养等基本信息的初步了解,形成基本的职业认知结构。这部分观点将职业基础认知总结概括为了解职业类型、职业内涵、职业意义与正确的职业观;在形成职业理想方面可总结概括为对儿童进行自我认知和自我评价的引导,了解主体发展水平,得到职业理想的树立。职业伦理则包括端正儿童对待职业的态度,树立健康、文明的职业价值观。通过梳理可将职业启蒙教育内容概括为形成职业认知和形成职业理想与伦理。

5.职业启蒙教育内容的跨学科界定

刘晓和黄顺菊认为"职业启蒙教育的内容包含了职业认知教育与自我认知教育。其中职业认知教育包括对职业种类、职业特征与工作职责的了解、对职业所需技能的观察学习与对职业的实地体察探究;自我认知教育包括对自我的认知觉察、探索建构、监控评价与反思调节"[③]。其从对学生的认知教育角度将职业启蒙教育划分为职业和自我,教育目的是帮助学生认识职业与自我以及自我与职业之间的关系。这种观点下的职业启蒙教育内容可概括总结为职业辨别、

---

①　田静,石伟平.英国生涯教育:新动向、核心特征及其启示[J].中国职业技术教育,2019(18):83-88.

②　陈鹏,李蕾.职业启蒙教育的内涵探源与维度界分[J].中国职业技术教育,2018(27):5-12.

③　刘晓,黄顺菊.职业启蒙教育:内涵审视、作用机制与实现路径[J].职教论坛,2019(11):28-34.

职业内容了解、职业体验、自我观察和自我评价。

各路学者从职业启蒙教育的目的出发，认为职业启蒙教育意在帮助青少年了解职业世界，其内容应关注职业认知和职业价值观念的培养；通过对国外相关理论的分析归纳，我国职业启蒙教育应分段进行，内容应关注职业认知、职业伦理和自我认知；从职业启蒙教育内部和本质分析，职业启蒙教育关注职业认知、职业理想和职业伦理；从心理学角度分析，职业启蒙教育应关注职我关系，以职业认知和自我认知为主。

以上观点的文章引用率较高，被学界广泛认可，在职业启蒙教育领域相对更具有代表性。这些观点均指出职业认知、职业伦理和自我认知是职业启蒙教育的重要内容，但在职业兴趣所属的认知领域方面，各学者的观点不一。综合归纳以上学术观点，可认为职业启蒙教育应关注职业认知、自我认知和职业伦理。小学阶段的儿童年龄跨度较大，培养周期相对较长，而小学阶段是儿童核心素养和情感理念培养的关键时期。这一时期的儿童感性认知较为丰富，对事物的情感初体验往往能够影响其未来很长一段时间的发展。因此，以职业情感、职业体验来培养职业兴趣更符合小学生发展需求。同时，小学阶段对素质教育要求不断提高，愈发关注学生的个性发展，兴趣发现与培养的重要性也不断突出。综上，本研究认为职业启蒙教育的基本内容应为职业认知、自我认知、职业兴趣的培养与职业伦理的树立。

（二）职业启蒙教育框架的理论支持

皮亚杰认知发展论指出，儿童的认知发展是由具体到抽象，知识的习得过程是从简单到复杂。小学阶段学生由具体运算阶段发展到形式运算阶段，思维发展具备了抽象思维的能力，但仍需要具体内容的支撑。尤其对于低学段学生，是由前运算阶段的末尾过渡到具体运算阶段，抽象思维能力较弱，教育教学以直观教学为主。因此，在小学阶段的职业启蒙教育都应以具体内容作为支撑，反映在语文教科书中，各维度的职业启蒙教育元素在进行下一级类目分析时，也应以具体内容为抓手。类目划分符合从简单到复杂和从具体到抽象的规律，如职业认知维度下的类目应从简单的定义明晰到简单理解再到充分理解。同时，皮亚杰的"自我建构"思想认为学习新知识是主客体相互作用，不断同化和顺应，以达到新的认知水平。据此可推出，小学阶段的职业启蒙教育内容应与小学生已有的认知及情感联动，通过联系已有的认知和情感，搭建通往职业世界的桥梁。如职业情感的陶冶，可通过教授课程时，将教科书中职业情感和体验与学生的现实生活经验相关联。所以在职业兴趣方面，应选取教科书中与学生生活和情感体验关联最强的职业情感和职业体验指标作为下一级的分析类目。

（三）职业启蒙教育框架的界定

通过对前人观点和团队成果进行归纳总结,得到了职业启蒙教育的四项基本内容。本研究以四项基本内容为维度,结合小学生学习特点,进行一级指标的划分。

首先,小学阶段学生的思维是从具体形象思维到抽象思维的过渡,认知内容也应是具体到抽象的顺序。对于小学生而言,对某一事物的认知先是获取某一名词,再由教师对这一名词进行解释,在理解词义后将其与生活相关联,进而掌握这一事物。因此,小学阶段的职业认知也应是循序渐进的,需要包含对职业识别、职业内容和职业意义的了解,低学段小学生的认知水平相对较低,对于职业的了解应从识别开始,进而了解职业的内容,在有相对完善的认知水平的高学段,再了解更深一层的职业意义,三者的学习呈递进关系,符合从具体到抽象的顺序。

其次,学界普遍认为职业启蒙教育的自我认知包含自我观察和自我评价,二者不超过小学生认知和理解范畴,故而沿用。

再次,小学阶段的职业兴趣培养应抓住小学生好奇、爱玩和感性的特点,以不同形式的职业体验吸引学生体验职业、培养兴趣,而职业情感是借助小学生感性的特点,以职业人物故事陶冶其情感。因此,职业体验和职业情感的陶冶应作为职业兴趣的一级指标。

最后,职业伦理的一级指标收纳了职业启蒙教育的重要目的。职业伦理旨在帮助小学生树立正确的职业观,职业与劳动教育密不可分。小学阶段是观念和意识养成的重要时期,某些品质和能力的形成多在小学时期,在小学阶段教以正确的劳动意识、劳动观和职业观,能够帮助职业伦理伴随学生未来的生涯发展。因此,培育正确劳动观及劳动意识也应作为职业伦理的重要内涵。

以上内容组成本研究的分析框架,也作为本研究的分析类目。本研究依据分析类目制定研究编码表,采用数量统计和频度统计的方法对类目进行分析,并进行信效度检验。具体维度与各维度下一级指标见表2-1。

表 2-1　小学阶段职业启蒙教育内容

维度	一级指标	解释性定义
职业认知	职业识别	识别或描述某种职业的名称或特征,对不同类别的职业能够进行区分,可根据职业形象进行判断
	职业内容	对具体职业的工作过程、内容以及工作所需要具备的能力有基本的了解
	职业意义	理解职业是参与社会分工,利用专门的知识和技能,为社会创造物质财富和精神财富,获取合理报酬,作为物质生活来源,并满足精神需求的工作
自我认知	自我观察	对自己进行观察和分析,通过对思想意识、行为等的关注,获得初步的自我印象
	自我评价	了解自身的优势与劣势,做出相对客观的能力判断
职业兴趣	职业体验	以情境代入或角色扮演的形式切身感受职业
	职业情感	对目标职业有稳定的态度和体验,从内心产生一种对自己所从事职业的需求意识和深刻理解
职业伦理	职业观	关于职业方面问题的根本看法,如对职业的评价、选择等
	劳动观及劳动意识	思想上对劳动的看法以及对劳动的认识

（四）分析单位与统计说明

1.分析单位

分析单位指的是对内容进行判断量化时的最小单位。对教育文献进行内容分析时常用的分析单位有:字、句子或段落、整篇文献资料、人物和主题①,具体使用何种分析单位取决于研究目的、研究对象和获取资料的数量。本研究根据语文教科书内选文系统和练习系统,得出分析单位的三个不同模块:全部课文（包括课后习题及插图）、语文园地和口语交际部分。识字和习作由于不涉及职业启蒙教育相关内容（不涉及《教师教学用书》中教学目标等内容）,所以不作分析。

（1）课文

课文是本研究的重点,新部编版教科书创新设计了"双线组织单元"的结构。所谓双线组织单元结构,包括"人文主题"与"语文要素"。人文主题即选择内容类型一致的课文组成单元,如"科学探索""挚爱亲情""家国情怀"等,形成一条贯穿教材的显在线索。语文要素即将语文所需要掌握的知识能力,由易到难有层

---

①　刘电芝.教育与心理研究方法[M].重庆:西南师范大学出版社,1997:187.

次、有顺序地分布在各个单元。新部编版教科书的每个主题单元由阅读与写作组成,阅读一般有四课内容(由教读和自读课文组成)。一些课文内容可以反映出一定的职业启蒙元素,所以列为分析项目。课文后的课后练习是教科书的重要组成部分,课后练习的出题形式以及考查方式,可以体现出对学生不同核心素养培养的侧重。插图是教科书的组成部分之一,主要有作者肖像、课文人物或者情境,一般的教科书都配有相应的插图。插图可以通过色彩及其内容,形象地将文字无法表达的内容直观呈现出来,这样不仅便于学生进入课文情境,还能提高学生兴趣,对学生核心素养的培养具有潜移默化的作用。对于职业启蒙教育来说,插画中的职业形象能够给学生带来更为直观的职业印象,对学生的职业认知有一定的影响。

(2)语文园地

一至六年级的语文园地共有 13 个模块,包括"日积月累""词句运用""我的发现""交流平台"等模块。语文园地作为拓宽学生语文视野,增加语文素养积淀的重要组成,在认知和能力培养上都起到了不可或缺的作用。在 12 册教科书中,语文园地都位于一个单元的末尾,即完成本单元的课文学习后,会出现语文园地。语文园地在总结本单元课文的基础上,旨在对学生进行深层次的能力培养。在语文园地中,会出现一些职业名称,让学生了解到不同职业的内容与形象。无论是从职业启蒙教育培养角度,还是从核心素养培养角度,语文园地都是学生与现实社会紧密联系的板块。

(3)口语交际

口语交际可以培养学生倾听、表达的能力。口语交际需要一定的情境,而情境的设计需要联系学生的实际,并且能够激起学生的兴趣。对于职业启蒙教育中的职业体验而言,其较大程度上是通过口语交际。口语交际的练习是学生核心素养形成的重要途径,口语交际中涵盖了价值观的引导,对不同职业的认知和价值观能够通过口语交际展现出来。例如在二年级下册中的口语交际"长大以后做什么"是对职业世界的畅想,需要学生对职业的概念有一定的掌握,并了解部分职业。

(4)习作

习作练习是小学教科书中写作能力培养的重要板块。在小学阶段语文课程中,习作锻炼的是学生的观察能力和表达能力。习作板块从三年级上册开始纳入教科书中。在部编版小学语文教科书中,习作板块的编排呈现立体化、独立性强的特征,练习主题与每个单元的主题紧密相关,题材更加生活化,与语文课程目标相统一,对于锻炼学生观察生活、关心社会具有很大的帮助。在四年级下册的习作单元部分,有"我的'自画像'"的习作主题,即让学生以作文的形式做一个全面的自我介绍,培养学生的自我观察和自我评价的能力。对自我有良好的认知和判断既是职业启蒙教育对学生提出的能力要求,也是核心素养养成的重要一环。

2.编码

为便于统计分析,本研究根据研究框架制定了编码表(见表2-2)。

表2-2　编码统计

课文编码	职业启蒙教育的内容							
	职业认知			自我认知		职业兴趣		职业伦理
	职业识别	职业内容	职业意义	自我观察	自我评价	职业体验	职业情感	职业观	劳动观及劳动意识
1-1-1								
1-1-2								
1-2-1								
...								
6-2-17								

3.统计说明

单元主题的统计,主要依据本研究的研究框架进行判断,具体数据填入编码表。课文在编码表中以"1-1-1"的形式表示,第一个"1"代表年级,一年级为"1",二年级为"2",三年级为"3",以此类推。第二个"1"表示上册或下册,"1"为上册,"2"为下册。第三个"1"表示课文的篇目序号(依照教科书目录的课文序号),"1"为该册目录排序为1的课文,"2"为该册目录排序为2的课文,以此类推。例如"1-2-5"对应的是一年级下册的第五篇阅读课文《小公鸡和小鸭子》。每册教科书中语文园地以"a,b,c"的形式表示,"a"代表每册中第一个语文园地,"b"代表第二个语文园地,以此类推。例如"3-1-b"对应的是三年级上册第二个语文园地。每册中的口语交际以"K1,K2,K3"的形式来表示,"K1"代表第一个口语交际,"K2"代表第二个口语交际,以此类推。例如"4-1-K2"对应的是四年级上册第二个口语交际。每册教科书中的习作以"X1,X2,X3"的形式表示,"X1"代表第一个习作,"X2"代表第二个习作,以此类推。例如"6-1-X2"对应的是六年级上册第二个习作。低学段识字模块设置的目的主要是帮助学生认字,故不在本研究的分析范围之内,不加以统计。

二、教科书内容分析框架的信效度检验

(一)信度

内容分析的信度指的是不同的研究者在理解、解释文本材料或数据的一致性或稳定性程度,同时也是对测量误差数值的一种反映,当研究结果因研究对象、评分者或外部环境等原因而产生的误差越小,说明信度越大,研究结果的可靠性和一致性也就越高。[①] 本研究运用霍斯提公式对评分者信度(analyst reliability)进行计算,即两个以上的评分者运用相同的内容分析表对同一文本内容进行编码时是否将其纳入同一类目。首先,基于是否熟悉职业启蒙教育的各个维度与内涵的考虑,本研究邀请了三位教育学大类专业的硕士研究生与研究者一起作为评分者。其次,研究者从小学语文部编版 12 册教科书共 287 篇阅读课文中进行抽样,每册各随机挑选两篇,共计 24 篇,依据研究者提出的职业启蒙教育元素分析框架从样本教科书中选取涉及职业启蒙教育的内容,共 8 处。再次,研究者将职业启蒙教育分析框架以及 24 篇阅读课文原文和相应的各个职业启蒙教育元素以邮件的形式发送给三位评分者,并对各个维度及指标进行解释说明。最后,四位评分者独立地依据类目表将阅读课文的职业启蒙教育元素进行归类,本研究对编码结果进行整理并最终计算评分者信度。两两间的相互同意值见表 2-3,以此根据 $P = \sum Pi/N$($\sum Pi$ 表示全体评分者相互比较同意值之和,N 表示相互比较的总次数)和 $R = nP/[1+(n-1P)]$(n 表示评分者总人数),分别计算出平均相互同意值为 0.79,评分者信度为 0.94。

表 2-3 评分者相互比较同意值

评分者	评分者 1	评分者 2	评分者 3	评分者 4
评分者 1		0.82	0.84	0.85
评分者 2	0.82		0.74	0.81
评分者 3	0.84	0.74		0.75
评分者 4	0.85	0.81	0.75	

注:两两间的相互同意值计算公式为 $2M/N_1 + N_2$(其中 M 表示二位评分者一致的编码元素数量,N_1 与 N_2 分别表示两位评分者各自分析的元素数量)。

———————————

[①] 温忠麟.教育研究方法基础[M].2 版.北京:高等教育出版社,2009:159.

(二)效度

内容分析的效度(validity)指的是测量工具(在本研究中即为编码框架)实际能测出目标特质或能力的程度,即测验的有效性[①],其是评价教育测验质量的关键指标。本研究的研究工具主要借鉴了众学者对职业启蒙教育的维度和内容划分。本研究邀请了两位教育学系的硕士以及两位一线小学语文教师对初步拟定后的内容分析类目表进行考量,以评定本研究的内容效度或称为表面效度,并根据他们提出的意见和修改建议对各个主类目下一级指标的名称或解释性定义再次进行调整。此外,本研究样本为部编版小学语文教科书,并选择教科书中的阅读课文和口语交际教学板块为分析单位,从整体上反映出语文学科蕴含的职业启蒙相关教育资源。可见,无论是样本的选取还是类目的建构,都能够与"所要测量的内容"相吻合,并正确反映小学语文教科书中关于职业启蒙教育的客观实际。

第二节　教科书内容的分析情况

通过对一至六年级上下册共 12 本部编版小学语文教科书的 287 篇课文、84 个语文园地以及 47 个口语交际进行归纳整理,借助本研究分析框架,结合教科书中具体内容,研究从四个主类目的八个一级指标角度分别进行职业启蒙教育元素的呈现。

一、职业识别元素

所谓职业识别,是对职业进行辨认和辨别,根据工作场景描述或职业形象能够准确判断出该职业的类型以及职业名称。在 12 册教科书中,职业识别主要是以认识职业角色的形式进行,职业角色主要有农民、画家、销售员、快递员等职业形象。具体职业角色见表 2-4。

---

① 温忠麟.教育研究方法基础[M].2 版.北京:高等教育出版社,2009:162.

表 2-4　小学语文教科书中所含职业角色

出处	职业角色
课文	农民、画家、工匠、发明家、天文学家、渔民、音乐家、医生、演员、裁缝、数学家、哲学家、科学家、木工、民警、记者、邮递员、销售员、送货员、航天员、地质勘探员、石匠、设计师、木笛演奏员、工人、船长、船员、军人
语文园地	农民、教师、工程师、魔术师、建筑师、理发师、营业员、服务员、裁判员、饲养员计划科科长
口语交际	解说员
习作	

通过表 2-4 可以发现,教科书中的职业角色涉及农林牧渔等领域,覆盖面较为广泛,大多数职业角色贴近生活,能够帮助学生对这些职业进行理解和辨别。医生、教师、理发师等职业角色,学生可以在学校学习完课程后,在生活中找到对应的职业角色进行观察等活动,帮助职业角色的进一步理解和巩固记忆。如在二年级下册的第三篇课文(2－2－3)《开满鲜花的小路》中,黄狗作为一名邮递员,将鼹鼠先生的包裹送到鼹鼠先生家,展示了一名邮递员的工作特征。再如二年级下册的第六篇课文(2－2－6)《千人糕》中出现农民、销售员及送货员等职业角色,并配以送货员和销售员在送货和销售物品场景的插图,直观明了地向学生展示了不同的职业特征与工作场景,帮助学生认识不同的职业,辨别不同的职业角色。

二、职业内容元素

作为职业启蒙教育知识的基础,对于职业内容的了解关系到学生职业兴趣的发掘及职业观和劳动观的形成。小学阶段职业启蒙教育的职业内容主要以职业具体分工及职业责任为主体。职业内容部分的教育并非要求小学生对每种职业的职业流程、职业内容的全部细节掌握清楚,而是要了解不同的职业对应不同的社会分工,不同的职业需要用到不同的技能。而教科书中涉及职业内容元素的课文多以职业人的经典事迹来展现各行各业人员的职业行为。如在三年级下册的第十九篇课文(3－2－19)《剃头大师》中,主人公模仿理发师的样子给小沙理发,结果因为主人公没有理发的基本技能,将小沙的头发理得十分凌乱,导致小沙不得不去理发店找理发师剃了个光头。这篇课文将一名理发师的日常工作过程还原,生动形象地向小学生展示了一名理发师的工作内容以及需要具备的技能,帮助小学生理解不同的工作会用到不同的技能。职业内容元素在教科书中的体现见表 2-5。

表 2-5　小学语文教科书中所含的职业内容元素

出处	职业内容元素
课文	《棉花姑娘》中医生的工作内容、《太空生活趣事多》中航天员的工作内容、《蜘蛛开店》中店主的工作内容、《手术台就是阵地》中医生的工作内容、《夜间飞行的秘密》中科学家的工作内容、《一只窝囊的大老虎》中演员的工作内容、《"诺曼底"号遇难记》中船长和船员的工作内容以及同篇课文阅读链接中"挑山工"的工作过程、《宇宙生命之谜》中科研人员的工作内容、《刷子李》中粉刷工人的工作内容、《三黑和土地》中农民的工作内容、《真理诞生于一百个问号之后》中化学家的工作内容、《詹天佑》中工程师的工作内容
语文园地	
口语交际	
习作	例文:《爸爸的计划》中计划科长的工作内容

三、职业意义元素

职业意义是指人人都需要获得职业的根本原因,从个人角度出发,职业是人们在社会中所从事的作为谋生手段的工作;从社会角度出发,职业是劳动者获得的社会角色,劳动者为社会承担一定的义务和责任,并获得相应的报酬;从人力资源角度来看,职业是国民经济活动的需要。职业是指不同性质、不同内容、不同形式、不同操作的专门劳动岗位。人的社会性劳动需要通过职业实践的形式体现,在小学阶段了解职业意义与了解劳动意义同样重要,小学阶段是培养学生核心素养,养成热爱劳动的习惯的重要阶段,也是学生形成正确的世界观、人生观和价值观的重要阶段。因此,在小学阶段,教师需要帮助学生认识到劳动和职业的重要意义,为未来探索职业世界打下坚实的基础。目前,小学阶段的语文教科书中并未有明确体现或讲解职业意义的素材。

四、自我观察元素

自我观察是学生形成元认知的重要途径,在小学阶段形成引导性、准确的自我观察能够帮助学生正确地认识自己、全面地评价自己,为未来的生涯规划打下重要基础。具体运算阶段的儿童是从自我中心主义向去自我中心主义发展的,所以小学阶段是区分自我与他人、建立自我认知、形成自我意识的关键期。要想学生对自我形成稳定认知,须先进行自我观察。自我观察具体是指对自己的感知、思想和意向等内部经验感受的察觉。学生在接受职业启蒙教育的过程中,不仅会接收职业基本信息,还会对自身的一系列活动和反应进行观察。他们会对自身的能力充满好奇,积极对自己的体能、智力、性格、兴趣、爱好、特长等方面进行探索,并对自己在班级、学校中的位置和作用以及自己的举止表现进行判断。

同时,这种合作交往模式的探索过程能够培养学生合作共享的核心素养。职业启蒙教育中的自我观察不是单方面对自身的职业倾向或者职业能力进行观察和认知,而是要在学校及家长的正确引导下,对自身的性格、爱好及潜力等诸多方面进行观察,培养正确认识自己的能力。在小学阶段的语文教科书中,具有自我观察元素的素材是四年级下册的习作五(4-2-X5)——"我的'自画像'",该习作要求学生选择最想介绍自己的几个方面并写下来,可以包括外貌、性格特点和爱好特长等。"自画像"明确要求学生需要对自己各方面进行观察,审视自身的特点与优缺点,这是自我观察的过程,也是形成自我评价的前提。具体的自我观察元素在教科书中的体现见表2-6。

表 2-6　小学语文教科书中所含的自我观察元素

出处	自我观察元素
课文	
语文园地	
口语交际	
习作	我的"自画像"

五、自我评价元素

自我评价是学生对自己进行自我观察后得到的结论,包括了性格、爱好和特长等各个方面。正确的自我评价能够帮助学生认识到自己发展的潜能,培养自信心。从多元智能理论的角度来看,学生对自身不同方面做出正确评价,能够形成良好的自我认知能力,有助于对今后的学习生涯或者发展方向做出有利判断。同时,自我评价也是对自我观察的反馈,对自己进行评价后,由学校或家长进行辅助评价能够帮助学生形成较为完备的自我意识。在小学语文教科书中,四年级下册的习作五(4-2-X5)——"我的'自画像'"中,存在自我评价元素,学生在自我观察后需要对自己做出一个大致判断,在完成"自画像"后,需要读给家人听,请家人说说哪些地方写得像,哪些地方写得不像,再根据他们的建议改一改,即由家长帮助学生完善自我评价中需要调整的部分。同样在四年级下册第七单元的口语交际(4－2－K4)中,有关于自我介绍的主题,并且在一个设定的情境下进行,如初次见面、转学到新学校或应聘校报记者等生活场景。这些不同场景的自我介绍的着重点不同,包含了学生对自己各方面的评价与判断,能够帮助学生在交流中完善自我认知,更好地发现自己。自我评价元素在教科书中的具体体现见表2-7。

表 2-7　小学语文教科书中所含自我评价元素

出处	自我评价元素
课文	
语文园地	
口语交际	自我介绍
习作	我的"自画像"

六、职业情感元素

职业情感是指对某种职业有稳定的态度和体验,有积极职业情感,也有消极职业情感,积极的职业情感能够帮助人更加向往或热爱该职业,激发职业潜能,成为鼓励人不断发展的原动力。而消极的职业情感对职业认同和职业生涯发展有着阻碍作用。职业情感的陶冶是职业兴趣发现与培养的重要组成,职业情感陶冶的方式包括展示典型职业人物事迹、弘扬不同岗位的劳模精神等,也可以通过职业兴趣交流、阅读书籍或观看影视剧等手段实现。在小学语文教科书中,职业情感的陶冶主要是通过口语交际中的职业兴趣交流和课文中职业精神展现、职业人物刻画的感性经验方式组成。如在二年级下册识字单元的口语交际(2－2－K2)中,有主题为"长大以后做什么"的练习,要求学生与同组同学说说长大以后想做什么,以及为什么,并问一问同学们各自的职业愿望。通过交流职业愿望和职业兴趣,激发学生对某种职业的好奇、向往与热情。在教科书三年级上册第二十四篇课文(3－1－24)《手术台就是阵地》中,通过描写白求恩医生在战争的环境中临危不乱,坚持做手术、救伤员的感人事迹来体现一位伟大医生的职业精神与道德操守,在学生心中树立了高尚的医生职业形象。再如四年级下册第二十三篇课文(4－2－23)《"诺曼底"号遇难记》中,船长作为全船的责任人,在危急关头不顾个人安危,指挥乘客和船员脱离险境,自己却与轮船一起沉入大海。通过对船长临危不乱、忠于职守的刻画,激发了学生对这类职业的崇拜和敬仰,帮助学生正向地陶冶职业情感。职业情感陶冶元素在教科书中的具体体现见表2-8。

表 2-8　小学语文教科书中所含的职业情感元素

出处	职业情感元素
课文	《"诺曼底"号遇难记》中船长的职业精神、《手术台就是阵地》中白求恩医生的职业精神、《真理诞生于一百个问号之后》中科学家的职业精神、《小岛》中军人的职业精神
语文园地	《李时珍》中李时珍为编写医书亲尝草药的职业精神
口语交际	长大以后做什么
习作	

七、职业体验元素

职业体验是为学生提供高仿真设施道具、模拟场地或创设场景,在教师的指导下体验不同职业,在体验中运用职业知识并结合自我进行反思的过程。小学阶段教科书内的职业体验主要以职业角色表演的形式进行。美国教育家杜威曾指出教育就是对生活、生长和经验的改造,离开生活和经验就没有生长,更没有教育。[①] 可见,职业体验对学生系统掌握职业有关知识、提升认知能力和培养职业兴趣具有重要意义。小学阶段的职业体验应在低学段和高学段进行区分,不同学段的重点不同,低学段应强调场景代入感,中高学段强调职业体验中职业内容的布置。如二年级下册口语交际三(2－2－K3)"图书馆借阅公约",要求小学生制定图书馆借阅公约,了解和体验图书馆管理人员的职责。再如五年级下册口语交际三(5－2－K3)"我是小小讲解员",要求小学生体验讲解员这一职业,在一个情境中进行讲解,需要学生确定好讲什么,再搜集相关资料或实地考察,讲解时要条理清晰,语气语速适当,可用动作和表情辅助讲解,并且在讲解过程中需要与观众进行互动,根据观众的反应来调整讲解内容。角色扮演式的职业体验活动能够带动学生探索职业世界的热情,产生对职业体验活动的向往,并发现自己的职业兴趣,为今后的生涯发展提供更多可能。职业体验元素在教科书

---

① 杜威.民主主义与教育[M]. 王承绪,译. 北京:人民教育出版社,2002:90.

中的具体体现见表 2-9。

表 2-9　小学语文教科书中所含的职业体验元素

出处	职业体验元素
课文	
语文园地	
口语交际	"怎样表演课本剧"体验演员的职业角色、"我是小小解说员"体验解说员的职业角色、"图书馆借阅公约"体验图书馆管理人员的职业角色
习作	

八、职业观元素

职业观是人关于职业有关问题的根本看法,如职业的评价、选择等。正确的职业观应符合向上向善的职业伦理,具体体现为一切职业都是有价值的,职业不分高低贵贱,只代表着不同的社会分工。小学阶段是学生价值观形成、习惯养成的重要时期,应重点传递职业平等的观念和职业的个人价值与社会价值相统一的价值观念,对学生的职业观进行正向引导。职业观影响着学生对未来职业的选择,也是学生对职业世界正确理解的基础。而"教科书通过其文本表达、意义评判、文化认同甚至是言语逻辑等方法或显性或隐性地影响着学生对世界的认识,这种影响是十分深刻而持久的"[①]。因此,教科书中传递的职业观对于身心都处于发展阶段的小学生来说尤其重要,如在教科书三年级上册第二十七篇课文(3－1－27)《手术台就是阵地》中,传递了白求恩医生将职业的社会价值看得比个人生命都重要的职业观信息。职业观元素在教科书中的具体体现见表 2-10。

表 2-10　小学语文教科书中所含的职业观元素

出处	职业观元素
课文	《手术台就是阵地》中白求恩医生的职业观
语文园地	我爱阅读《李时珍》中李时珍的职业观
口语交际	
习作	

---

① 张鹏,吕立杰.语文教科书中的国家形象分析——以 A 版初中教科书为例[J].全球教育展望,2018,47(7):21-33.

九、劳动观与劳动意识元素

形成正确的劳动观与劳动意识是小学阶段的重要任务。缺乏劳动意识和正确的劳动观会造成部分学生"衣来伸手、饭来张口"等不爱劳动甚至鄙视劳动的错误行为,价值观也会出现一定偏差。2020年中共中央、国务院在《关于全面加强新时代大中小学劳动教育的意见》中指出,小学低年级要注重围绕劳动意识的启蒙[①],加强劳动意识的培养,不但可以增强小学生的自理能力,而且能收获劳动带来的幸福感与获得感。目前,部分学生和成人中存在以体力劳动为耻的错误观念,这些错误的观念带来了一系列的职业歧视,造成从业人员自卑及负面舆论增加的不良影响。正确劳动观的塑造与劳动意识的养成是职业启蒙教育的重要目标,也是正确职业伦理形成的基础。在小学语文教科书中,"爱劳动"元素出现在了开学的第一课,即一年级上册的开学引导模块"我上学了",其中在这一模块的上学歌中,明确提出要爱劳动,这是对小学阶段的学生提出的指向性要求。而在一年级上册的语文园地一(1—1—a)中,阅读故事《小白兔和小灰兔》通过叙述小白兔和小灰兔面对老山羊给的白菜的不同做法与最终结果,得出"只有自己种,才有吃不完的菜"的结论,故事生动形象地向学生传递了"只有自己劳动才能有更好的回报,不劳而获的做法是不可取的"观点,富有明确的劳动教育意义。劳动观与劳动意识元素在教科书中的具体体现见表 2-11。

表 2-11　小学语文教科书中所含的劳动观与劳动意识元素

出处	劳动观及劳动意识元素
课文	开学导语上学歌中教育要爱劳动
语文园地	识字阅读《小灰兔与小白兔》中自己劳动才能收获果实的劳动观
口语交际	
习作	

---

① 中共中央,国务院.关于全面加强新时代大中小学劳动教育的意见[Z].2020-03-20.

第三节　教科书内容的使用情况及分析结果

一、教科书内容分析结果

本研究将对小学语文教科书中职业启蒙教育元素的四个类目、九个一级指标进行频次统计,并以学段(低学段1—2年级、中学段3—4年级、高学段5—6年级)为单位,分析各一级指标的分布情况,并从教科书内容的视角,分别对四个类目的分析结果进行阐述。职业启蒙教育元素在不同学段的具体分布分析见表2-12。

表 2-12　各一级指标出现频数与占比

类目	一级指标	频数	占比/%(占总元素)	排序
职业认知	1—1 职业识别	40	90.91	1
	1—2 职业内容	13	29.55	2
	1—3 职业意义	0	0	9
自我认知	2—1 自我观察	1	2.27	7
	2—2 自我评价	1	2.27	7
职业兴趣	3—1 职业体验	2	4.55	4
	3—2 职业情感	7	15.91	3
职业伦理	4—1 职业观	2	4.55	4
	4—2 劳动观及劳动意识	2	4.55	4

（一）职业认知中职业角色传统单一

小学语文教科书中职业认知维度的元素相对比重更大,在19篇课文中均有所体现。其中,职业识别主要是职业角色和职业名称的体现,在不同学段中的分布主要通过出现的课文、语文园地、口语交际和习作的数量来体现。具体分布见表2-13。

表 2-13　职业认知元素数量及占比

职业认知维度 （一级指标）	年级/ 学段	涉及课 文篇数	涉及口语 交际数量	涉及语文 园地数量	涉及习 作数量	元素 个数	元素占一级 指标比例/%
职业识别	1—2/低	2		2		39	100.00
	3—4/中	4					
	5—6/高	2					
职业内容	1—2/低	5				13	33.30
	3—4/中	5					
	5—6/高	3			1		
职业意义	1—2/低						
	3—4/中						
	5—6/高						

　　可以直观地发现,在教科书中的职业角色,多以农民、医生等传统职业角色出现。按照一般职业类型即技能型、研究型、艺术型、经营型、社交型、事务型[①]的划分,技能型职业角色出现次数最多,其次是艺术型职业角色,经营型职业角色最少,这与小学阶段倡导勤劳自强的价值观导向有关。技能型职业角色的高出场率能够帮助学生形成职业不分贵贱、职业平等的正确职业观。虽然职业类型涵盖全面,六种职业类型均有出现,但通过职业角色类型的分布仔细分析可以发现以下两个问题。

　　1.职业角色单一且过于传统

　　社会及就业市场已经更新迭代,很多传统职业不复存在,单纯依靠人力资本的职业也逐渐被人工智能或大机器代替,因此缺乏前瞻性的职业角色知识可能会造成学生形成认知时出现空白或断层。2019 年国家公布新增人工智能工程技术人员、物联网工程技术人员、大数据工程技术人员、云计算工程技术人员等14 个国家职业分类大典未涵盖的新职业。其中,电子竞技师和电子竞技运营师是近两年才大热的新兴电竞行业带来的产物,与以往认知中的"游戏网瘾青年"不同,这些电子竞技人员需要经过大量的相关知识学习和严格的测试与选拔,能够进入电竞赛场的电竞人既需要努力也需要一定的天赋。新兴职业的出现增添

――――――――――

　　① 　六种职业类型对应为霍兰德职业兴趣理论划分的六种人格,引自:白利刚. Hollad 职业兴趣理论的简介及评述[J].心理学动态,1996(2):27-31.

了青少年儿童职业生涯发展的可能性，这在职业启蒙教育中也不可忽视。因此，教科书缺少的内容需要以其他形式补充。

2. 经营型角色缺失

有学者指出"教科书中的内容是在特定的历史语境和文化逻辑中选择出来的，是一定条件下的'权威表述'"①。随着社会发展，各行各业的经营型职业者逐年增多，尤其以第三产业的从业人员增速最快、增长最多，以电商为代表的热门行业正蓬勃发展，电商运营专员、电商孵化专员等经营型角色占据了行业的重要位置，可见经营型角色在社会上的地位越来越重要，教科书中缺失这部分角色将无法完成完整的职业启蒙教育。因此，在小学这个接受新鲜事物能力较强的阶段应出现更多新职业角色，让学生了解到新事物的不断产生，培养其接受新事物的能力。而从职业内容的维度来看，涉及职业内容元素的课文多以职业人的经典事迹展现各行各业人员崇高的职业品格、坚韧的职业意志和伟大的职业精神。爱国敬业、艰苦奋斗、忠于职守等职业精神与职业道德可以帮助学生形成正确的价值观，正面熏陶学生的职业观念，并在生活中自觉遵从，从而彰显语文学科的人文性特征。爱国敬业等精神属于固有认知范围内的职业道德与职业精神，但新时代的新职业精神或新职业内涵并未在教科书中出现，无法链接学生与社会的新景象。因此，需要从更多途径展示和拓展新时期社会各行各业的新内涵和新方向。在职业意义方面，目前教科书中并未出现明确的与职业意义或职业性质相关的元素，一部分原因是教科书的文化取向如今偏重于传统文化和基础素质，这些内容与社会的联系和互动相对较少。职业启蒙教育的相关内容的补充需要与语文课程内容对接，这无论从价值观导向还是学生的理解程度而言，都是有必要的。

（二）自我认知元素存在较少

教科书中明确体现自我认知的元素较少，具体分布见表 2-14。

---

① 张鹏,吕立杰.语文教科书中的国家形象分析——以 A 版初中教科书为例[J].全球教育展望,2018,47(7):21-33.

表 2-14　自我认知元素数量及占比

自我认知维度（一级指标）	年级/学段	出自课文数量	出自口语交际数量	出自语文园地数量	出自习作数量	元素个数	元素占一级指标比例/%
自我观察	1—2/低					1	50.00
	3—4/中				1		
	5—6/高						
自我评价	1—2/低					1	50.00
	3—4/中		1				
	5—6/高						

　　自我认知是学生自己对已有的知识结构、兴趣爱好、思维方式及人格特征的判断与评估。[①] 在自我认知系统中，自我观察是认知的基础，需要教师和家长从学习生活中的不同角度进行引导，帮助学生对自己的兴趣爱好、能力性格等方面进行相对客观的观察行为，经过一定的修正和对比，形成一个初步的自我认知。自我评价处于自我认知系统的核心地位，也是衡量学生自我认知能力发展水平的决定性指标。小学阶段是学生自我意识成长的关键时期，自我评价直接影响学生的学习动机和学习情感，让学生在职业启蒙教育中了解自我、认知自我是非常必要的。自我认知元素在教科书中涉及多个方面，如情绪的自我认知、动作的自我认知等，然而职业启蒙教育的自我认知元素仅有一处，即二年级下册的口语交际"长大以后做什么"，此处要求学生交流职业兴趣，也就是回答"我究竟喜欢做什么"的问题，而对于"我适合做什么"的问题并未涉及。二年级学生的年龄较小，自我认知还需要教师和家长的引导，而教科书中这部分内容相对不足，容易造成学校与家庭在引导学生进行自我评价时缺少一个有力的抓手和铺垫，甚至忽视自我观察和自我评价。

　　自我认知可以帮助学生了解自身的智能优势，从而回答"我适合做什么"的问题。如学生在朗读写作等方面表现突出，那么他可能有较高的语言智能优势；考试成绩较差的学生在跳高跳远项目中总是能拿到优异的成绩，那么他可能存在较高的身体运动智能优势，更适合身体运动要求取向的职业。自我认知驱使学生选择自己喜欢、适合自己或兼备两者的职业发展方向。只有清楚地回答了

---

① 刘晓,黄卓君.青少年儿童职业启蒙教育:内涵、内容与实施策略[J].中国职业技术教育,2016(23):32-37.

"我喜欢做什么"和"我适合做什么"的问题,职业启蒙教育才算有所成效。因此,教科书中的自我认知元素过少不利于职业启蒙教育的推进,还需要由教师或家庭借助教科书中的职业认知信息进行拓展,在儿童发展、学习策略、自我管理和社交技能方面提供教育、预防和干预活动,帮助学生培养自我观察和自我评价的能力。

(三)职业兴趣缺少反面案例对比

在教科书中明确体现职业兴趣维度的元素相对较少,仅九处,多出现于课文中,具体分布情况见表 2-15。

表 2-15　职业情感元素数量及占比

职业兴趣维度 (一级指标)	年级/ 学段	出自课 文数量	出自口语 交际数量	出自语文 园地数量	出自习 作数量	元素 个数	元素占一级 指标比例/%
职业情感	1—2/低		1	1		7	77.78
	3—4/中	2					
	5—6/高	3					
职业体验	1—2/低					2	22.22
	3—4/中						
	5—6/高		2				

职业兴趣是小学阶段学生职业启蒙教育的关键一环,关系到学生对职业的初步看法和进一步了解的倾向,小学是学生智能发展的初级阶段,小学语文教科书中的职业兴趣培养符合小学生心理发展特点,通过满足小学生的职业想象、陶冶职业情感引起小学生对职业世界的兴趣。教科书中职业情感陶冶素材主要以课文形式出现,在低中高学段中的体现相对均匀。课文中的人物与课文的故事情节往往能够为小学生勾画出一个立体饱满的职业人物。但分析各处出现的职业情感可以发现,这类职业角色均为正面人物,无论是职业精神还是职业操守、职业道德等层面,其意义均为正向,无反面素材对比,尽管正面角色对小学生有较大的鼓励意义,但缺乏负面职业人物的比较,正向意义的突出受到一定限制。

而教科书中的职业体验元素主要以角色扮演的形式出现。职业体验元素多出现于口语交际部分。既能帮助学生体会文章情感,把握故事情节,增强语文教学的生动趣味性,又能发掘学生的表演天赋,锻炼口语表达和共情能力,满足学生的职业幻想,更在一定程度形成对自己的认知,辅助自我认知的形成。职业体验的过程强调职业能力和职业情感的培养,在学生扮演自己喜欢的职业角色时,会产生一定程度的共情,同时职业态度与职业情感开始发展,伴随着年龄的增长和学习的深入,这种情感会逐渐加深,最终形成初步的职业认知。作为职业启蒙教育中重要的一环,职业体验所带来的过程性评价,为综合素质评价所倡导的过程评价、跟踪考核提供了重要载体和依据。可以成为综合素质评价的重要指标点,有利于推动实施小学生综合素质评价。但教科书中的职业体验元素存在体验素材单一的问题,教材中出现的职业体验素材多是单向社交性质的职业,即仅是鼓励学生沟通交流,缺乏合作和团队意识的职业协作体验,并不符合现代职业的追求。因此,要补充更多增强团队协作的职业角色扮演机会,推动学生团队合作意识的发展。

（四）职业伦理相对较少且分布不均

职业伦理维度的职业启蒙教育元素在教科书中较少,仅出现四次,且相对集中于低学段,中高学段相对薄弱,具体分布情况见表2-16。

表 2-16　职业伦理元素数量及占比

职业伦理维度（一级指标）	年级/学段	出自课文数量	出自口语交际数量	出自语文园地数量	出自习作数量	元素个数	元素占一级指标比例/%
职业观	1—2/低					2	50.00
	3—4/中	1		1			
	5—6/高						
劳动观与劳动意识	1—2/低	1		1		2	50.00
	3—4/中						
	5—6/高						

对于小学生而言,职业世界是新鲜事物,从小熏陶正确的职业观、劳动观和劳动意识,可以为生涯发展奠定坚实素质基础。劳动观和劳动意识的培养更是目前基础教育中相对需要加强的内容,2020年颁布的《关于全面加强新时代大中小学劳动教育的意见》中指出"除劳动教育必修课程外,其他课程结合学科、专业特点,有机融入劳动教育内容"[①]。这意味着劳动教育内容需要在教育的不同维度进行全方位融合,让学生在教育的全过程感受劳动光荣、热爱劳动,将课文学习中的职业观、劳动观内化为自身的精神观念,伴随终身发展,这也是职业启蒙教育的职业伦理维度需要实现的目标。而目前教科书中职业观、劳动观和劳

---

① 中共中央,国务院.关于全面加强新时代大中小学劳动教育的意见[Z].2020-03-20.

动意识的元素相对较少且集中于低学段,在中学段和高学段少有体现,这反映出中高学段的职业伦理教育的缺失。小学的语文课程第一课,就在上学歌中强调要热爱劳动,要靠自己的劳动获取果实,这对刚刚步入小学的儿童来说启示意义深远。但职业伦理作为一种内化于观念的隐性知识,正确职业观、劳动观和劳动意识的形成是要在过程中不断强化的。而随着年龄的增长,受到的各种信息刺激逐渐增多,这对学生形成基础观念和习惯将产生一定冲击,对职业伦理教育元素的教育强化要求也将提高。因此,中高学段的职业伦理元素的匮乏,不利于学生在日积月累中形成正确的价值观。

二、教科书职业启蒙教育内容的使用情况

通过以上对教科书中职业启蒙教育元素的分析,得出职业启蒙教育元素在教科书中的分布情况。但是在实际教学开展中,由于教师的教学策略、风格与内容的不同,可能会造成教科书中职业启蒙教育元素的使用情况有所不同。因此,为调查分析教科书中的相关职业启蒙教育元素在小学语文实际教学中的使用情况,本研究对五位小学在职语文教师进行了访谈。本次访谈对象为五位来自不同省市公办小学的小学语文教师,其中有两位在低学段班级,一位在中学段班级,两位在高学段班级;从职责范围来看,两位为班主任,三位为任课教师;从教龄来看,一位教龄为十年,一位教龄为六年,一位教龄为三年,另外两位教龄均为两年。五位教师均毕业于师范院校或省属高校师范专业。

通过访谈结果发现,教师对于职业启蒙教育的认识明显不足或相对片面,在问及关于职业启蒙教育的认识时,多数教师的回答都显示出对职业启蒙教育的了解不足,认识停留在简单的职业规划和指导上,这将对职业启蒙教育的深入开展带来很大困难。因此,职业启蒙教育的开展无论是学科结合还是通过教科书职业启蒙教育元素扩展教学,都需要提升教师的职业启蒙素养和认知水平。教师对于教科书中的职业启蒙教育元素有一定程度的忽略,显示出教师的职业启蒙教育意识有待提高。教师关注到的教科书中的职业相关信息仅是在课文中提到的主要人物的职业角色,对于非典型性职业角色和语文园地中部分阅读出现的职业角色缺乏关注,容易导致学生对于这些职业角色的忽视,造成原本不多的职业启蒙教育资源的浪费。通过访谈可以发现教师对于职业观和劳动观的引导较为积极,会在不同的维度对学生进行举例教育,努力营造"行行出状元"的职业氛围,这对于教科书中的职业伦理元素是很好的补充。在职业信息的讲解方面,大多数教师会有一定关注,但很少会做相同类别的延伸,如同时出现医生和护士

的职业角色,主角是医生时就会主要讲医生的职业信息,对护士的相关信息以及二者的区别联系缺乏讲解,这不利于低学段学生的职业识别能力的培养,将导致学生对职业内容出现一定程度的模糊。在自我认知引导方面,尽管教科书中的自我认知相关信息较少,但多数教师在日常教学中会积极引导,通过各种活动方式,帮助小学生认识自己、观察自己和评价自己。对于职业启蒙教育,五位教师均认为不太足够,需要通过更多的活动来补充。

从教师的基本情况来看,接受本研究访谈的教师多为新教师,从师范院校或师范专业毕业不久,在教学带班经验上不如教龄较长的老教师,但从知识更新的角度而言,这类教师在学校接受到的教育是更新的信息,新教师对职业启蒙教育理解的缺乏,一定程度上也反映出师范院校以及师范专业对于职业启蒙教育的忽视,若要加强教师的职业启蒙教育意识,在师范院校或师范专业开设相关课程或活动势在必行。从自我认知等元素的引导情况来看,这部分受到教师个人的影响较大,如对男女平等观念较看重的教师在观念引导上更偏重于扩展延伸教学,着重引导职业观与劳动观的教师将这部分内容作为扩展延伸教学的频率更高。教师对于职业启蒙教育的理解和传递情况受个体差异影响较大,虽然教龄较长的教师在教学时会有意增加职业启蒙教育,但教师对于职业启蒙教育的引导总体而言还是缺乏的,对于教科书中的职业启蒙教育元素的使用也以教科书本身存在的元素为主,较少进行课外补充。据此,可得出教师访谈的结论与前文结论基本一致,将共同为职业启蒙教育实践开展策略提供明确方向。

第四节　基于研究发现的思考与对策

基础教育阶段是培养学生价值观和世界观的重要阶段,对学生进行职业启蒙教育具有重要引导性作用。职业启蒙教育需要多途径开展,一方面需要对校内学科教学进行渗透,尤其是与语文课程的内容相衔接;另一方面需要补充各种形式的职业启蒙教育活动,协同育人,开拓职业启蒙教育新思路。具体而言,将学校学科教学内容与这些活动的设计与开展进行关联,形成校内课程与校外活动的互动。

一、在语文学科教学中渗透职业启蒙教育

职业启蒙教育的开展途径应多元化,一方面从学科渗透的角度,在语文课程中利用好职业启蒙教育的有关元素。《大中小学劳动教育指导纲要(试行)》中指

出"中小学道德与法治（思想政治）、语文、历史、艺术等学科要有重点地纳入劳动创造人本身、劳动创造历史、劳动创造世界、劳动不分贵贱等马克思主义劳动观，纳入歌颂劳模、歌颂普通劳动者的选文选材，纳入阐释勤劳、节俭、艰苦奋斗等中华民族优良传统的内容，加强对学生辛勤劳动、诚实劳动、合法劳动等方面的教育"[①]。将职业启蒙教育内容纳入选文选材将是未来教材内容改革的方向之一。另一方面需要补充开展各种形式的职业启蒙教育活动，将学校学科教学内容与这些活动的设计与开展进行关联，形成校内课程与校外活动的联动。

（一）捕捉利用教科书中的职业启蒙信息

统编本小学语文教科书中明确的职业启蒙教育元素较少，但具有多元性的特点，每种类型的职业都有涉及。因此，对这部分元素应全面加以利用。统编语文教材注重联系学生的生活经验，强化生活意识，学用结合。[②] 借助生活中常见的职业启发学生的职业意识也可以得到更好的启蒙效果。如讲授三年级上册课文《手术台就是阵地》时，在熟练掌握字词、准确表述白求恩精神品格后，可以从医生的职业角度再次进行分析，提出问题如"假如你是医生，你会离开手术台吗？""你认为医生需要具备什么样的品质，将会面临哪些问题？"等引导性问题，引导学生思考医生的社会责任和职业道德，从而进一步了解医生这一职业。职业体验类元素如三年级下册课文《赵州桥》的课后习题，要求学生根据课文内容介绍赵州桥，做一次赵州桥的导游。教师在进行这一部分教学活动时，可以让全班同学模拟旅游团成员，与作为导游的同学进行互动，模拟旅游现场，增强代入感，给予导游同学更好的模拟体验，以此帮助学生了解导游这一职业需要的品质与能力，同时培养学生的口语表达与临场应变能力。再如讲述生活中手艺人故事的课文，相较于医生教师等社会职业，他们在一般常识里显得有些微不足道，甚至有着地位低下的偏见，但他们将自己赖以生存的技艺磨炼得炉火纯青，又保持着高尚坚毅的美好职业道德和充满热爱的职业情感，这些品质与感情赋予了看似不起眼的小职业以令人钦佩的魅力。教师可以在教学中渗透职业平等的思想，逐渐打消社会长期以来的偏见，帮助学生明白每个职业都有自己的闪光之处，无论选择什么职业都不能用歧视的态度去看待。

---

① 教育部关于印发《大中小学劳动教育指导纲要（试行）》的通知[Z].2020-07-09.
② 李红梅.国家统编小学语文教科书的特色与学习适用性分析[J].教育科学研究,2018(8):50-55.

（二）拓展职业启蒙教育知识

现行版本教材中的职业启蒙教育元素有限，且职业角色存在一定的滞后性。有学者认为教学关键在于教师如何转化教科书内容。[①] 因此，职业启蒙教育要想在现有的教材教学基础上有所成果，就需要由教师拓展教科书中缺少的职业启蒙教育元素。"教科书必须经过教师转化为运作课程，才能提供学习机会，成为学生的经验课程"[②]，在素质教育的背景下，教科书赋予的学习能力与观念生成都需要教师的不懈努力。因此，在教科书中职业启蒙教育元素不足的情况下，教师的拓展显得尤为重要。需要注意的是拓展额外的职业启蒙教育知识需要在教科书中找到启蒙点，而非生硬地拓展，消耗师生的精力与时间，造成教育资源的浪费。这需要教师做足功课，避免出现过度解读和强行联系等问题。教科书有自身的宣传策略，如五年级上册主要表现母爱的课文《慈母情深》，该课文的重点在于体会母爱的伟大，而非挖掘母亲的职业角色。此外，也要考虑到同质化内容的不同解读，如医生以治病救人为己任是共性精神，但白求恩医生在炮火声中坚持做手术是自我奉献精神的体现。通过活动课、口语交际课拓展职业启蒙教育也是较合适的选择，活动课有趣味性和更多可能性，为学生获得自我认知和职业认知搭建了更广阔的平台。例如，五年级上册第一单元的口语交际主题是制定班级公约，教师在引导学生了解公约、制定公约的同时，可以让学生体验作为班级法官宣读班级公约、作为班级警察监督公约执行，从而了解法官和警察的职业责任，培养学生对这类职业的职业情感。

（三）增强教师使用教科书时的职业启蒙意识

职业启蒙教育在我国起步晚，相关政策和课程还不完善，职业启蒙意识也相对薄弱，这造成了教与学双方都对职业启蒙教育的重要性认识不足。有学者在一所小学个案的研究中问及"您是怎么引导学生进行职业认知的"，许多教师都表示有引导过，但很表面，也就随口问问。[③] 这类信息说明了课堂上的职业启蒙教育浮于表面，并未有效开展。增强职业启蒙教育意识，教师才能在教学中捕捉职业启蒙信息，渗透职业启蒙教育；学生才能对自我有一个清晰的认知，并对各类职业有正确的职业认知，从而形成正确的价值观与职业观。教师需要保持敏

---

① 霍秉坤.教科书使用研究框架的评析[J].全球教育展望,2016,45(8):31-42.
② 霍秉坤.教科书使用研究框架的评析[J].全球教育展望,2016,45(8):31-42.
③ 陈鹏,俞佳.职业启蒙教育的"未启"与"开启"——基于一所小学个案的研究[J].河北师范大学学报(教育科学版),2015,17(6):70-75.

感的"职业启蒙神经"，将教材中的信息与职业认知信息相联系，在讲课时将这些信息与小学生接触得到的社会信息相关联，让这些信息变得看得见、摸得着，成为新颖有用可迁移的知识。在教科书之外的学习中，教师可以利用其他有效的教辅材料实现对职业启蒙教育的补充。教师应与家长进行沟通，寻求家长的配合，家校联手共同促进职业启蒙教育的有效开展。强化学生的职业意识并非过早地让学生选择自己喜欢的职业，而是让学生理解课本中的职业精神，树立正确的劳动观与职业观，在认识自己的基础上探索世界。有学者指出不同的个体对同一文本的理解是千差万别的，教科书中含有一定预设信息①，学生对这些预设的潜在的价值观的理解是不尽相同的，所以教师应先对学生关于职业的各类认知有大概的了解，多角度引导学生理解教科书中的职业信息。

（四）扩展教科书中的活动课程

通过对比教科书中选文系统和练习系统的职业启蒙教育元素数量和占比可以看出，选文系统即课文部分的职业启蒙教育元素远远高于练习系统，练习系统中的语文园地与口语交际是锻炼学生交流表达能力和知识扩展的重要模块，口语交际模块少量的职业启蒙教育元素对于职业启蒙教育较好开展是远远不够的。小学生活泼好动，注意力容易被新鲜事物吸引，利用教科书中的职业启蒙元素积极开展职业启蒙教育活动是十分必要的，以课文或口语交际中的职业启蒙信息为抓手，可以开展一系列既锻炼学生能力、提高学生素质，同时也收获职业知识的活动。例如，学习完四年级上册的《西门豹治邺》后，综合考虑到这一单元均为故事，可以开展"改写剧本，我们来排一场戏"的活动，安排学生作为编剧改写剧本，随后学生分组表演，有演员、导演、编剧、摄像等职位供学生选择体验，由教师培训指导。同时，教师可以增加与教科书中内容相关的活动课程，以故事性课文为选段，丰富和拓展活动课程，并完成了一部分的阅读拓展。这样学生不仅有兴趣主动完成，也能够在这个过程中接受职业启蒙教育，更能培养其协作意识。

二、拓展衔接校外职业启蒙教育课程形式

职业启蒙教育的课程形式多种多样，目前多以活动课程的形式开展，包括"组织学生参观考察职业学校""进入职业体验馆等场所学习"等方式，能够丰富学生的职业认知，帮助学生激发职业兴趣，培养正确的职业伦理。为营造良好的

---

① 王攀峰.教科书话语分析的方法论建构[J].教育研究，2019,40(5):51-59.

职业启蒙教育氛围,实现校内外课程联动,研究仅从活动形式与内容方面提出建议。

（一）校际联合开展职业体验活动

小学的学校场地有限,不能满足全校学生体验职业的愿望和需求。而随着社会经济、科技的发展,人们逐渐意识到教书育人不单是学校的责任,而需要整个社会共同努力。因此,学校可积极与社会力量合作,助力职业启蒙教育的开展。一方面,学校可与职业体验馆合作,拓宽职业体验渠道。学生进入社会营利性质的职业体验中心接受职业熏陶,在这个缩小版的"社会"里,配备各种职业体验设施,学生可在专业人员的指导下体验不同职业,也可以在教科书中了解到某职业后,到体验馆等场所进行职业体验,补充教科书以及学科教学中体验元素的缺失。这种方式可以在短时间内形成对不同职业的直观感受,有效地提高学生的认知能力、劳动能力等。另一方面,学校可与职业学校合作,为学生提供职业陶冶和职业探索的实践平台。小学可积极与职业学校联系,共建职业启蒙教育体验基地。在学生们掌握一定的职业知识并形成一定元认知后,带领学生进入职业学校听专业教师对职业更为细致的讲解,尤其对在教科书中了解到的职业角色与职业故事重点讲解,实现校内课程的拓展联动,并利用职校的专业设备切身体验职业的乐趣。例如,常州市多所小学已经达成与社会职业体验馆以及职业学校的合作。通过近距离感受职业、体验劳动,不仅助推了小学阶段职业启蒙教育的顺利开展,更增加了小学阶段职业启蒙教育的趣味性和实用性。

（二）家校合作开展"职业启蒙教育日"

学校举办"职业启蒙教育日"活动,定期开展职业启蒙讲座以及"带孩子上一天班"职业体验活动,给孩子创造接触社会、观察职业的机会。在"职业启蒙教育日",学校可以邀请家长和行业专业人士与教科书中出现的职业角色来校,组织开展职业启蒙讲座,将教科书中职业角色的职业内涵与能力整理成有趣的故事讲给学生或制成剧本,由家长和老师帮助学生完成职业小剧场的活动;可以带领学生们到家长的工作岗位参观,让学生实地感受职业内容和工作流程;可以与社会各界合作,邀请各行各业的优秀工作人员到校演讲,行业人员的加入增加了职业启蒙的内容、丰富了职业启蒙的层次。在"职业启蒙教育日"这天还可以举办家长带孩子上班的活动,让学生切身感受父母的工作。在美国,每年的 4 月 22 日是"带孩子上班日"(Take Kids To Work Day),在这一天大多数企业和单位会为员工子女安排特别的场地与体验项目,给孩子了解自己父母工作的机会,让孩子有机会接触成人的世界，了解真实世界如何运作，理解劳动的价值与意义，打开他们对自己未来的想象之门。① 随着我国综合实力的提高，一些发达城市的小学已经开始积极探索，为学生创造更多机会了解不同职业的基本信息及不同职业对个人素质和能力的要求，帮助学生了解自己并掌握职业信息。在"职业启蒙教育日"活动结束后，由教师引导学生对职业参观考察后的感受进行分享，帮助学生更好地理解职业的意义。

（三）深入社会开展职业调研活动

目前，小学生的调研活动多是在教师或专家指导下，以小组形式对某个现实问题展开调查并得出结论，是基于问题的深层次学习活动。学生以个人兴趣为出发点，通过实践学习的方式，能够使他们对事物产生深刻理解，拥有真正意义上的知识，并在活动中能够得到更为全面的自我认知，形成正确的自我评价，以补充教科书中自我认知元素的不足。目前，在部分经济条件较好和教育发展水平较高的地区，小学生的问题学习和"研究"逐步发展成一种新的课程形态，因此职业启蒙教育也可采用活动调研的方式进行，为学生提供发现问题和解决问题的机会，增加职业启蒙的趣味性。开展职业调研活动，学生要先自己组建团队、选择感兴趣的职业话题。在发现问题、分析问题、寻找解决方案的过程中，充分锻炼学生的社交、思考和写作能力，培养职业意识、提高自我认知。职业调研活动可以依托教科书中出现过的某种职业角色，为学生提供一定的调研方向，就某种职业搜集与其相关的职业、了解职业场所与所需要的能力，对从业人员进行访谈等，这对增强学生的职业识别能力，培养学生的团队合作能力、沟通表达能力和自我认知能力等具有很好的帮助。如某校开展主题为"了解职业"的调研活动，班内五到六个学生成立一个小组，组内成员讨论确定要调查的职业后开展为期一个学期的调研活动。需注意的是，因为调研要选择课外时间且学生年龄尚小，所以调研活动仍需要家长积极协助，与老师合作，为学生提供合适的调研环境。

三、搭建小学阶段职业启蒙教育的实施评价体系

小学阶段职业启蒙教育的实践需要相应的评价体系来辅助开展。评价体系的构建要区别于普通文化课程。因此在评价主体、评价内容和评价方式等方面，

---

① Moore M G. Thinking about careers in middle school[J]. Educational Leadership,2011(6)：137-159.

应遵循职业启蒙教育自身的逻辑。

（一）鼓励多方参与组建职业启蒙教育评价共同体

职业启蒙教育有多方参与者，参与形式不同，对于职业启蒙教育利益相关群体，应建立"评价共同体"[①]，在评价时予以全面考量。教师是教学的主导者，对课程实施充分了解，可以通过过程记录、结果测试等手段对实施结果予以评价。职业启蒙教育的开展需借助职业体验基地、职业院校等外力。学生是实际参与者，也是评价对象，也应作为职业启蒙评价的主体，通过记录心得、填写自测表、撰写体验日记、回顾职业知识档案等方式参与评价。家长作为学生在校外受到最多影响的一方，往往在评价时被忽视。家长能够在生活中为学生树立榜样，在职业启蒙教育的开展过程中需全程参与，其评价方式可以是记录学生的言行变化。职业启蒙课程的独特之处在于有社会相关工作者的参与，从业人员对职业相关信息最为熟悉，在专业领域也有着独到的见解，应作为评价的另一大主体。从业人员可以通过运用现实中职业领域内的环境任务等变化对职业启蒙教育内容做出评价，帮助更新。除此之外，专业评价机构有着专业人员、设备和测评工具，对课程效果的评价更为精细化，因此其意见更具备参考价值。在评价共同体中各方应明晰自身评价职责，避免重复评价等问题，同时可建立评价数据库，对每次评价进行记录并整理，辅助评价反馈的形成。

（二）构建核心素养导向的多维评价内容体系

核心素养导向的核心价值在于促进人的发展，重视学生的个性发展、培育社会责任感与为他人服务的能力，兼顾个人自由和社会利益。[②] 核心素养也是职业启蒙教育评价需要遵循的评价理念，同时还要符合职业启蒙教育目标设置的原则。因此，应建立包括教育目标、教育过程、教育结果三方面的多维评价内容体系。目标的评价应侧重于职业观、劳动观等观念的养成。而过程评价中，应遵循动态管理的原则。职业启蒙教育因具有社会性、实效性的特质，其过程评价对学生和教育方式的更新具有更重要的参考意义。在社会快速发展的今天，新职业、新理念层出不穷，而职业启蒙教育对个体发展的作用是一个连续、长期、动态

①　李红恩.学校课程评价的意蕴、维度与建议[J].教学与管理，2019(34):1-4.

②　陈玉玲，左晓媛.基于核心素养导向的美国中小学校本课程评价体系研究[J].外国中小学教育，2018(10):55-61.

的过程①,同时避免类似综合实践活动课程评价技术取向的风靡、学生观念的价值错位②等现象的出现。职业启蒙教育的过程评价不应只有一个角度一种方式,应多渠道、全过程、多维度评价。在结果的评价中,需要注意结果评价的发展性功能,即结果评价对学生的激励作用和对教育内容改进的作用,小学阶段的职业启蒙教育的结果评价应是指向学生的职业兴趣提高、职业内容的明晰、职业观的正确培养。对于职业启蒙教育课程而言,评价内容还应重视评价的反馈,如建立评价反馈档案,对相关评价问题进行整理,以为后续课程的改进、目标的调整提供充分依据。

(三)丰富职业启蒙教育的评价方式

职业启蒙教育的评价实施需要制定切合实际的评价标准、多元的评价方法、科学高效的评价工具以及全面及时的评价反馈。在评价标准上,不同年龄段的学生应有不同的标准,如低学段学生理解能力较差,但活泼好动喜欢故事和活动,应偏重职业伦理中职业感情的教育;中学段学生具备一定的理解能力,应偏重职业认知教育;高学段学生理解能力较强,具备一定的实践探索能力,应偏重自我认知和职业兴趣方面的教育。职业启蒙教育的评价方法应以形成性评价为主、总结性评价为辅,注重质性评价与量性评价的协调。缺乏合理的评价工具对评价也会造成一定困扰,合理开发合适的评价工具诸如调查问卷、访谈提纲、观察量表、教育反思等③是评价实施的重要环节。第三方评价机构拥有相对专业的工具、测量设备以及评价体系,因此,学校或职业体验中心与第三方评价机构合作进行专业测评也是帮助职业启蒙教育评价顺利实施的保障。评价反馈是助推评价提升有效性的关键一步,对于职业启蒙教育课程而言,课程反馈能够检验课程实施的效果,帮助改进决策。小学阶段的职业启蒙教育的反馈评价应当在关注学生实践体验的前提下,由多环节、多主体共同评价,通过评价知识的培训、实地操作的指导、具体问题的解决,对反馈信息做出评价,并指导课程调整。目前职业启蒙教育评价尚待完善,更多需要在实践中反思和改进。

以职业启蒙教育的开展为主题的研究具有很强的现实意义,是对职业启蒙教育相关理论研究的实践检验。本研究以教科书为分析主题,为职业启蒙教育

---

① 刘晓,黄顺菊.职业启蒙教育:内涵审视、作用机制与实现路径[J].职教论坛,2019(11):28-34.

② 刘志慧,罗生全.综合实践活动课程评价的伦理考量[J].教育发展研究,2015,35(20):50-55.

③ 李红恩.学校课程评价的意蕴、维度与建议[J].教学与管理,2019(34):1-4.

的开展提供了强有力的抓手。通过对教科书中职业启蒙教育元素的剥离和分析,可以发现在教科书中职业启蒙教育元素较少,其中自我认知元素和职业伦理元素相对而言更需补充,职业认知元素覆盖不全,职业兴趣元素缺乏全面引导。在教师方面,无论是新手教师还是有多年经验的老教师,职业启蒙教育都是一个需要进一步了解的领域,无论是对职业启蒙教育的进一步了解还是在日常学习中的引导,抑或是对教科书中信息的使用,提高教师职业启蒙教育素养都是十分重要的。整体来看,教科书中各职业启蒙教育元素的各类问题均反映出职业启蒙教育的弱势,以及在实际教学过程中的忽视,这是需要各界进一步关注的。与学科教学不同,职业启蒙教育的范围更广,除了知识传授,更需要兴趣培养和动手体验,这也对安全开展活动提出了一定要求,社会有关群体、部门和机构等需要和学校进一步沟通,协同助力职业启蒙教育的开展。

第三章
普通高中职业启蒙教育的课程实施现状

职业启蒙课程是联系普通教育与职业教育的重要形式之一,对加强学校教育与社会生活的连接,促进学生的职业生涯发展具有重要意义。高中阶段的学生在生理和心理层面发展趋向成熟,自主性和自我意识明显增强,通过开展职业启蒙课程,能够帮助学生及时建立自身与未来职业之间的联系,形成良好的职业自我概念。本研究认为职业启蒙课程的内容要素应当从自我认知、职业认知、职业规划三个维度进行理解,在此基础上,以 N 市学生职业体验拓展中心的相关课程实践为研究对象,探讨面向普通高中的职业启蒙课程的实践现状、问题以及优化策略。研究发现:在课程目标上,职业启蒙教育的课程目标容易窄化为选科指导与手工操作;在课程内容上,职业启蒙教育的课程缺少与职业元素的联系,工作任务、学习的重难点不够突出,缺少系统性的设计;在课程实施上,职业启蒙教育的课程存在娱乐化、简单化倾向,教师的专业能力有待提高;在课程评价上,职业启蒙教育的课程容易流于形式,评价的诊断与改进功能难以得到有效发挥。

基于对面向普通高中的职业启蒙课程现状的个案研究,本研究认为优化职业启蒙课程的实施应当从以下四个方面入手:首先,要明确课程定位,为职业启蒙课程实践提供支撑,以基于工作过程的理念为主,参考生涯教育课程、综合实践活动课程等研制课程标准;其次,应当依据学生对自我认知与职业认知的理解程度,因地制宜地合理选择职业启蒙课程内容,有针对性地补充与职业世界密切相关的内容;再次,要不断完善职业启蒙课程实施的沟通机制,打造区域间的职业启蒙教育平台,提升师资的专业能力;最后,课程评价要结合整体课程评价与综合素质评价,推动建立课程评价共同体。

第一节　职业启蒙课程的历史溯源与理论审视

课程是为实现特定教育目标而组织起来的教育内容的总和,诸多课程的有序组合而形成的课程体系则成为教育机构进行人才培养的重要载体与依托。[①]一种教育理念、教育理想能否付诸实践,关键要看其能否落实到课程中去。职业启蒙课程的设计与实施反映了教育与生产劳动、社会实践相结合的必然要求,对贯彻"立德树人"的宗旨具有重要作用。随着社会各界的日益重视,职业启蒙课程建设已然提上日程。

一、职业启蒙教育发展的历史脉络

2019 年,《国家职业教育改革实施方案》公开发布,职业启蒙教育成为学界关注的重要话题之一。通过对相关研究的考察,本研究发现以往的文献中并未提及职业启蒙教育与职业指导、生涯发展之间的关系。从国家政策的视角出发,职业启蒙教育是着眼于个体生涯发展的具体阶段,经历了从职业指导到职业启蒙的话语转变。

(一)话语转变:从职业指导到职业启蒙

一是职业指导教育阶段,主要关注对毕业生的就业指导。职业指导最早于20 世纪 90 年代进入大众视野,1991 年 10 月国务院颁布的《国务院关于大力发展职业技术教育的决定》首次提出,"在普通教育中积极开展职业指导,因地制宜地在适当阶段引进职业技术教育因素,在不同阶段对学生实行分流教育",在普通教育中进行职业指导的思想由此提出。1993 年国务院关于《中国教育改革和发展纲要》的实施意见中指出"初中应适时注入适合本地需要的职业教育内容……建立就业指导、职业介绍等中介机构,为毕业生就业提供服务",该文件首次提出了要对不同学段的儿童开展针对性的职业指导。1994 年 10 月颁布的《职业指导办法》对职业指导的主要任务、开展形式、主要职责、工作内容等进行了明确的规定,首次从招工与就业方面规范了职业指导工作。1995 年颁布的《普通中学职业指导纲要》(试行)明确了对普通中学阶段职业指导的任务、原则、目标和内容、途径和方法、领导和管理等方面,是首个由教育部门制定并试行的职业指导相关文件。1996 年《中华人民共和国职业教育法》提出了"普通中学可以因地制宜地开设职业教育的课程,或者根据实际需要适当增加职业教育的教学内容",首次从立法层面肯定了应当加强普通教育的职业指导。1999 年的基础教育课程改革提出从小学至高中开设综合实践活动课程,将普通教育与职业教育

---

① 梁甘冷,陈乐斌,张德成. 基于"塔型进阶"的中职专业课程体系建构与实践[J]. 中国职业技术教育,2020(26):5-10.

结合,陶冶小学生的职业意识,为提升中学生的职业选择能力和职业决策能力奠定基础,首次将职业指导落实到课程层面,也是职业启蒙课程的萌芽。

二是职业启蒙阶段,该阶段更加注重将职业的因素贯穿人才培养的全过程。2010 年教育部颁布的《国家中长期教育改革和发展规划纲要(2010—2020 年)》中提出建立学生发展指导制度,加强对学生的理想、心理、学业等多方面指导,并"鼓励有条件的普通高中根据需要适当增加职业教育的教学内容",高中阶段成为关注的焦点。2014 年国务院颁布的《关于加快发展现代职业教育的决定》中提出"有条件的普通高中要适当增加职业技术教育内容",职业启蒙教育成为构建现代职业教育体系的重要组成部分。2017 年《国家教育事业发展"十三五"规划》中明确强调要"在义务教育阶段开展职业启蒙教育,推进普通高中学生发展指导制度建设"。同年 9 月,教育部颁布的《中小学综合实践活动课程指导纲要》将职业体验作为综合实践活动课程的活动方式之一。2019 年国务院印发的《国家职业教育改革实施方案》中强调了要鼓励中等职业学校联合中小学开展劳动和职业启蒙教育,将动手实践内容纳入中小学相关课程和学生综合素质评价。2020 年中共中央、国务院颁布的《关于全面加强新时代大中小学劳动教育的意见》中强调要"兼顾家政学习、校内外生产劳动、服务性劳动,安排劳动教育内容,开展职业启蒙教育"。

由此可以看出"职业启蒙教育"这一概念以及由此实践的职业启蒙课程并非全新的概念,而是深深植根于教育发展的全过程,是职业指导制度发展的必然产物。从注重大学生的就业指导到注重中小学生认识职业与职业启蒙,职业启蒙教育所经历的话语转变实质是对当前学校教育与社会生活产生脱节、学生职业规划能力较弱的现实回应。

(二)系统设计:从教育理念走向实践体验

在地方实践层面,各省份针对职业启蒙教育的实践进行了有益探索,其中以北京市、上海市、江苏省、浙江省、山东省的探索最为典型。2014 年开始,北京市东城区携手社会实践机构,以职业体验营项目的形式,通过职业体验平台联合 160 余家企业为学生开展职业体验课程,对企业文化、行业特点、职业需求、职业技能等方面进行了全方位的认知。东城区依托青少年学院开发职业启蒙课程,创设了"分段式多类型"的课程结构理论模型,在此基础上开发了八大类的职业启蒙课程,丰富了学校职业教育资源。自 2017 年起,上海市普陀区教育局创新职业启蒙教育实践载体,形成普陀大学堂课程体系,依托职业学堂整合校内外资源,以曹杨职业技术学校为秘书长单位开设了 50 门职业体验课程,形成了相应的课程标准。2019年3月江苏省颁布的《省教育厅关于加强中小学生职业体验教育的指导意见》中对职业体验教育的实施原则、主要任务、保障机制进行了说明,于2020年8月公布了首批92个省级中小学生职业体验中心。2020年3月,青岛市教育局印发的《关于开展职业启蒙和体验教育的指导意见》从基本原则、总体目标、主要任务、保障措施等四个方面厘定了开展实施职业启蒙教育的基本框架。2020年12月,浙江省教育厅颁布的《浙江省教育办公厅关于公布浙江省中小学劳动实践基地(第二批)暨职业体验基地名单的通知》认定了86个职业体验基地,为满足中小学多样化劳动实践和职业体验需求拓展了劳动实践场所。

可以看出,为丰富学生的职业认知,各地区正在做出积极努力,职业启蒙教育正从以往附属于学科渗透的教学中独立出来。职业启蒙教育实现了从教育理念向体验实践的变革,通过各具特色的体验实践课程的实施,深化受教育者的自我认知与职业认知,最终对受教育者的职业生涯发展规划发挥重要作用。

二、职业启蒙课程的理论审视

美国社会学家阿伯特在《职业系统——论专业技能的劳动分工》中强调了"职业支配着我们的整个世界……而我们对它们的态度却十分纠结"[①],这种"纠结"随着新高考改革而逐渐得到缓解,越来越多的中小学逐渐意识到这一点。在实践层面,关于"职业"的学习开始涌现不同的表达方式,以实践主体的不同,可分为以普通中小学为主体的职业启蒙教育实践、以职业学校为主体的职业启蒙教育实践和以第三方参与为主体的职业启蒙教育实践。每一种实践形式都迎合了当地的发展实际,其面临的核心问题是已有的教育资源能否满足多元化教育实践的需要,重在解决由于"专门职业启蒙课程缺失、学科教师渗透职业启蒙教育的意识淡薄、职业启蒙教育的环境难以保障"[②],致使相关实践陷入有形无实的"表象活动"的困难[③]。

（一）职业启蒙课程的概念和内涵

近年来,学界掀起了对职业启蒙教育的研究热潮。有论者认为,职业启蒙教

---

① 阿伯特. 职业系统——论专业技能的劳动分工[M]. 李荣山,译. 北京:商务印书馆,2016:11.

② 陈鹏,俞程. 职业启蒙教育的"未启"与"开启"——基于一所小学个案的研究[J]. 河北师范大学学报(教育科学版),2015,17(6):70-75.

③ 李彦儒,孙翠香. 职业学校与中小学合作开展职业启蒙教育:困境与推进路径[J]. 职教论坛,2019(11):35-40.

育的内涵要素至少包括五个维度,即职业体验、职业认知、自我认知、职业探索、职业规划①;有论者认为职业启蒙教育至少应包括职业理想、劳动习惯、职业技能三个维度②;还有论者认为职业启蒙教育包括职业认知、职业倾向及兴趣、自身与职业的匹配度三个维度③。综合上述研究,本研究认为职业启蒙教育的内涵应当包括自我认知、职业认知、职业规划三个维度,即职业启蒙教育是指以青少年儿童(6—18岁)为教育对象,帮助个体在职业体验中获得或修正自我认知与职业认知,从中感知自身与职业的关系,形成职业自我概念以满足个体生涯发展之需要的一种引导性教育活动。本研究所指的职业启蒙课程是通过(专门)学校开展实施的,以青少年儿童(6—18岁)为教育对象,帮助个体在职业体验活动中获得或修正自我认知与职业认知,从中体悟自身与职业的关系,形成职业自我概念以满足个体生涯发展之需要的一种引导性教育活动的经验性学习。

职业启蒙教育的内涵已在核心概念界定中进行说明,本研究认为职业启蒙教育是职业生涯发展初步阶段的教育活动,可以从教育范畴、理论基础、认知方式三个维度进行理解。首先,从教育范畴上而言,职业启蒙教育侧重智育。范畴是对客观实在形式上和逻辑上的高度抽象与概括,是一切理论思维存在与依存的形式逻辑图式,是反映客观世界基本规律的高度凝练与抽象概括。职业启蒙教育通过职业体验等形式,帮助青少年儿童形成职业认知、习得职业技能、培养职业理想,最终实现的是对青少年儿童在智力上的改造。其次,以职业发展理论为依托,是职业启蒙教育的特色所在。职业发展理论(或称生涯发展理论)是职业启蒙教育的直接理论依据,其研究者以舒伯、斯金伯格等人为代表。国内有关职业启蒙教育的研究在一定程度上借鉴了舒伯的研究成果,并将其作为职业启蒙教育的重要理论基础。最后,注重认知"在场"是职业启蒙教育的显著特征。职业启蒙教育教以学习者职业入门知识,帮助学生形成关于职业、自身的基本认知,建立关于职业的新图式,更加注重认知"在场"。职业启蒙教育侧重个体获得对职业乃至生涯规划的符号性表征与结构,并加以应用。

(二)高中阶段职业启蒙课程的基础

职业启蒙教育作为生涯教育的基础和前提,受到社会各界的广泛重视。随

---

① 刘晓,黄卓君.青少年儿童职业启蒙教育:内涵、内容与实施策略[J].中国职业技术教育,2016(23):32-37.

② 陈鹏.职业启蒙教育:开启职业生涯的祛昧之旅[J].教育发展研究,2018,38(19):21-27.

③ 龚丹,郝天聪.论职业启蒙教育的基本内涵与现代价值——基于大职教观的视角[J].职业教育研究,2017(8):5-8.

着一大批职业体验中心的设立,越来越多的职业启蒙课程被开发出来,而对该类课程的基础研究仍较为缺乏。正本清源,本研究试图对高中阶段职业启蒙课程的基础进行探讨,主要分为两个维度:知识论基础和心理学基础。

1. 职业启蒙课程的知识论基础

课程是知识的载体,对知识的性质、范围、生成等要素的理解决定了某一课程的课程目标、课程内容、课程实施、课程评价的具体操作。因而,明晰职业启蒙课程的知识论基础是非常有必要的。知识论要回答的是如何看待知识,如何确定知识范围,以及如何生成知识三个基本问题[1],与职业启蒙课程相对应,本研究将探讨如何看待职业启蒙课程中的知识,如何确定职业启蒙课程知识的范围,以及受教育者如何生成有关职业世界的知识。

首先,职业启蒙课程的知识观是基于实用主义的知识观。钟启泉在《知识论研究与课程开发》总结了理性主义知识观、经验主义知识观、实用主义知识观、结构主义知识观、知识社会学的知识观等九种最有代表性的知识观,其中实用主义知识观强调"感觉经验""基本的认识要素本质上都是经验的,而不是概念的和推理的"。[2] 实用主义知识观注重自身与其所处环境之间的联系,如此便不会仅局限在学习那些不言自明的真理知识,而去主动感知周遭世界的意义,该知识观强调个体对于知识应当是主动建构的。通过这种知识进行教育,其意义在于对自身经验的改组改造,而非凝固知识的注入。[3] 随着社会经济的发展,教育观念正在发生悄然变革,不论是教育者还是受教育者均不应当仅仅局限于以理性主义知识观为主导的学科分类课程,也应当关注与受教育者自身所处社会环境相关的知识(如生活知识、职业知识等)。

其次,职业启蒙课程的知识范围是帮助受教育者理解职业的相关知识。职业启蒙课程并非承载所有的职业知识,否则容易走向职业技术教育的极端,本研究试图为职业启蒙课程承担的知识边界进行限定,为此必须了解职业知识的结构以及类别。有研究者将职业知识的结构分为内部结构与外部结构,认为内部结构涉及职业活动范围的选择问题[4],也就是职业知识的内部结构对职业知识(课程)范围的选择具有重要影响。进一步而言,职业知识分为工作情境知识、工作方法知识、分析与判断知识和实践化的理论知识(见图 3-1):工作情境知识包

①　钟启泉. 知识论研究与课程开发[J]. 外国教育资料,1996(2):6-13.
②　希尔. 现代知识论[M].刘大椿,等译. 北京:中国人民大学出版社,1989:394.
③　钟启泉. 知识论研究与课程开发[J]. 外国教育资料,1996(2):6-13.
④　徐国庆.职业教育课程、教学与教师[M].上海:上海教育出版社,2016:82.

括工作对象知识、工作结果知识和工具设备知识；工作方法知识是指关于如何进行工作的知识，包括工作程序知识、工作策略知识和工作技巧知识；分析与判断知识是在具体情境中选择工作情境知识与工作方法知识组合的知识；实践化的理论知识是指从事职业活动需要掌握的与职业有关的理论知识。[①] 本研究认为从工作情境知识到实践化的理论知识是一个逐渐递进的过程，而职业启蒙教育意在帮助受教育者在不同职业体验课程中形成自我与职业关系的认知，即让受教育者形成对于某种职业的整体印象，故职业启蒙课程承载的主要是那些能够帮助学生理解某种职业的具体情境的知识，绝非是实践化的理论知识。所以，对职业启蒙课程而言，其承载的知识范围应当是以工作情境知识为主，兼顾工作方法知识。需要说明的是，在课程知识的选择上应当拒绝单纯的技术性知识，用赫施巴赫（Herschbach）的观点而言"技术知识的目标是效率而不是理解，尽管技术中包含了知识，但它是应用于具体技术活动的特定形式的知识，这与形式化知识的普遍抽象性特征形成鲜明对比"[②]。

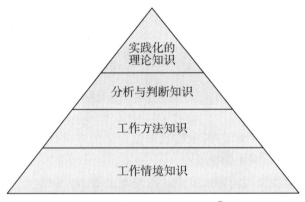

图 3-1　职业知识分类模型[③]

最后，自我与职业关系的认知是受教育者在一种或多种具体职业情境中主动建构生成的。生成性思维是现代哲学的基本精神和思维方式，其特点是注重过程而非本质，重关系而非实体，重创造而非预定，重个性、差异而非中心[④]，职

---

① 徐国庆. 职业教育课程、教学与教师[M]. 上海：上海教育出版社，2016：87-90.

② Herschbach D R. Technology as knowledge：Implications for instruction[J]. Journal of Technology Education，1995，7(1)：31-42.

③ 根据徐国庆教授的职业知识分类模型构建，具体参见：徐国庆. 职业教育课程、教学与教师[M]. 上海：上海教育出版社，2016：87-90.

④ 李文阁. 生成性思维：现代哲学的思维方式[J]. 中国社会科学，2000(6)：45-53.

业启蒙课程知识同样如此。在职业启蒙课程实施过程中,关注的重点并非受教育者完成了何种作品,而是在于受教育者通过该类课程是否获得或修正了一种或几种职业的印象,是否能够在头脑中生成新的图式。在这个过程中职业情境与主动建构两个元素缺一不可。一是要为受教育者提供符合某种职业情境的工作场所,工作场所中的核心知识构成包括工作对象的知识、工作结果的知识和工作工具的知识。二是受教育者通过感官训练和实物教学以及工作场所练习主动建构发现知识,是知识的发现者。与传统意义上的分科课程不同的是,教育者仅扮演指导者的角色,而受教育者的知识获得是不受控制的,正如杜威所言:"感官训练和实物教学以及实验室练习,与包含在书本和通过精神力量的某种神奇的作用而获得的纯粹观念的区别,便是这种区别在教育上的清楚表现。"[①]三是为受教育者提供多种职业启蒙课程,让学生有广泛的选择余地。

2. 心理学基础

如前文所述,本研究认为职业启蒙教育是生涯教育的初始环节,高中阶段的职业启蒙课程的心理学基础是金兹伯格的生涯发展理论与埃里克森的社会化发展理论。

金兹伯格是生涯发展理论的奠基者之一,其在职业心理学领域做出了重要贡献。金兹伯格认为职业决策是一个发展的过程,职业选择的实现是个人意识与外界条件的折衷、调适,他将职业发展分为三个阶段:空想期、尝试期、现实期。空想期主要发生在儿童时期,且空想并不会受到自身条件与社会现实状况的制约,往往表现为儿童的模仿行为;第二个时期是尝试期,该时期大致从 10—12 岁开始,16—18 岁结束,该阶段虽然摆脱了年幼时盲目的模仿,并开始着眼于社会现实准备选择职业,但更多的是依据自身的情况(如兴趣、爱好、价值观等),并以此调节自身的职业目标;第三个时期是现实期,该阶段一般从 16—18 岁开始,该阶段的显著特征是个体能够认识到主观条件与客观条件的匹配性,能够从现实出发,较为客观地进行职业选择。[②] 在我国,高中阶段学生的年龄介于 16—18 岁,处于金兹伯格生涯发展阶段论中的现实期,相对而言,该时期的受教育者能够较好平衡主观条件与客观条件,能够提高职业启蒙课程实施的效率。

从发展心理学的视角来看,埃里克森的社会化发展理论能够为高中阶段开

---

① 杜威.民主主义与教育[M].王承绪,译.北京:人民教育出版社,1990:354.

② 姚裕群.生涯的演进过程分析——金兹伯格与萨帕的职业发展理论[J].中国人才,2000(11):41-42.

展职业启蒙课程提供依据。埃里克森把发展看成一个经过一系列阶段的过程。个体在每一阶段都有其特殊的目标、任务和冲突,个体均面临发展危机,每一个危机都涉及一个积极选择与一个潜在的消极选择之间的冲突。后一阶段发展任务的完成依赖于早期冲突的解决。未彻底解决早期阶段问题所造成的损失可能会在后期阶段得到修正,个体解决每一个危机的方式对个体的自我概念以及社会观有着深远影响。[①] 他将人的心理发展分为八个阶段,而高中阶段处于同一性和角色混乱,该阶段同一性的形成与职业的选择、性别角色的形成、人生观的形成等具有密切的联系,因而在高中阶段实施职业启蒙课程正当其时。

(三)高中阶段职业启蒙课程的实践形式

一是以普通高中为主体的职业启蒙课程。2017年教育部颁布的《中小学综合活动课程指导纲要》(简称《纲要》)将职业体验作为综合实践活动课程的重要活动方式之一。《纲要》指出要在考察探究、社会服务、设计制作、职业体验等活动方式中开展综合实践活动课程,在劳动中进行职业体验,激发学生的职业意识,普通中小学在此基础上不断创新职业体验活动形式与丰富活动内容,形成了以主题讲座、家长讲师授课、假期职业体验为主的多种形式并存的活动。如浙江衢州华贸外国语学校开展了基于项目学习的职业体验课程,按照学生核心素养制定了课程目标与课程计划,以家长讲师授课的形式帮助学生获得职业体验[②];又如海南中学以班级为单位,在假期中开展职业体验学习,以"职场体验"的新形式丰富学生的职业认知,为学生在选择学科、选择职业发展方向以及规划未来等方面提供感性经验。[③]

二是以职业学校为主体的职业启蒙课程。纵观近些年来国家有关职业启蒙教育的政策,不难发现职业学校在职业启蒙教育中具有举足轻重的作用。从北京市东城区的区域性职业启蒙教育试点,到上海市普陀区的课程实践,再到如今诸多省市兴起认定(建设)职业体验中心的热潮,反映出开展职业启蒙教育、组织职业体验课程已经是大势所趋。正如学者所言:职业学校开展职业启蒙教育具有"得天独厚的条件"。[④] 从外部原因来看,以职业学校为主体的实践形式不仅

---

① 陈琦,刘儒德. 当代教育心理学[M]. 北京:北京师范大学出版社,2019:34-36.
② 叶霜. 职业体验课程:让学生站在课程中央[N]. 中国教师报,2020-04-29(7).
③ 赵华英. 在职业体验中筑梦未来[N]. 中国教师报,2020-09-16(6).
④ 沈有禄. 职业学校联合中小学开展劳动和职业启蒙教育:天时、地利、人和[J]. 中国职业技术教育,2019(7):112-113.

是"普职融通"理念的具体实践,而且是构建现代职业教育体系的必然要求①;从内部原因来看,职业学校具有较为完备的关于"职业"的课程体系、师资队伍以及实习实训基地,能够弥补普通中小学缺乏师资、课程、场地等的缺陷。

三是以第三方参与为主体的职业启蒙教育实践。职业体验课程的开发与实践是一个系统化的过程,在将职业知识转化为适合普通中小学生学习的教育内容的同时,还应当具体关注课程目标的制定、课程实施的教法与学法、课程质量与学习质量评估。相对于广泛的职业类别而言,一所职业学校能够提供的帮助十分有限,如何统筹区域内的职业教育资源、协调普通高中与职业学校之间的关系显得尤为重要。综合上述原因,以第三方为主体的职业启蒙教育实践应运而生。

(四)高中阶段开展职业启蒙课程的必要性分析

当前我国社会经济发展进入转型时期,职业的迭代更新速度加快,如何有效避免受教育者学习被淘汰的知识(尤其是技能)无疑对于国计民生都具有重要价值。高中阶段的选择是个体职业生涯发展的重要转折点,无论是对升学还是就业都具有关键作用。因而,能够对自我与职业产生清醒的认识,具备一定的社会生存能力和劳动能力,能够自主决定未来的职业发展方向是该阶段受教育者应该具备的基本素养。

首先,高中阶段的特殊性迫切需要实施职业启蒙课程。高中阶段在我国教育体系中具有特殊地位:一是高中阶段在学历教育中所处的位置十分特殊,是个体进入高等教育的准备阶段,绝大多数受教育群体将会进入大学校园,少部分群体或直接选择就业,从某种程度上而言,高中阶段对个体的生涯发展意义重大;二是高中阶段的任务特殊,其重要任务就是受教育者要参加国家统一组织的选拔性考试——高考,该阶段的受教育者要进行选科以及完成考后的志愿填报,这将直接影响未来的职业发展方向。

其次,高中阶段的个体的职业兴趣与职业观在这一阶段变得现实而具体。在我国,高中阶段的适龄群体一般为15—18岁,有关心理研究显示,个体的兴趣爱好在14岁开始趋于稳定,职业喜好以及与之有关的价值观也正是在这一阶段变得现实和具体,此后职业观和职业兴趣将会表现为个体的"职业锚"偏向。

再次,开展职业启蒙课程是对新高考改革中"增加学生选择权、使学生学会

① 陈鹏,庞学光. 大职教观视野下现代职业教育体系的构建[J]. 教育研究,2015,36(6):70-78.

选择"中心理念的现实回应。2014 年《国务院关于深化考试招生制度改革的实施意见》拉开新一轮高考改革的序幕,实践层面也产生了诸多挑战,如有研究者对浙江省五所高中进行实证研究,发现学生学科普遍存在功利主义取向、自主选择能力不足等问题。[1] 新高考改革方案的提出将生涯规划前置,着力于赋予学生更多的选择权,激发学生的主动性,但无论是学校还是学生都存在一定的"消化不良",表现为快速的专业敲定带来了长期的职业迷茫与消沉,造成学生严重不适。[2]

最后,实施职业启蒙课程是落实劳动教育的必然要求。2020 年教育部印发的《大中小学劳动教育指导纲要(试行)》指出,普通高中应当围绕丰富的职业体验活动,开展服务性劳动和生产劳动,增强生涯规划的意识和能力,要求将劳动教育纳入人才培养全过程,丰富劳动教育实施途径。职业启蒙教育旨在为受教育者提供职业化的场景及相应的课程,帮助学生在职业角色的切身体会中获得对自我、职业的认知,高度契合了劳动教育的要求。换言之,职业启蒙教育是劳动教育的重要表现形式之一。

三、职业启蒙课程的分析框架

美国职业生涯的研究者舒伯提出的职业发展理论认为,职业发展的本质就是个体在对自我概念探索和进一步认知深化的过程中实现自我概念与客观因素的相互衡量与妥协的过程,是一个可以被引导的动态的过程。[3] 根据职业发展理论,可以发现儿童对职业的认知是可以通过教育活动进行引导的,而这个引导过程需要平衡儿童自身与客观因素之间的关系,具体而言,在职业启蒙教育过程中要兼顾自我认知与职业认知,最终为儿童个体的生涯规划提供一定借鉴。该理论强调对自我的认知,认为每个人的能力、兴趣和个性爱好等都各有特征,都可能从事与其他人不同的多种职业,但每一种职业都有一套与之匹配的个人能力、兴趣与个性特征的用人评价模式,教育者可以根据不同年龄阶段的心理发展程度以及提供相应的职业知识帮助学习者进行职业规划,从而在职业更迭加速

---

① 杜芳芳,金哲. 新高考改革背景下高中生科目选择意向现状及对策——基于浙江省五所高中的调查分析[J]. 教育理论与实践, 2016, 36(8): 15-18.

② 樊丽芳,乔志宏. 新高考改革倒逼高中强化生涯教育[J]. 中国教育学刊, 2017(3): 67-71,78.

③ Super D E. A theory of vocational development. [J]. Theory and Practice of Vocational Guidance,1953,8(5):13-24.

的今天帮助更多的青少年形成和完善已有的职业概念,帮助个体在探索职业的过程中更好地认识自我。简言之,职业启蒙教育主要通过一系列有组织、有目的的课程活动,提升个体自我认知与职业认知的程度,帮助学生理解职业与自我之间的内在联系,进而为职业生涯规划打下坚实的基础,获得对自我与职业更详细的认知。据此,高中阶段的职业启蒙课程的内容要素应当从自我认知、职业认知、职业规划三个维度进行理解。

（一）自我认知要素

职业启蒙课程中自我认知要素主要包括学生个体的自我兴趣爱好、能力、性格三个方面。自我认知要素是职业启蒙课程中不可缺少的内容,注重培养青少年儿童的自我意识,让其能够更好地对自己的心理和行为活动进行自我觉察,对自己的兴趣爱好、能力、性格等各方面进行评价,使个体能够更加明确自己的优缺点与潜力倾向,从而明晰自我的优缺点与未来发展倾向,进一步纠正或完善与自我固有认知存在的偏差与盲区。实施职业启蒙课程,要求把握青少年儿童不同阶段的心理发展规律,帮助个体在职业情境、工作任务中获得自我与职业关系的清晰认识。根据埃里克森的人格发展理论,高中阶段的学生处于青春期阶段,其自我同一性和角色混乱的冲突是该阶段面临的主要危机,这一阶段也是个体自我意识发展的飞跃期。因而,教师要进一步帮助学生进行自我概念的整合与分化,帮助学生对各方面的自我知觉进行整合,引导学生观察不同社会角色与职业岗位,在深入了解的前提下对分化出的理想自我与现实自我进行探索分析与评价,找到理想自我与现实自我相矛盾的部分,从而找到自我优化的方向,帮助学生完善自我同一性以及建立相应的社会角色。

（二）职业认知要素

职业启蒙课程中职业认知要素主要包括了解职业的从业要求、职业的发展前景、职业的种类以及职业的主要职责等方面。职业启蒙教育旨在帮助青少年儿童对有关职业进行了解。要想使职业启蒙课程达到预期的效果,则需要让学生在一定的情境中,通过体察探究职业的运行机制与工作流程并对职业进行评价,进而形成或修正学生对（某类）职业的态度与观点,完善调节已有的职业感知,从而进一步加深并促进下一轮的职业了解与探究。职业认知要素是职业启蒙课程不可或缺的,在实施过程中要充分考虑学习者的心理发展水平,将职业认知要素融合到职业启蒙教育的各项课程之中。职业认知学生具有往复性与循环性,学生在对职业的体察感知中不断丰富职业细节性概念,才能逐步了解某种职业,从而形成正确的职业认知。高中阶段的职业认知主要以直接的职业体验活动为主,在对职业的了解与自我的纠正中逐渐形成对自我与职业的正确认识,因而,通过职业体验等实践环节更新学生的职业观念具有关键作用与价值。

（三）职业规划要素

职业启蒙课程中的职业规划要素主要包括职业与学习的关系、将要从事的职业方向、搜集职业信息的方法、升学与就业的抉择方法、大学的相关专业等方面。在对自我认知与职业认知的基础上,学生能够在联系自身的条件下形成良好的职业观念,对自身长远的职业发展规划具有重要意义与价值。职业规划是指个体在对职业类型、职业工作、职业发展前景等方面具有一定了解的基础上,对自己各方面的因素进行分析与权衡,并根据自身的职业倾向,有目的、有计划地对自己未来职业生涯发展进行系统性的设计和前瞻性的安排。一个详细合理的职业规划是建立在足够的自我认知、职业认知的基础上的,能够进行初步的职业规划是高中阶段职业启蒙课程的基本目标。简而言之,职业规划就是使学习者能够将自身当前的学习状态与职业发展状态相联系,将短暂的发展状态与长期的未来计划相结合的一个动态过程。高中阶段的青少年各方面发展已然趋于成熟,为促进个体主动进行同一性探索,要能够创造生动的学习情境,使个体能够假设未来自己将会从事的职业,未来需要哪些技能,现在的"我"与未来的"我"之间存在哪些方面的差异等,并能够结合自身情况选择某种职业进行深度探索,从而促进个体职业生涯的发展。

第二节　面向普通高中的职业启蒙课程现状调查
——以 N 市学生职业体验拓展中心的实践为例

职业启蒙教育在我国仍处于初步发展阶段,诸多理念的落地仍在艰难的探索过程中。对高中阶段职业启蒙课程实施现状进行调查,有助于研究者了解并掌握课程实施的实际情况,有利于为构建科学系统的理论框架提出可行的实施策略。本研究以 N 市学生职业体验拓展中心为研究对象,结合对普通高中生的问卷调查和对相关任课教师的访谈,进一步了解高中阶段职业启蒙教育的课程开展现状,并以此为依据诊断当前职业启蒙课程存在的问题,提出完善职业启蒙课程实施的策略。

一、研究设计

本研究以浙江省 N 市学生职业体验拓展中心开展的职业启蒙教育实践为案例,结合对相关教师与管理者的访谈,以问卷的形式从学生视角对职业启蒙课程开展现状进行调查,以便于发现职业启蒙课程实施过程中存在的问题,并提出相应对策,以期推动职业启蒙课程的开展。

（一）问卷设计

1.问卷维度与项目的确定

本研究的问卷以西南大学教育科学研究所开发的《中学生职业成熟度问卷》为基础,并结合国内外职业启蒙教育的相关研究成果,根据 N 市职业启蒙课程开发的实际,自主编制了《职业启蒙课程现状调查问卷（学生版）》。通过对部分高中生进行预调研,并结合已有关于职业启蒙教育的相关文献资料,研究者编制了《职业启蒙课程现状调查问卷（学生版）》,共 30 道题,包括单选题 25 道,多选题 3 道,以及 2 道开放式问题,检测得出 α 系数为 0.905,证明此问卷信度符合标准。

2.问卷结构

问卷分为个人基本信息与正文两部分:个人基本信息包括年龄、就读年级、性别、成绩、是否独生、家庭住址、父母受教育程度等;问卷正文按照课程目标、课程内容、课程实施、课程评价等四个维度进行设计。在课程目标方面,主要对学生的自我认知（包括兴趣爱好、能力、性格等）、职业认知（职业的从业要求、发展前景、种类、主要职责等）、职业规划（包括职业与学习的关系、将要从事的职业方向、职业信息搜集的方法、升学或就业的抉择方法、大学的专业设置等）等方面设计问题;在课程内容方面,针对开展职业启蒙课程对学生在自我认知、职业认知、职业规划等方面产生的效果以及教师的授课内容进行调查;在课程实施方面,对职业启蒙课程的形式、上课频率、课时安排、教学方法进行调查;在课程评价方面,对评价形式、教师的反馈等方面进行调查。

（二）访谈对象与基本情况

访谈以半结构性访谈提纲的形式与受访者面对面进行,共访谈教师七名,其中普通教师五名、管理者两名。研究根据访谈顺序对相关教师依次进行编码,访谈情况见表 3-1。

表 3-1　访谈对象与访谈过程记录

受访者	性别	职务	访谈时间	访谈地点	访谈时长
H1	女	教师	2020 年 10 月 28 日 11:28	三楼会议室	24 分 12 秒
L2	女	教师	2020 年 10 月 28 日 13:00	三楼会议室	49 分 09 秒
S3	女	教师	2020 年 10 月 28 日 15:28	三楼会议室	37 分 55 秒
L4	女	教师	2020 年 10 月 29 日 8:20	三楼会议室	21 分 34 秒
D5	男	体验中心主任	2020 年 10 月 29 日 15:48	三楼会议室	22 分 02 秒
W6	男	分管副校长	2020 年 10 月 29 日 9:30	三楼会议室	42 分 16 秒
L7	女	教师	2020 年 10 月 29 日 13:40	三楼会议室	33 分 55 秒

二、研究结果与分析

(一)职业启蒙课程缘起与发展现状

N 市学生职业体验拓展中心(简称"体验中心")是由当地教育部门主管,J校负责运营的教育机构,J校校长任中心主任,J校副校长任副主任,形成了以 J 学校师资、体验中心师资以及外聘师资为主要力量的师资团队。"体验中心"的职业启蒙课程始于"普职沟通"的零散尝试,发展于系统的课程体系建设。

在"普职沟通"的零散尝试方面,2010 年《国家中长期教育改革和发展规划纲要(2010—2020 年)》强调:"鼓励有条件的普通高中根据需要适当增加职业教育的教学内容,探索综合高中发展模式。采取多种方式,为在校生和未毕业生提供职业教育"。此外,职业教育的社会印象已经成为制约职业学校发展的重要因素。在这种背景下,J 学校开始了普职沟通的一系列尝试,为改变当地对职业教育的刻板印象做出了一些尝试。

"最早我们将教育场所选在学校里面,将初中的学生带进来,然后让我们的学生去教初中的学生,甚至教普高的学生,这种方式会使他们对职业教育的认知发生一些变化,包括家长来到这样的场所,发现这种环境也是非常好的,不像他们原本想象中的样子。"(W6)

在课程体系建设探索方面,2014 年浙江省成为高考制度改革的试点省份,为应对学考、选考过程中引发的学生选择失衡的挑战,N 市教育局开始筹划创办"体验中心",由 J 学校负责具体项目建设。五年多来,"体验中心"以"职业启蒙教育是生涯教育第一站"为理念,运营成为区域首创的,具有科学性、专业性、权威性的职业启蒙教育辐射中心。以此为基础,N市聚集区域内中等职业教育资源,发挥中职校特色优势,着眼"全人"发展和终身发展,探索面向区域内各级各类学校职业启蒙教育的有效模式与实施路径,推进了区域职业启蒙教育的有效供给,2016年11月"体验中心"正式启用。体验中心建有艺术、研究、操作、智创、服务、财商六大中心,并建有包括"职业体验类、职业认知类、咨询指导类、自我认知类"在内的"四模块"职业启蒙课程体系,帮助学生获得合理定向职业(专业)的能力。

(二)职业启蒙课程目标定位现状与分析

体验中心职业启蒙课程目标为:弘扬志向、注重兴趣、发现潜能,培养学生的职业意识,帮助学生亲身实践与自我探索,基于职业角色探索职业世界,导向完善人格与规划职业的能力。具体途径是通过开展"自我探索、环境探索、生涯抉择、生涯管理"四大类15个主题的团体辅导,加强对"自我状况了解及个人价值观的澄清、职业潜能的开发、外部环境适应、生涯规划及生涯决策"等能力的培养。

"我们想通过这么一个场馆……能够使学生至少比原来认知更广,包括我们一楼设计的这个展厅,用来展示不同的职业,实际上也是为了丰富学生的认知,让学生了解到原来还有那么多专业,那么多的职业,这是我们想做到的第一件事……第二件事的话,就是我们希望通过这里的教学形式,让学生能够更多地认识自己……第三件事是我们希望学生通过了解更多的职业,充分了解自己以后,对自己未来的学业能够有一个规划,或者说可以促进学生的学习……我觉得以这种形式让学生体验,能够让学生摒弃原来的一些偏见。"(W6)

"初中和小学学生的职业启蒙目的在于让他们提前有职业规划;高中生入学以后的选择方向很重要,因为他们要提前选科,选科就决定他以后读什么专业了。"(D5)

尽管体验中心对外宣传的课程目标较合理,但新高考的考录模式使体验中心并没有依据体验中心的课程目标开展课程,而是把"如何指导学生动手实践"以及"如何指导学生选科和选专业"作为体验中心职业启蒙课程的重要目标。另外,在职业启蒙课程的实施过程中也一定程度上忽视了对职业意识的启蒙,往往更加关注动手实践的创意活动。因而,在课程目标上就容易出现"理想"与"现实"的不协调,现实中的课程目标更多地侧重实践操作活动,忽视了职业意识的培养,在一定程度上忽视了对学生职业生涯发展的关照。

（三）职业启蒙课程内容选择与分析

对于职业启蒙课程内容而言,课程内容是实施职业启蒙教育的具体材料和主体设计,关系到用什么来教学生的重大问题,是现实性与理想性的统一,课程内容的质量会直接影响高中生的具体发展。同时,我国职业启蒙课程建设还处于起步阶段,对课程内容进行详细讨论也有助于满足学校发展需求,提供有实践意义的指导。

1.体验中心职业启蒙课程内容与分析

从表3-2可以看出,体验中心以六大职业类型为依据,设置了艺术、研究、操作、智创、服务、财商六大中心,并开发了一系列的职业启蒙课程。可以看出该体验中心的初衷是囊括尽可能多的职业,从而为学生提供大量的体验机会。体验中心的课程内容往往以娱乐性、趣味性的工作任务为主,在一定程度上对典型工作任务与某种职业之间的联系缺乏系统的介绍,出现只见"任务"不见"职业"的倾向,最终导致职业启蒙课程趣味化、娱乐化的现象出现。可以看出,尽管体验中心对职业启蒙课程的开发做出了有益尝试,在促进学习者对职业的认知等方面起到了一定作用,但从体验过程上来看,学习者只能形成对某些工作任务(如3D打印、木工制作等)的认识,而对于这些工作任务相对应的工作岗位的认识还不够明晰。从某种意义上而言,这也成为体验中心开展职业启蒙教育的一点缺憾。

表 3-2　体验中心规划的职业启蒙课程内容

职业模块	职业群	职业体验课程
艺术中心	MIDI作曲、虚拟演播、形象设计、艺术设计	键盘作曲、话剧我试试、美目贴使用等
研究中心	科技生命、生命医药、现代农业	生命感知、水质检测、身边植物等
操作中心	手工加工、机械加工、自动化生产、流水线	木制筷子、木制小羊、长颈鹿制作等
智创中心	创文化感知、电子创客、3D打印	最酷小创客、音乐机器人、3D打印初体验等
服务中心	金融体验、信任沟通、创享体验	先天特质、企业经营、金融事务、营销达人等
财商中心	解码社区、唤醒社区、互动观察	盗梦空间、雷区取水、密室逃脱、数字城堡等

注:根据N市体验中心提供的资料整理得到。

2.职业启蒙课程内容需求度分析

通过对图 3-2 中学生对自我认知、职业认知、职业规划等三个维度 12 个项目的调查可知，非常了解的人数占比浮动在 5.11%—24.45%，比较了解的人数占比浮动在 27.74%—53.28%，一般了解的人数占比浮动在 16.42%—44.53%，不太了解的人数占比浮动在 4.01%—19.34%，不了解的人数占比浮动在 0.36%—3.65%，并且不同维度之间的波动幅度较大。为进一步了解样本群体在不同维度、项目之间的了解程度，分析得到图 3-3。

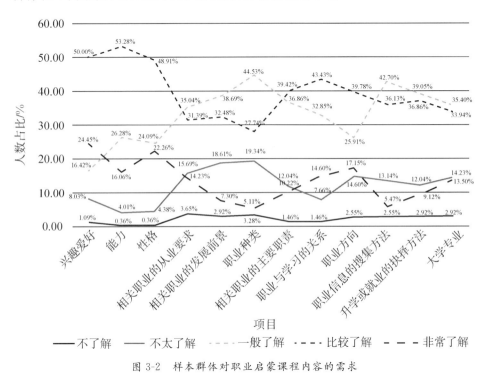

图 3-2　样本群体对职业启蒙课程内容的需求

根据图 3-3，样本群体对 12 个项目的了解程度依次为："兴趣爱好""性格""能力""职业与学习的关系""职业方向""相关职业的主要职责""大学专业""升学或就业的抉择方法""职业信息的搜集方法""相关职业的发展前景""职业种类""相关职业的从业要求"。由此可见，多数的样本群体对个人的兴趣爱好、性格、能力、职业与学习的关系、职业方向等方面有较为清晰的认知，而对于相关职业的主要职责、大学专业、升学与就业的抉择方法、职业信息的搜集方法，特别是相关职业的发展前景、职业种类、相关职业的从业要求等方面的认识不够清晰。因而，在相关课程中应适当增加关于职业的认知，增加对相关职业的发展前景、职业种类、相关职业的从业要求等方面的知识。

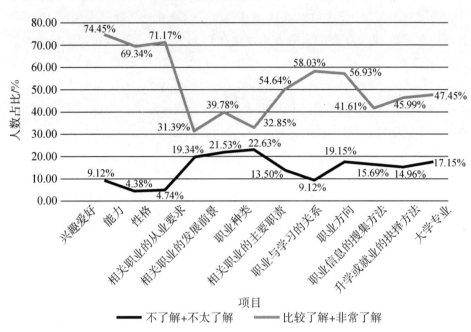

图 3-3 样本群体对职业启蒙课程内容的需求汇总

3.职业启蒙课程内容认同度分析

样本群体对职业启蒙课程的认可程度见图 3-4,在 12 个项目中,非常认同的人数占比浮动在 17.88%—26.28%,其中对"职业种类"(26.28%)的认同占比最高,对"职业信息的搜集方法"(17.88%)的认同占比最低;比较认同的人数占比浮动在 41.97%—47.08%,其中"相关职业的主要职责"(47.08%)占比最高,"升学或就业的抉择方法"(41.97%)占比最低;一般认同的人数占比浮动在 25.55%—33.94%,其中"升学或就业的抉择方法"(33.94%)占比最高,"职业种类"(25.55%)占比最低;不太认同的人数占比浮动在 0.73%—5.11%,其中"职业信息的搜集方法"(5.11%)以及"大学专业"(5.11%)占比最高,"兴趣爱好"(0.73%)占比最低;不认同的人数占比浮动在 0.73%—2.92%,其中"职业种类"(2.92%)的占比最高,"相关职业的从业要求"(0.73%)、"职业信息的搜集方法"(0.73%)、"升学或就业的抉择方法"(0.73%)占比最低。

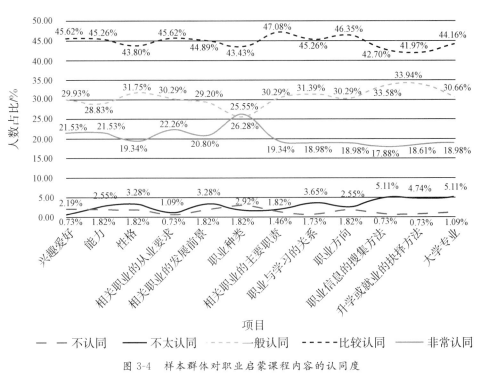

图 3-4　样本群体对职业启蒙课程内容的认同度

据图 3-5 可知,样本群体对 12 个项目的认同程度依次为:"职业种类""相关职业的从业要求""兴趣爱好""能力""相关职业的主要职责""相关职业的发展前景""职业方向""职业与学习的关系""性格""大学专业""职业信息的搜集方法""升学或就业的抉择方法"。可以看出,体验中心的职业启蒙课程对绝大多数群体发挥了积极的作用,但在对"大学专业""升学或就业的抉择方法"等方面有待进一步强化,当然这与体验中心的定位有很大程度的关系。"原先我们想做高考的指导……当时浙江有这么一个选考制度以后,大家是比较迷茫的,但现在我们发现很多家长包括很多中学都已经提前布局、提前在做,所以我们觉得没有太多必要再去做这件事。"(D5)

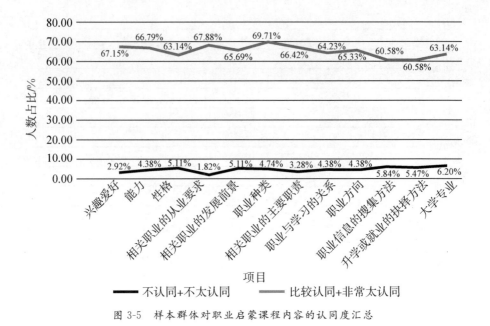

图 3-5　样本群体对职业启蒙课程内容的认同度汇总

4.职业启蒙课程实施现状与分析

(1)体验中心职业启蒙课程形式

如图 3-6 所示,在被调查的样本群体中,涉及职业启蒙教育的课程形式依次为:"综合实践课程"(46.72%)、"主题讲座"(33.58%)、"研学旅行"(33.94%)、"任课教师提及"(31.02%)、"主题班会"(22.99%)、"专门课程"(17.88%)、"其他"(3.65%)。

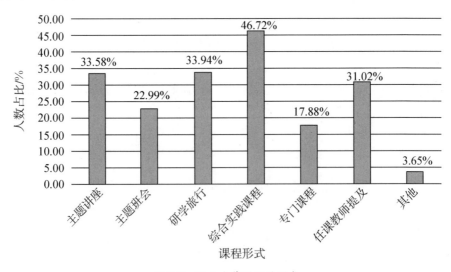

图 3-6　职业启蒙课程的形式

（2）体验中心职业启蒙课程教学方式

根据图 3-7 可知,样本群体在职业启蒙课程中接受的主要教学方式依次为:"以学生为主体"(51.46％)、"以教师为主导"(32.48％)、"小组合作"(40.88％)、"场所参观"(11.31％)、"职业测评"(9.12％)、"自由活动"(5.11％)、"其他方式"(0.36％)。

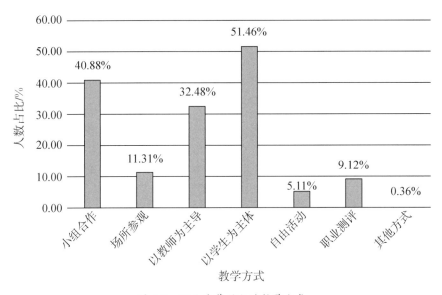

图 3-7　职业启蒙课程的教学方式

研究者还以访谈的形式对职业启蒙课程教师的教学方式进行了调查,大多教师主要以激发学生的学习兴趣为主。"我会进行有设计的提问,他们先了解这个问题是什么,然后引导他们,给他们一个相对能够解决这个问题的方法,还有一个自我探索活动,主要让他们结合课程的内容进行探索和分享。"(L4)

5.体验中心职业启蒙课程实施中的阻力与难点

体验中心职业启蒙课程实施中存在的阻力与难点主要体现在课时安排。一是课时安排的问题,学生群体往往参加的是一次性的体验课程,缺少系统深入的指导。"我觉得最大的困扰就是课程不能很好地推进职业生涯规划……我们课程里面更多涉及的就是手工课程,需要展现一些作品……但我觉得不论是职业启蒙,还是生涯规划,并不需要呈现一个作品……我个人并不认为生涯规划可以在一两节课就能完成。"(H1)二是体验中心场馆自身的局限性问题(如耗材、场地限制等)。"比如设备耗材,还有场馆本身布局的局限性,不是所有课程都适合在那样的场地进行。"(L2)三是教师自身能力也相对有限。"还有一些可能就是我自身的原因,因为上课过程中,可能我把自己已有的知识和想法都讲解给学生了,但我没有想到自己也需要进一步提升。"(L2)四是学生参与度不够的问题,拒绝合作、不愿参与的状况仍有出现。"我之前有上过一门课是团队合作的,有人就不想合作,喜欢一个人(独处),这是最大的阻力,我就不知道怎么进行下去,这个确实会存在。"(S3)五是相关课程的认同感不强、专业性不够。"在体验中心我最大的感觉就是不知道怎么发挥个人的专业作用,像发饰DIY,我觉得把我换掉,任何一个人都可以来上课,没有体现专业性或者唯一性。"(L7)

6.职业启蒙课程评价现状与分析

体验中心的职业启蒙课程评价主要包括两个部分,一是对学生学习过程与结果的评价,体验中心教师对学生学习过程的评价主要是以鼓励为主,同时也以一定的优秀率作为评价学生的依据。"今天可能有点特殊,因为要评出五名优秀学员,每个班级的优秀学员占全班人数的20%,我的班刚好有五个优秀学员名额。比如说有的同学很喜欢操作,他操作完之后会自己念叨,我就根据这一特点让他在所有同学面前表现一下。"(S3)"对学生进行评价基本上是以鼓励为主……"(L4)

二是对职业启蒙教育教师的课堂质量的评价,主要有体验中心领导小组评价和学生网上评价两种形式。"有一位退休的教师……给现在的教师做一些阶段性的听课磨课,包括他们教案的批改。"(W6)"我们上级领导的评价方式多样,他会来看看学生的活跃度……会评教,我们课程结束时会打分……并且我们会进行教研活动,每个学期可能会进行一次,每个人设计一堂课,有领导听课,他们觉得你的教案可以,你的课程表现可以,那评价就非常好了。"(S3)

第三节　面向普通高中的职业启蒙课程存在的问题与原因分析

随着公众教育理念的不断进步,作为连接学校与社会的重要教育形式——职业启蒙教育,日益受到广泛关注。"各种类型的教育之间的联系日益增加,例如在普通教育与技术教育之间,在多价的文化课程与专业的训练之间,以及那种在人文科学、自然科学和逐渐成为普通教育特点的技术科学之间的联系,都在逐渐增加。"[1]赶超教育潮流大势下,完善不同类型教育之间的联系成为亟待突破

---

① 联合国教科文组织国际教育发展委员会.学会生存:教育世界的今天和明天[M].北京:教育科学出版社,1996:40.

的难题,而体验中心的职业启蒙课程的实践无疑为此提供了重要的解决思路。基于对体验中心职业启蒙课程现状的调查,研究者发现当前较为突出的问题主要表现在课程目标、课程管理、课程体系、课程评价、师资队伍等方面。本研究通过对职业启蒙课程现存问题进行考察,并分析相关原因,可以为后续策略的研究提供依据。

一、课程目标易窄化为选科指导与手工操作

通过访谈与随堂观察,研究者发现体验中心的职业启蒙课程目标容易窄化为"选科指导"与"手工操作"。首先,体验中心有诸多课程涉及手工课程(如键盘作曲、木制筷子、3D 打印体验等),为体现学习效果,绝大多数教师会以教学生完成某件手工品为目的,更多的是从"功利"的角度来看一堂课结束之后呈现的作品形式与结果。很明显,这与职业启蒙教育的初衷是背离的。其次,多数学生仍对自身定位缺少一定的认知,通过开展职业启蒙课程作为学生"走班""选科"的依据成为普遍情况。可以说,在新高考制度的推动下,职业启蒙课程容易被窄化为选科指导。最后,也有部分教师对职业启蒙教育理解不够充分,因而在实际的课程实施过程中为学生的"选科""高考"服务。

"很多教师没有接受过相关培训,也就是说他们对职业启蒙这个概念一无所知,仅觉得需要上好这堂课,让学生能体验一下这个课程。"(H1)"我觉得职业启蒙还是要以职业生涯规划为主……基本上都是以高考填志愿为主,因为很多学生其实并不了解自己。"(S3)"我还是尽量把各种类型的场馆里面的职业及职业特点给他们介绍清楚……让他们产生职业规划的意识。"(L4)"我现在教的课是一些手工类的课,说实话我对职业启蒙没有一点概念,这跟我自己学的专业本来就不相符。虽然让我们去开发一些职业启蒙类的课程,但说实话,对于我自己来说,我是迷茫的。"(L7)

导致职业启蒙课程目标窄化的原因可以从内因与外因两个方面来看待。从内部原因来看,教师对职业启蒙教育理念缺乏认知,因而不利于落实课程目标。教师是课程意识的主动生成者,是课程实施与开发的引领者,是学生自主学习促进者。[①] 从这个意义上而言,提升教师对职业启蒙课程本身的理解对于落实课程目标具有至关重要的作用。在已经流行的生涯教育课程和手工操作类课程的双重影响下,特别是教师还缺乏对职业启蒙课程的认知与理解的情况下,职业启

---

① 郑东辉. 教师课程领导的角色与任务探析[J]. 课程・教材・教法,2007(4):11-15.

蒙课程目标由此开始偏离。从外部原因而言，尽管在相关研究的推动下，职业启蒙教育开始受到相关部门的重视，但落实到课程层面并没有相关的规定，实践者只能够在摸索中前行。从美国学者古德莱德（Goodlad）的课程分类（即理想课程、正式课程、感知课程、运作课程、体验课程①）中可以看出，一种课程的落实是经由课程专家、有关部门、教师等主体的层层把关才能够实现，中间任何环节的缺少都会使课程成为无源之水、无土之木，因而加强对职业启蒙课程目标的研制显得尤为重要。

二、课程内容缺少与职业元素的联系

如前所述，对体验中心的职业启蒙课程内容设计进行调研，发现在课程内容上整体缺乏与职业元素的联系，或存在工作任务不突出的现象，或存在工作任务与职业元素缺乏联系的现象，或存在课程内容重难点不够突出的现象。

首先是工作任务不突出，从课程开设的名称中可以看出课程名称仍处于模糊的表述，如艺术中心的《话剧我试试》，研究中心的《生命感知》《身边植物》《水质检测》，智创中心的《最酷小创客》《音乐机器人》，服务中心的《先天特质》《企业经营》《金融事务》《营销达人》，财商中心的《盗梦空间》《雷区取水》《密室逃脱》《数字城堡》，等等。

其次是工作任务缺乏与职业元素的联系，通过访谈与课堂观察，研究者发现即使在工作任务较为明晰的情况下，职业启蒙教育的课程常常只关注本阶段工作任务的完成，而缺少对学生进行启蒙意义上的教育（如对职业的认知等），如操作中心的《木制筷子》《木制小羊》《长颈鹿制作》，以及智创中心的《3D打印初体验》等课程。

再次是课程内容重难点定位不明晰，职业启蒙教育重在"启蒙"，是在向学生教授职业知识（包括一般性知识与操作技能）的同时，将学生带入职业世界，并与社会生活密切联系起来。因此，课程的重难点应定位于引领学生走进职业世界的层面，而现有的课程往往仅注重技术层面——使学生学会某种职业技能（甚至仅仅是一种技术），如在《学会设计》课程中，将"自定义形状工具的使用""学习贺卡设计的方法"作为课程的重点，将"贺卡的设计构思及构图安排"作为教学的难点。

最后是课程内容缺少与职业元素联系，其原因可以从理论与实践两个维度

---

① 李定仁，徐继存. 课程论研究二十年（1979—1999）[M]. 北京：人民教育出版社，2004：5-6.

进行分析。一是理论缺失。近年来,社会对职业启蒙教育的呼声日益强烈,尽管学界已经着手进行研究,并取得了一定的成果,但更多地局限于概念层面。"其实前期我也一直在找一些相关的材料来看,(学界)好像对职业启蒙教育这个概念的界定也不是很清晰⋯⋯具体说职业启蒙的话,从国家层面来讲,我也不太清楚比较权威的说法到底是什么。"(W6)更进一步来讲,学界对职业启蒙教育的课程建设也鲜有论述,职业启蒙课程的内容应当如何界定,其与一般的课程之间有无联系等问题仍有待进一步研究。当相关理论得以丰富完善时,相关的实践才能在其指导下日益精进。二是职业启蒙教育的课程实践仍处于艰难的探索阶段。从调研的情况来看,近年来体验中心对职业启蒙课程的开设做出了重要尝试,也取得了一些成效,但对于职业启蒙课程内容的科学性与思想性还处于试验与摸索阶段,也从侧面反映出体验中心在课程内容的选择上还有较多改进的空间。调研还发现,绝大多数教师对职业启蒙教育缺少认知,甚至部分教师对此"一无所知"。课程标准的缺失也使教师在开发有关课程时陷入无序状态,这对课程内容的呈现是极为不利的。"我们体验课所有的课程基本上都是自己开发的。跟我们形象设计专业比较相关的一些课程,比如生活妆的整体造型,然后是影视妆的整体造型,就是跟形象设计有关的,并不是所有内容都比较有特色,只需让他们能够了解形象设计到底是什么。"(L2)

三、课程实施缺乏系统的设计规划

研究发现,体验中心的职业启蒙课程实施缺乏系统的设计。一是在课程选择上,学生仅在入学或是重大考试(如期中、期末考试)结束时才有机会在学校的统一安排下前往体验中心学习。经调研发现,一般而言学生的学习时间为一天左右,通过体验中心的选课平台统一进行选课,课程的选择主要以场馆为主。"学生来的时候基本上只有职业认知,他们对上课的内容并没有仔细看,在上课之前我还特意问了他们,其中很多人大概是知道的,但是最主要还是认同这个场馆,因为我们到这里上课,基本上就是以场馆名称为主。他们只需找到那个场馆就可以了。"(S3)二是课时安排上,学生群体往往参加的是一次性的体验课程,不够系统深入。多数职业启蒙课程教师表示生涯规划作为一个系统性课程,很难在短短几节课就能解决。三是课程实施存在娱乐化、简单化倾向。如财商中心的《密室逃脱》课程仅仅注重娱乐性与趣味性,混淆了职业启蒙课程与娱乐活动的区别,导致职业启蒙教育"泛课程化"倾向。

以职业启蒙教育为主题,N市学生职业体验拓展中心依托已有的场馆资源与教师开发了多种主题的职业启蒙课程,通过调研,研究者了解到该体验中心的职业启蒙课程的安排与实施体现出明显的行政化管理趋势。造成这种趋势的原因可以从体验中心内部的课程实施与外部的课程实施两个层面进行解读。从微观层面来看,场馆资源限制了学生的选择,尽管体验中心开设的初衷是希望学生在通过职业兴趣测验之后,有针对性地帮助学生体验不同主题的课程,以便于提高学习效率,为更多学生提供接触适合的职业类型活动的机会。但在实际的操作过程中,学生很难在有效指导下选择适合自身的职业启蒙课程,这就导致学生在选择课程时仅能够凭借印象进行选择,如此的体验过程很难区分个体间的差异性,针对性不够显著。"所以我们那堂课其实最开始的目的就是让所有学生都去一楼先听课,测试他们的职业兴趣,并给他们解读。但现在的情况难以实现最初的目的,因为一来就是几百人,所以那个教室就只能作为选课教室之一……只能是他们自己回去做测试,但他们可能不太理解那个测试有什么意义。"(L4)普通学校教师的主动参与能够极大地提升职业启蒙课程的效率,但在具体的实施过程中,普通学校教师(通常是班主任)往往扮演的角色是秩序的管理者,而非学生学习的陪伴者,加之体验中心职业启蒙课程的教师缺乏对学生学情的感知,在一定程度上会对职业启蒙课程的实施效果产生消极影响。

四、职业启蒙课程教师的能力有待提高

研究发现,体验中心的职业启蒙课程教师的能力有待提高。首先,从教师应当具备的能力上来看,体验中心的教师大致可以分为两类:一类是负责职业兴趣的测试与阐释的心理学教师;一类是负责专业场馆与课程的专业课教师,如形象设计、键盘作曲等。如前所述,体验中心的职业启蒙课程是平行排列的,这就意味着仅有部分学生能够既了解到自己的职业类型特质,又能够在这个前提下去体验自身所适应的职业类型,因此这就要求各种体验课程的任课教师既需要具备一定的心理学知识,又要对某种行业职业有所了解。但在职业启蒙课程的实际实施过程中,这对教师的发展能力提出了很高的要求。教师很难在心理与职业知识之间达到平衡,因而会存在两种难以平衡的倾向,一种是只讲心理发展,一种是只讲专业知识。"很多教师招进来的时候是各种专业的,我觉得教师的'充电'也很重要,很多教师是没有掌握心理学知识的,我觉得应该在开展课程之前先给这些教师'充电'。"(H1)其次,课程的开发能力也是体验中心教师有待改进与提升的。通过调研,研究者了解到体验中心的职业启蒙课程是按照霍兰德职业兴趣的分类而建立的,各种不同类型的场馆在此基础上建立起来,然而具体

到场馆中的某一特定课程则需要任课教师自主开发。对教师而言,课程的开发也是课程实施的一个重要环节。通过调查了解到,部分教师在这一方面的能力还有待提高。"我觉得开发课程有一定的自主性,当然也需要一定的专业背景,但是像我这种没有经过系统训练的教师做出来的课程是很没有质量的。"(L7)

教师的能力对职业启蒙课程的实施具有至关重要的作用。分析教师的能力问题,需要从教师来源与教师发展两个维度进行研究。从教师来源的维度上看,绝大多数教师都缺少相关职业的从业经验,体验中心仅有少数教师是企业的兼职人员。这会导致两种结果,绝大多数教师仅仅将职业启蒙课程教师当作一份职业而去教授学生其他行业的专业知识,这显然是不妥当的;对少数企业的兼职人员而言,课程开发的能力也非己之所长,因而其对课程开发的专业知识是较为缺乏。专业知识与心理学知识是每位职业启蒙课程教师不可缺少的关键知识,这就需要全身心的投入与耳濡目染。"我觉得如果在这里(体验中心)待久了,其实也是可以给学生一定的职业启蒙指导的,因为这里有很多专业性很强的学科,或者说专业性很强的工作岗位,而我知道这一行大概是做什么的,什么性格的人能够胜任。"(S3)从教师发展的维度上看,通过对相关教师的访谈能够得知体验中心所依托的职业学校具有专门的教师发展中心,但由于职业启蒙课程是近几年发展壮大的一种教育形式,有针对性的培训并不是很多,因而对体验中心教师能力的成长效果并不是很明显。

五、课程评价容易流于形式

体验中心的职业启蒙课程评价较为随意,主要表现在学生参与职业启蒙课程的效果评价、对教师职业启蒙课程实施的评价两个方面。一方面是在对学生参与职业启蒙教育的效果评价上,存在的最大问题就是难以衡量本门学科的学习效果,这也是由职业启蒙教育增进个人与职业关系的目的决定的。因此,由于没有硬性的标准要求,职业启蒙教育的评价方式更多的是采取过程评价和成果作品展示评价。学生在学业压力下对这一课程的投入少,也决定了学生很难对所有任务测试保质保量地完成,反而会造成时间上的浪费。另一方面是在对教师实施职业启蒙课程的质量评价上,体验中心主管部门虽然严格把关课堂质量,举行听课讲课等活动,但课程质量并不能为教师带来实质性的回报,因此课时量就成为每位教师着力关注的事情。在此种制度安排下,重"量"不重"质"成为阻碍职业启蒙课程进一步发展的现实障碍。总体而言,体验中心对职业启蒙课程的评价还是流于形式,虽然体验中心认为评价是课程实施中的重要一环,但是其对于评价是否有真实的价值，是否促进了教师和学生的发展则关注很少。职业启蒙课程的评价需要具体的、操作性强的方案指导。

造成职业启蒙课程评价较随意的原因，一是相应的职业启蒙课程评价细则、规范和监督措施等并没有受到体验中心的重视。缺乏有效的监督与评价细则，容易造成职业启蒙课程仅仅是组织学生参与一些体验课程，证明学生参加过这些课程，造成形式主义。二是职业启蒙课程教师难以对每位学生进行过程性评价。接受职业启蒙课程的学生往往来自 N 市不同学校，学生的流动性强导致教师与学生的交流局限于短短一天的课堂之上，如果不借助普通学校教师、家长等其他力量，职业启蒙教育教师很难对每一位学生有真实的了解和客观的过程性评价。三是职业启蒙课程的评价没有选拔与甄别的功能，且不与成绩挂钩，所以教师和学生对于课程的评价结果都不重视，尽管每门课堂上都会有一定的优秀率以保证学生的学习效率，学生在课后也会在网络平台对教师的教学质量和课程质量进行评价，但学生对此的参与程度与重视程度都不是很高，这也就造成职业启蒙课程的评价难以反映教师的课堂教学质量，更不能真实反映学生的学习过程与学习成效，无法有效发挥评价的诊断与发展的功能等问题。

第四节　面向普通高中的职业启蒙课程优化策略

现阶段普通高中的职业启蒙课程实施起步晚，发展时间短，课程实施的各个环节仍有待进一步完善。基于研究的结果，本研究对高中学校的职业启蒙课程提出如下建议。

一、明确课程定位，为职业启蒙课程实践提供支撑

当前，落实职业启蒙课程实践的过程中面临的首要问题是课程定位模糊。由于职业启蒙教育的提法较为新颖，实践者很难拨开重重"迷雾"看到其本质，造成该类课程在实践中的杂乱与无序，最终影响课程的实施效果。推动职业启蒙课程有序进行的前提是明确职业启蒙课程的定位，明晰该课程的性质。

一是职业启蒙课程是综合实践活动课程的实施形式之一。2017 年教育部印发的《中小学综合实践活动课程指导纲要》中指出，综合实践活动的主要方式及其关键要素主要有考察探究、社会服务、设计制作、职业体验四大类，其中职业体验与职业启蒙教育具有相同的功用。因此，职业启蒙课程的上位概念应当是综合实践活动课程。参照已有标准框架研制职业启蒙教育的课程标准具有重要

意义,职业启蒙课程标准的确立要先处理好短期的职业知识与长远的社会发展的关系。面对瞬息万变的职业世界,职业更新迭代速率加快,因此,选择什么知识,更准确地说是让学生了解哪些职业是职业启蒙教育重点关注的。要解决这一问题,应先抛弃以某一职业作为对象的课程类型,转向以职业群为主要对象的课程来源,即根据国家有关的职业分类标准,凝练职业群中的典型职业或是典型的工作任务,以此为依据确定课程。要推进职业启蒙课程的有序实施,必须有课程标准作为直接依据。"现代意义的课程标准是由国家的公认机构制定并由国家标准权威管理部门批准核定的文件,是课程开发建设、课程实施、课程评价与管理的准绳。它规定了整个课程运作活动与过程的规则,供学校和教育机构遵守与反复使用,以确保教学活动的最佳效果与秩序。"[①] 2017 年教育部印发的《中小学综合实践活动课程指导纲要》中将职业体验作为综合实践活动课程的主要方式之一,在一定程度上也为职业教育课程标准的研制提供了政策依据。上海市普陀区据此设立了中小学生职业体验课程标准,明确了课程的性质、基本理念、课程目标、课程内容、组织实施以及安全保障等重要内容:在课程性质上,明确了职业体验课程是中小学综合实践活动课程的重要组成部分,与学科课程并列设置;在基本理念上,通过实际工作岗位或模拟情境提高学生的职业生涯规划能力;在课程目标上,以"体验职业、发现自我、启迪未来"为总目标,按照小学、初中、高中分阶段制定目标;课程内容上,采取实地体验与网络课程相结合的形式。

二是职业启蒙课程有其特殊性,应当基于工作过程进行理解。长期以来,普通高中学生群体普遍接受的是以学科本位为指导的课程实践,而对以职业能力为目标追求的具有职业教育特色的课程接触甚少,这也为职业启蒙教育选择何种价值观造成了一定程度的影响。从本质上来看,课程观的确立涉及课程论中的核心问题——"什么知识最有价值"。对于这个问题的回答,不同的课程类型应当具有不同的见解。有研究者曾指出:"职业启蒙教育是沟通教育与职业、学校与社会的桥梁,与职前培养和在职培训同等重要,也是构建我国现代职业教育体系的重要一环。"[②]换言之,职业启蒙教育的问题等同于职业教育的问题,因而课程观的确立应当先符合职业教育的基本特征。工作过程可以体现一种职业的本质所在,工作过程是在企业里为完成一个工作任务并获得工作成果而进行的

①　何玉海,王传金.论课程标准及其体系建设[J].教育研究,2015,36(12):89-98.
②　刘晓,黄卓君.青少年儿童职业启蒙教育初探[J].河北师范大学学报(教育科学版),2015,17(6):64-69.

一个完整的工作程序,是一个综合的、时刻处于运动状态但结构相对固定的系统。工作过程的意义在于,"一个职业之所以成为一个职业,是因为它具有特殊的工作过程,即在工作的方式、内容、方法组织以及工具的历史发展方面有它自身的独到之处"[①]。

二、合理选择课程内容,有针对性地进行补充完善

职业启蒙教育的课程内容决定了学生获得何种知识与体验,是职业启蒙教育内涵的生动体现。合理地选择课程内容,并对已有的相关课程进行补充完善,是建立科学职业启蒙课程的重要环节。

一是依据学生对职业启蒙课程要素的了解情况与满意情况适当补充课程内容。泰勒曾在《课程与教学的基本原理》中提出对学习者本身的研究是教育目标的重要来源,职业启蒙课程的内容也需要依据学习者的反馈不断进行改进与完善,以提高职业启蒙课程的教育质量。研究结果显示,整体来看 N 市体验中心的职业启蒙课程实施效果并不能满足学生的实际需求,处于"供小于求"的现状,职业启蒙课程还存在很大的提升空间,根据图 3-5 可知,体验中心的职业启蒙课程在 12 个项目中平均对 65% 的学生产生了重要影响,但在了解大学专业、升学与就业的抉择方法等方面需要体验中心进行进一步的规划与调整。同时,图 3-3 显示,学生在职业启蒙课程三个要素 12 个项目上的了解程度差距较为明显。多数的样本群体对个人的兴趣爱好、性格、能力、职业与学习的关系、职业方向等方面有较为清晰的认识,而对于相关职业的主要职责、大学专业、升学与就业的抉择方法、职业信息的搜集方法,特别是相关职业的发展前景、职业种类、相关职业的从业要求等方面的认识不够清晰。因此,在相关课程中应适当增加关于职业的认知,增加对职业发展前景、职业种类、职业从业要求等方面的知识内容。这表明学生在职业认知方面仍有待进一步加强,职业认知应当作为课程下一步完善的重要环节。

二是合理选择职业启蒙课程内容。职业启蒙课程内容与一般职业教育课程内容的区别在于知识内容的深度与广度。一般而言,职业教育课程知识往往是遵循由某一职业(群)到典型工作任务再到要素化的知识体系,遵循的是自上而下的学习逻辑,即学生在学习职业教育课程知识的前提是学生对某一相应的职业(群)已经有一定的了解,脑海中已经形成了一定的知识表征,学生在学习过程

[①]　赵志群. 职业教育与培训新概念[M]. 北京:科学出版社,2003:97.

中扮演的角色是"攀登者",能够完全看到未来的方向是什么,并由此攀登而上。而职业启蒙课程的逻辑则与此相反,学生通过学习某一职业(群)中典型工作岗位的工作任务,遵循的是从工作任务或工作岗位的体验学习中改正或是形成自身对某种职业(群)的正确态度,并形成正确的职业习惯,遵循的是自下而上的学习逻辑。换言之,学生可能在这一课程中找到与此课程相对应的职业,也可能会启发其找到职业岗位任务之外的职业,学生脑海中的职业知识具有可塑性,而非固定的某一类型,因而学生在学习过程中扮演的角色是"探索者",在职业启蒙课程的体验过程中探寻职业的奥秘。职业启蒙课程内容的质量直接影响学生形成职业认知、自我认知、职业规划的效果,因此要在充分研究职业类型的基础上,确定典型工作任务,使学生获得自我提升。

三是因地制宜地打造有质量的职业启蒙课程。以职业类型作为重要依据的职业启蒙课程并非要让职业学校或办学主体按照职业类型打造全套的课程,而是在突出自身类型特色的同时,兼顾其他课程的开发。把握实施职业启蒙课程不同主体(如普通学校、职业学校、青年教育学院、少年宫等)、不同区域之间的类型发展特点,因地制宜地在主体或区域能力范围内开发与真实工作场景密切相关的课程。除此之外,不同类型的职业学校之间的职业启蒙课程的内容也应当各有不同,如以财经商贸类为主的职业学校与建筑工程类为主的职业学校所开设的职业启蒙课程在内容上会存在显著的区别,职业情境与教育教学也会存在区别。

三、建立课程实施沟通机制,提升师资的专业能力

职业启蒙教育的课程实施对于指导课程实践、完善课程理论具有重要意义。职业启蒙教育在实践中存在的问题主要有缺乏系统设计,以及教师专业能力不足。为此要不断完善课程实施的沟通机制,提升师资的专业能力。

从宏观来看,应当不断完善、畅通以体验中心为代表的职业启蒙课程实施主体、以普通高中为代表的合作主体、以相关教育部门为代表的领导主体之间的协作交流关系。从职业启蒙课程的实施现状来看,以职业学校为主导的职业启蒙课程的建设发展已相对成熟,已经取得了一定的实践成果,如上海曹杨职业技术学校联合上海普陀区的兄弟学校依托普陀大学堂这一平台,开发并实施了50余门职业体验课程,并取得了显著成效。普通高中是职业启蒙课程的需求方,通过相应课程培养学生终身发展与生涯规划的能力,帮助学生了解学校与社会、学习与职业之间的关系。相关教育部门出台的系列政策文件,是连接高中与职业学

校的桥梁，为职业启蒙课程的实施提供了物质保障与政策指引。具体而言，相关教育部门应当建立有关工作小组或由其他工作小组兼任，由其负责连接普通高中与职业学校，将双方的利益诉求结合起来，提高课程实施的效率。首先是建立经费保障制度，职业启蒙课程需要耗材数量大，实施职业启蒙课程的成本较高，通过建立经费保障制度可以为职业启蒙课程的实施提供物质保障；其次是建立例行联席会议制度，由于职业启蒙课程的实施涉及多方主体，主体间的利益需求也是处于动态变化的过程中，通过定期召开联席会议，将普通高中负责人、家长代表、学生代表、职业学校负责人代表、教师代表等多方群体以联席会议的形式汇集到一起群策群力，可以为职业启蒙课程实施保驾护航；再次是畅通教师准入与晋升制度，调研过程中职业启蒙课程专业教师反映最多的是教师的晋升渠道不畅通，相关部门可以组织系列的听课讲课比赛，为任课教师提供更多展示自身的机会；最后是建立教师培训制度，实施教师培训计划，为职业启蒙课程教师提供专项培训指导。

从中微观层面上来看，职业启蒙课程的实施主体应当不断完善标准与制度，健全教师资格的准入与职业发展的长效机制。一方面，应当为教师提供提升自身教学能力的机会，如专家报告、职业培训等；另一方面，联合企业为教师提供实习实训的机会，帮助学生更好地了解职业世界，推动职业启蒙课程的实施。具体到职业启蒙课程教师，应要求教师主动提升自身专业能力，补充职业启蒙课程实施过程中所需的专业知识。

四、整体评价与素质评价相结合，推动建立评价共同体

调查结果显示，职业启蒙课程评价缺乏标准与监督，造成评价流于形式的现象。通过访谈调查了解到，不论是学生职业体验中心还是普通高中的教师均认为实施职业启蒙教育对学生的生涯发展具有十分关键的作用，但在高考这一"指挥棒"面前，教师并不会花很多精力在职业启蒙教育方面。因而，从促进学生生涯发展和帮助学生学会选择的视角出发，职业启蒙课程的系统评价需要相关部门和学校共同构建。

在职业启蒙课程实施的初期阶段，需要相关教育行政部门的介入。第一，教育部门应当出台相关规章制度，认定一批具备教学能力的单位作为教学基地，结合学分评价，规定学生在每学期必须修满一定的学分，并将是否修满学分作为能否参加重大考试（如中考、高考）的依据。第二，以档案袋为主的质性评价形式将学生的学习状况记录下来，包括对学生的学习过程、考勤、课上表现、个人自评、

同伴互评和教师评价等,为学生职业选择、志愿填报提供参考。第三,相关部门要以工作小组的形式定期督导检查已认定体验中心的职业启蒙课程实践情况,对于不合格的体验中心坚决取缔。

对于实施职业启蒙课程的学校而言,第一,要组建职业启蒙课程评价小组,着手进行对已有课程的论证以及健全课程的准入机制,不定期对课程质量进行检查。第二,建立线上线下相结合的课程建议收集系统,线下以匿名信箱的形式收集来自教师、学生的建议,不断改进完善课程;线上以实时反馈的形式让学生在体验课程结束后对课程进行打分评价,对于效果差的课程应及时整改。

对于参加职业启蒙课程的学校而言,应当自觉提高参与该类课程的积极性,教师的即时评价也十分重要。第一,要摆正态度正视职业启蒙课程对学生的生涯发展的重要作用,全力配合体验中心的各项活动。第二,确保在职业启蒙课程期间领队教师能够参与学生的活动,而不仅仅是纪律的维持者,如此不仅对于良好的师生关系的建立与维系具有重要作用,还能够见证学生的成长,教师的即时评价对学生的成长发展同样重要。第三,把职业启蒙课程纳入对学生整体的课程与评价体系中,并与学校的综合素质评价相结合,结合综合素质评价制定职业启蒙课程的评价标准,使职业启蒙课程的评价更规范。

总体而言,当前的研究还不够深入,职业启蒙课程的实践仍处于探索发展阶段,在课程实施的各个环节仍需要进一步完善。本研究仅仅是基于高中职业启蒙课程现状的个案研究,而没能对可能存在的所有问题进行研究,因而不能够反映国内高中学校职业启蒙课程开展的整体情况。本研究基于已有文献对职业启蒙课程内容进行分析讨论,但也仅仅参考其他国家或地区的相关成果,从而以高中学生需求度和满意度的问卷调查证明作为职业启蒙课程内容是可行的。由于当前我国尚未有专门的职业启蒙课程标准,处于职业启蒙课程实施的探索阶段,这些项目能够为学校开展职业启蒙课程提供参考与借鉴,但更系统深入的职业启蒙课程内容仍需在未来的研究中补充完善。

第四章
中职教师参与职业启蒙教育的工作动机

职业启蒙教育教师队伍是国家发展职业启蒙教育的第一资源,是支撑职业启蒙教育发展的关键力量。中职教师作为中职学校的主要人力资源,在参与中职学校组织的职业启蒙教育课程或者活动的过程中承担着传授职业启蒙教育知识、开发职业启蒙教育课程、整合职业启蒙教育资源、建设职业启蒙教育师资队伍的重任。中职教师参与职业启蒙教育的工作积极性会影响职业启蒙教育教学质量,因此通过探究中职教师参与职业启蒙教育的工作动机及其影响因素,能够为中职学校建设职业启蒙教育师资队伍提供参考,寻求以中职学校为核心发展职业启蒙教育的出路。

在此背景下,本章综合运用文献研究法和质性访谈法,探究中职教师参与职业启蒙教育的工作动机及其影响因素。首先,通过目的性抽样和滚雪球抽样相结合的方式选取 H 市 7 所中职的 15 位职业体验项目负责人为研究对象;其次,通过质性访谈法获得中职教师参与职业启蒙教育的工作动机及其影响因素的第一手资料;最后,借助 MAXQDA2022 分析软件,对访谈资料进行整理和编码分析,归纳中职教师参与职业启蒙教育的工作动机及其影响因素。由此可以得出以下结论:中职教师参与职业启蒙教育的工作动机表现多种多样,可以归纳为生存动机、权力动机、尊重动机、关系动机、责任动机、兴趣动机和自我实现动机等七部分。中职教师参与职业启蒙教育的工作动机受到多方面因素的影响,总体看来,主要包括促进因素、阻碍因素和调节因素,其中促进因素包括人职匹配和职业态度,阻碍因素包括激励措施和职业特性,调节因素包括资源整合和参与主体。

基于中职教师参与职业启蒙教育的工作动机影响因素,结合中职教师参与职业启蒙教育的实际情况,提出以下建议:通过职前职后培训、评价实施过程、优化物质精神激励、更新学校管理要素,保障教师发展;通过联合政府教育部门、协同家校社企科研、统筹多元主体参与,实现资源整合到位;通过坚持理论实践结合、引导处理人际关系、制定教师资格制度、同步创新校园文化,深化教师职业认知。

第一节　中职教师参与职业启蒙教育的工作动机分析

通过观察人类行为,我们可以发现人类并不是为行为而行为、为活动而活动的,行为或是活动只是手段,是有所为而为的。这里的"有所为"就是指动机,人类行为是有动机的。中职教师选择参与职业启蒙教育也存在各种各样的动机。教师的工作动机很难被直接观察到,但是可以从教师的日常行为和言语表达中发现。本章通过正式访谈参与职业启蒙教育的中职教师,探寻他们的工作动机,借助 MAXQDA2022 软件对访谈资料进行编码分析,最终构建了包括生存动机、权力动机、尊重动机、关系动机、责任动机、兴趣动机和自我实现动机等七部分的中职教师参与职业启蒙教育的工作动机的分析维度(见表 4-1)。

表 4-1　中职教师参与职业启蒙教育的工作动机的维度划分

内容	一级维度	二级维度
中职教师参与职业启蒙教育的工作动机	生存动机	获得奖励和荣誉
		获得额外的福利
	权力动机	试图说服别人
		想要成为校领导中的一员
	尊重动机	赢得自尊
		赢得他尊
	关系动机	与学生构建和谐的关系
		与同事构建和谐的关系
		与个人子女构建和谐的关系
		与专家构建和谐的关系
		与校领导构建和谐的关系
	责任动机	教书育人
		促进学校发展
		促进子女发展
		促进区域发展
		促进行业发展
	兴趣动机	对工作的喜欢和热爱
		拓展知识储备
	自我实现动机	实现个人价值
		承担有挑战性的任务

一、中职教师参与职业启蒙教育的生存动机

生存动机是指中职教师为了满足个人基本的物质需要而促使个人参与职业启蒙教育的动力。通过对访谈资料进行编码分析，发现中职教师参与职业启蒙教育的生存动机主要表现在两方面，一是获得奖励和荣誉，二是获得额外的福利。

在问到"您参与职业启蒙教育的动机是什么？"这一问题时，有一位新教师直接回答"我想获奖，我想获得一些荣誉"（S1）。这是因为中职学校会在年底统计教师工作量，获奖是教师的加分项，工作量越大奖金越多。新入职的教师受到高额房租与工资收入不对等的压力表现出强烈的生存动机。也有老教师回答"做这个事情之后是会有一定的补贴，虽然这个补贴不是我参与职业启蒙教育的主要动机，因为它并不是一个大数目，但是我也是想要这个补贴的"（S10）。可见，获得除工资之外的补贴也是中职教师参与职业启蒙教育的工作动机之一。还有中职教师表达出自己对职业启蒙教育的期待。"其实我有一个想法，如果我们能够把职业体验做得足够好，让市场感兴趣，产生一定的经济效益，用以给教师发放额外的福利，我觉得这是最好的。"（S5）生存是人最基本的需求，只有生存需求得到满足，人们才会在其他需求方面表现得更加强烈。

二、中职教师参与职业启蒙教育的权力动机

权力动机是指中职教师为了控制他人而促使个人参与职业启蒙教育的动力。通过对访谈资料进行编码分析，发现中职教师参与职业启蒙教育的权力动机主要表现在两方面，一是试图说服别人，二是想要成为校领导中的一员。

在问及"在组织职业启蒙教育相关活动时，您喜欢用自己的言语影响他人吗？"这一问题时，有参与职业启蒙教育的中职教师表示自己会试图说服别人。"比如说在做教学设计的时候，如果有不同的意见，我会跟其他老师，说明自己的想法。我会有理有据地去告诉他们我为什么这么做，尽量让其他老师理解我的做法。"（S1）此外，在问及"您是否想要成为校领导中的一员？"这一问题时，多数参与职业启蒙教育的中职教师的回答是否定的，因为教师认为在其位谋其政，领导工作繁忙，当领导太累。在15位受访者中，只有两位参与职业启蒙教育的中职教师的回答是肯定的。"如果有机会的话，我想成为校领导中的一员，我觉得在什么样的岗位做好自己该做的事情就好了。"（S2）"如果有机会的话，为了自己做得更好，让自己有更高的追求，我想当领导的。其实做老师，你要么走专业路

线成为名师,要么就走行政路线成为校长,就这两条发展路线。"(S5)权力动机强的人是有野心的,做事情也会更加负责,但如果权力动机过于强烈,容易使人走上极端路线,所以参与职业启蒙教育的中职教师应该认识到权力动机的两面性,把控好权力动机的作用程度,端正个人权力动机,发挥权力动机的积极作用。

三、中职教师参与职业启蒙教育的尊重动机

尊重动机是指中职教师为了获得他人对自己的尊重或者赢得自尊而促使个人参与职业启蒙教育的动力。通过对访谈资料进行编码分析,发现中职教师参与职业启蒙教育的尊重动机主要表现在两方面,一是赢得自尊,二是赢得他尊。

访谈发现,无论是参与职业启蒙教育的中职学校负责人还是任课教师,基本都想要通过组织职业启蒙教育活动彰显个人价值,他们会通过努力工作、认真备课、教学反思等方式赢得自尊。"这是个好机会。我现在负责这件事情,我肯定会努力把它做好,而且要一年比一年好。"(S4)"我会全力以赴,去把这件事情做好。我先查了很多资料,了解了职业启蒙教育到底要干什么,要达到一个怎样的效果,目的是什么。然后研究了政府的一些指导性文件。再就是想了一下和其他学校相比,我们学校的优势是什么。同时也做了两份问卷,一份是针对中小学学生的,主要想了解学生对什么感兴趣;另一份是针对家长和教师的,想了解一下家长和教师对职业启蒙教育的看法以及想通过职业启蒙教育达到的一些成效。之后就开始设计具体的课程。我们是分段设计具体课程的,也就是针对小学、初中、高中不同阶段的教育目标设计不同的课程。"(S1)"我们事后会跟负责这个项目的学生进行复盘,思考哪里需要优化,怎么样可以做得更好。"(S2)可见,在自尊心的驱使下,参与职业启蒙教育的中职教师会严格要求自己,把主要精力放在工作上,一是想要做出成绩证明自己的能力;二是想要开展好职业启蒙教育,证明自己的选择是正确的。

新入职的中职教师具有特别强烈的赢得他尊这一倾向,主要是想通过参加职业启蒙教育工作赢得学校的尊重,让学校知道自己的价值所在,发现和肯定自己的工作成绩。"因为我觉得通过承担职业启蒙教育工作,可以让校领导觉得我不只是会教书,我的价值是多元的,让学校觉得我有价值。"(S1)可见,能否得到学校的重视是新入职的中职教师在意的事情。

四、中职教师参与职业启蒙教育的关系动机

关系动机是指中职教师为了建立、拉近、维护、改变、修复个人与他人或群体

之间的关系而促使个人参与职业启蒙教育的动力。通过对访谈资料进行编码分析,发现中职教师参与职业启蒙教育的关系动机主要表现在五方面,一是与学生构建和谐的关系;二是与同事构建和谐的关系;三是与个人子女构建和谐的关系;四是与专家构建和谐的关系;五是与校领导构建和谐的关系。

第一,与学生构建和谐的关系。参与职业启蒙教育的中职教师接触的学生有两类,一是职业启蒙教育受教育者;二是职业启蒙教育协助者。职业启蒙教育受教育者一般为普通中小学生。参与职业启蒙教育的中职教师平时与普通中小学生交流并不频繁,所以与普通中小学生构建和谐的关系并非中职教师参与职业启蒙教育的工作动机。职业启蒙教育协助者一般为本校中职生。参与职业启蒙教育的中职教师表现出想要借助职业启蒙教育在个人与本校中职生之间构建一种新型师生关系,即师徒关系。"当我们面对职业体验项目的时候,我个人就是一个工作组,我会带着我们专业的学生一起做这个事情。无非教师可能更多扮演的是师父或者是主管的一个角色,学生可能更多扮演是助理或徒弟的一个角色。这也是我参与职业体验的一个重要原因。我想把职业体验作为一堂实训课,架构一种新的师生关系。不光是教与学的师生关系,更倾向于师徒关系,就是带着学生融入社会。"(S3)可见,与本校中职生构建一种新型师生关系是参与职业启蒙教育的中职教师所追求的目标之一。并非所有的中职生都可以成为参与职业启蒙教育的中职教师的小助手,参与职业启蒙教育的中职教师会根据个人需求与活动开展需求,遴选学习成绩优异、职业能力及沟通交流能力强、人品好的中职生作为助手。

第二,与同事构建和谐的关系。通过访谈了解到,不同教龄的中职教师都存在合群倾向,会想要与同事保持联系。入职半年的新教师想要通过参加职业启蒙教育活动获得与同事交流的机会。"职业启蒙教育是一个团队活动,在这个过程中我会与学校其他教师有合作,因为我是新教师,想借此机会加强与学校其他教师的沟通。"(S1)职业启蒙教育教龄有十年的老教师在工作上遇到不开心的事情时,会把同事作为倾诉的对象,与同事商量解决问题的办法。"因为有的时候也是需要适当发泄。也不是抱怨,就是想要和同事一起商量和探讨应该怎么处理这件事。"(S10)可见,与同事构建和谐的关系有助于团队合作以及工作的顺利进行,所以中职教师会想要与同事保持联系。

第三,与个人子女构建和谐的关系。在问及"您是否想要通过职业启蒙教育来协调您与子女的关系?"这一问题时,参与职业启蒙教育的中职教师的回答呈现出明显的性别差异。有子女的参与职业启蒙教育的男性中职教师表示,"我孩子已经很大了,我没有想过这个问题"(S11)。而女性中职教师认为参与职业启蒙教育工作有助于增加与子女之间的话题,促进亲子互动,培养子女的兴趣爱好。"比如我是旅游专业的,小导游要练习说的能力,我就会有意识地去培养小孩这种说的能力。还有做家务、烘焙等,我也会把自己的儿子带去,让他体验一下,感受做烘焙的乐趣。"(S4)"至少我会把自己这个项目带到生活中。比如说关于茶的内容,我们自己家里面就会搞这个,家里就会有这样的氛围,孩子也很喜欢,会参与进来。"(S10)可见,对于有子女的中职教师来说,女性教师比男性教师更关注亲子关系。

第四,与专家构建和谐的关系。参与职业启蒙教育的中职教师认为"通过参加活动会认识一些专家,如果平时遇到问题,就可以请教一下专家"(S2)。中职教师想要把握住每一次结识专家的机会,而职业启蒙教育工作对中职学校教师来讲就是一个很好的机会。"毕竟受到地域限制,我们出去学习的机会不是很多,我们的认知是有限的,所以需要顶层的学者、专家给我们一些新的观点。我们肯定想扩展一下视野和思路。"(S7)与专家保持良好的关系会给后续工作带来便利。"我觉得职业体验可以成为一种合作的关联点。因为教师是一线基层的,对事情的考虑没有那么高屋建瓴、没有那么深刻,所以就要请专家对我们的活动进行指导、点评。"(S3)可以看出,中职教师想要向专家学习知识、开阔视野,就要借助各种途径与专家建立良好关系。

第五,与校领导构建和谐的关系。在访谈中发现,更多中职教师觉得个人与领导的关系顺其自然就好,不会刻意去发展。只有一位教师争取与校领导构建并保持良好的关系,他认为"与校领导关系好一点,对于工作肯定是事半功倍的"(S7)。

五、中职教师参与职业启蒙教育的责任动机

责任动机是指中职教师为了完成个人本职工作而促使个人参与职业启蒙教育的动力。通过对访谈资料进行编码分析,发现中职教师参与职业启蒙教育的关系动机主要表现在五方面,一是教书育人;二是促进学校发展;三是促进子女发展;四是促进区域发展;五是促进行业发展。

第一,教书育人。教书育人是教师的职业特征。能帮助普通中小学生了解职业,提升职业意识是中职教师参与职业启蒙教育的工作动机之一。"因为我觉得(职业启蒙教育)会帮助学生明确自己的职业倾向和职业兴趣,这一点是非常好的。"(S1)相比提升普通中小学生职业认知,对参与职业启蒙教育的中职教师

来讲,锻炼本校学生职业技能这一动机更强烈。"我觉得现在旅游行业变化很快,毕竟还是要对学生的未来发展负责。所以肯定要引入目前行业发展的最新动态,也就是职业启蒙教育、研学旅行、职业体验等。我们对教师也进行了一些相关的培训,目的就是让教师更好地向学生传授知识。教师的言谈举止和一些想法可能影响到学生的一生。"(S2)"因为作为职业学校,既然涉及职业,就一定要有一些市场化的行为。尤其旅游学校,是面向人的服务,如果没有服务对象,那学生是没有真实的实践情境的。这也是我们参与职业启蒙教育的原因。看似是提供社会服务,其实背后更深层次的原因是我想为我们学校的学生创造更多的真正的实践机会。"(S3)"在职业启蒙教育的过程中,受惠的不仅仅是那些来参加体验的孩子,对我们学校的学生也是很有帮助的。举个例子,我们现在各个职业体验项目都是有职业体验小导师的,这个小导师就是我们自己专业的学生。我们会让职业体验小导师在现场进行示范,然后对学生进行手把手的教学。其实对学生来说这是一种展示技艺的机会,他的自信心也会得到提升。所以我觉得这是一个互惠互利的活动。"(S8)"有些时候我也会带自己的学生一起参与,给他们提供一个锻炼的机会。比如在接待小学生的时候,我会告诉我自己的学生,从就业的角度来说的话,这也是你们未来的一种就业选择。我会让他们看到哪怕做辅助工作,做助理工作,比如端茶倒水,也是存在契机的。"(S10)"事实上我们还是希望能锻炼学生的综合能力,能说会道,成为家乡的代言人。我觉得以后不管他从事哪个行业,都需要具备这个能力。"(S14)可见,参与职业启蒙教育的中职教师都有高度的职业责任感。

第二,促进学校发展。参与职业启蒙教育的中职教师想要促进学校发展的动机表现在多个方面。一是为学校招生做宣传,提高学校招生质量。"我们就在想如何把我们的课程推向市场。比如我们旅游专业,在每年招生的时候,我们都会碰到一个难题,就是招到好学生的人数不是很多。我们就在想如何让家长接受我们。所以我慢慢地就在考虑职业启蒙教育这个方向,就是想提前让中小学生了解我们这个专业。"(S4)"最初的目标就是让我们的专业招到更好的学生,得到更多家长的肯定以及社会的认可。"(S4)"想让更多的学生喜欢这个专业,然后报读我们专业。"(S5)二是顺应行业发展变化,促进学校专业转型发展。"我们可以借助职业启蒙教育实现学校专业的转型。因为学校专业的发展肯定会受到社会环境的影响。所以我们在努力寻找一些突破口,寻求专业的转型。职业启蒙教育就是我们的一个突破口。除了传统的旅行社这个模块,我们还开设了茶艺与茶营销、康养与休闲等专业,可以通过职业启蒙教育把这些专业做好、做大、做强。"(S2)三是促进学校专业师资转型发展,提高学校师资队伍质量。"我做这个项目主要是想带动我们学校师资的转型。因为现在专业的行业业态变化很快。业态变化快了以后,教师本身的知识跟能力结构是需要更新的。我们所说的更新不是一个升级的概念,而是需要全新的知识学习。职业体验的过程对教师来说就是学习的过程,比如我们学校前段时间推出的户外旅游,教师要学急救、搭帐篷等新技能。我们跟企业合作的过程中,也需要教师去企业调研,参与企业项目,这个过程也是学习的过程。"(S3)

第三,促进子女发展。参与职业启蒙教育的中职教师在学校的身份是教师,在家庭中的身份是父母,促进子女发展是每一位父母都希望看到、做到的事情。有参与职业启蒙教育的中职教师认为"当自己对职业启蒙教育有了比较充足的认知,才会对孩子未来的成长有一定的指导和帮助"(S2)。"我觉得有助于跳出学校这个圈子,从社会的视角去看待现在的教育以及孩子以后的发展。我觉得会对自己孩子的成长指导有一些潜移默化的帮助。"(S13)其他参与职业启蒙教育的中职教师也希望通过带领子女参加职业启蒙教育,改变子女的坏习惯,提升子女的综合素质,让子女得到全方面发展。"像我女儿在私立学校,这个学校的孩子成绩挺好的。我们给孩子们组织这个活动,是希望让她能体验各种职业的辛苦,也是为了提升她的综合素养。而且我发现自己的小孩有点拖延症,有点懒。我觉得有些职业启蒙教育活动还真能让他把这个毛病改一改。"(S14)可见,是否有助于孩子的成长也会影响父母的工作选择。

第四,促进区域发展。有参与职业启蒙教育的中职教师希望通过职业启蒙教育实现区域内的中职学校与行业企业的协作发展。"我的出发点就是希望能够做成,最终这个项目能够落地,然后把它做好。其实我们阜阳这边蛮多旅行社,还有知名企业,他们对职业启蒙教育还是有兴趣的。学校就可以和旅行社、企业联合起来,促进富阳更好发展。"(S14)中职学校和行业企业联手,实现高质量的校企合作,不仅可以为区域发展培养更多高素质、高技能的人才,还可以为区域职业启蒙教育发展聚集更多优质资源,为区域职业启蒙教育发展奠定坚实基础。

第五,促进行业发展。有参与职业启蒙教育的中职教师认为职业启蒙教育可以为中职学校教师提供深入了解个人所在行业的机会。"杭州作为一个旅游名城,发展前景欣欣向荣。在这个大的旅游发展的背景之下,我们学校培养的这些旅游专业的人,还是应该多跟行业接触,了解业态变化,思考一下行业发展有些什么样的变化,看看行业发展需要什么样的人才。"(S2)参与职业启蒙教育的中职教师不仅承担职业启蒙教育工作,还有专业课教学工作,可以借助职业启蒙教育这个机会了解行业发展变化,依据行业所需人才标准更新教学内容和教学方法,为行业发展培养所需人才。

六、中职教师参与职业启蒙教育的兴趣动机

兴趣动机是指中职教师为了个人热爱的事情而促使个人参与职业启蒙教育的动力。通过对访谈资料进行编码分析,发现中职教师参与职业启蒙教育的兴趣动机主要表现在两方面,一是对工作的喜欢和热爱;二是拓展知识储备。

人们对某件事情感兴趣的程度会影响个体对某一行为的认知评价。[①] 在问到"您对职业启蒙教育教师这份工作满意吗?"这个问题时,15 位受访者里有 14位教师的回答都是"满意"。可见,大部分参与职业启蒙教育的中职教师是喜欢职业启蒙教育这份工作的。参与职业启蒙教育的中职教师喜欢这份工作的原因各不相同。有的教师因为喜欢与不同的人接触而喜欢这份工作。"因为我喜欢接触不同的人,而职业启蒙教育这份工作刚好可以让我接触到不同的学生。"(S1)"我觉得职业启蒙教育的上课方式比在学校上课有意思多了。每一次你都会看到不同的人,带给你的感觉是不一样的,蛮好玩的。"(S5)有的教师是因为喜欢这份工作的稳定与简单。"说得实际一点,工作稳定,人际关系相对来说简单,所以这个工作我还是蛮喜欢的。"(S2)有的教师因为喜欢小朋友而喜欢这份工作。"我可以认识很多新的朋友。很多参与活动的小朋友,都是非常有趣的。年轻人的思想对我们还是有一点点影响的。而且在每一次的活动当中,自己也在成长。我自己在不同的时间段的感受也不一样,对我来讲也是一个学习成长的过程,还蛮享受的。"(S7)"我喜欢小孩啊。当了妈妈以后,看到小孩子就觉得很可爱。"(S8)总而言之,职业启蒙教育这份工作对中职学校教师有较大的吸引力。

西方白领阶层流传着这样一条知识折旧律,即一年不学习,你所拥有的全部知识就会折旧 80%。[②] 中职教师有知识更新的需求。"其实我还是很希望学习一些新东西,丰富我的工作经验。"(S13)职业启蒙教育对中职教师来讲不仅是一份工作,更为教师提供了一个学习新知识和新技能、接触社会的机会。"我是新教师,想借此机会去学习更多的专业知识,增加知识储备,锻炼自己的能力。"

---

① 甘师秀.让学习成为一种生活习惯——浅谈知识更新对编辑出版人才的重要性[J].中国出版,2006(8):44-45.

② Ntoumanis N. A self-determination approach to the understanding of motivation in physical education[J]. Br J Educ Psychol, 2001,71:225-242.

(S1)"这是我自身擅长的方面,我就想去了解关于它各方面的动态,包括一些前沿的知识、相关的赛事等。我也不只关注我自己这一个方向的,我还需要再去了解其他的专业发展,学习更多的技能。"(S6)如果不接触新鲜事物,极有可能会引发中职教师职业倦怠。"每一次接触一门新的课程的时候,也是我重新学习知识的时候,如果后期没有新的实践内容的产生,有时会产生职业倦怠。"(S15)中职教师会借助职业启蒙教育工作这个机会拓展职业知识储备,提高个人职业素养。"我们有一本职业教育的杂志,还有旅行社的案例、书籍等,大家都会经常去看看。"(S4)"职业变更、知识更迭得太快了,我觉得应该与时俱进,多出去走走,多了解当下一些实时的情况,充实自己。如果不这样,就会觉得自己现有的知识不足以应对一些事情。"(S9)对中职教师来讲,探索新知识的过程充满惊奇与快乐。"至少我可以通过这样的体验,了解很多的行业。这对我的职业发展其实也有一定的帮助,可以积累很多素材。从中我可以体验到快乐,而且有所收获。"(S7)中职教师主动学习新知识、接触新领域,将学习成果转化为创造能量,促进思维创新,提高自身竞争力。

七、中职教师参与职业启蒙教育的自我实现动机

自我实现动机是指中职教师为了实现和确证自我价值和社会价值使自我潜能得以发挥而促使个人参与职业启蒙教育的动力。自我实现是个体的自我知觉和经验相协调的潜能发展过程,是为了实现个人的成长。[①] 通过对访谈资料进行编码分析,发现中职教师参与职业启蒙教育的自我实现动机主要表现在两方面,一是实现个人价值;二是承担有挑战性的任务。

中职教师有实现个人价值的需求,想要通过职业启蒙教育工作提升自我认知,实现自我发展,为社会做贡献,获得成就感。"原来职业学校的教师,跟中小学的教师没有区别,都是在学校里闭门造车。现在至少打开了一扇窗,让你能够看到学校之外的风景。"(S3)"对提升自我价值也是有一定的促进,毕竟你会影响到更多的人、参与更多的事情、了解更多的变化,自身见识也会增长。"(S10)当中职教师的个人价值得以实现,会产生一个良好的循环,即教师个人得以全面成长,会更加积极地参与后续工作,在后续工作中会学习到更多的知识,充实丰富自我,这又起到激发中职教师工作积极性的作用。"我觉得在设计职业启蒙教育

---

① Leclerc G，Lefrançois R，Dubé M，et al. The self-actualization concept：A content validation[J]. Journal of Social Behavior and Personality,1998,13(3)：69-84.

课程的过程中还是挺有成就感的,而且这是一件可以证明我自己能力的事情,所以我想继续参加一些活动。"(S1)由于中职教师职业的特殊性,中职教师个人价值的实现不仅体现在个人职业能力的增长方面,还体现在学生学习能力的增长、学校专业的发展等方面。"从教育者的这个角度,我觉得学生的学习体验有收获,这件事让我很有成就感。"(S3)"其实很多时候还是有一定的成就感的。比方说学生在我们的影响之下,给自己设定一个职业定位。"(S7)"不一定要让中小学生记住什么知识,就是体验一下,让中小学生能够走出校门,认真思考自己感兴趣的是什么,我觉得就比较有意义。"(S8)"这个项目我一开始觉得还是蛮有意义的。'双减'背景下结合自己专业的优势,给中小学生提供职业体验。我们这边还没有做这个的,我们做起来就是首家。而且我觉得对我们本身的专业发展来说其实也蛮好的,是一个契机,可以扩大专业影响力。"(S14)可见,职业启蒙教育给中职教师带来了更好的工作体验,提供了实现个人价值的机会。

职业启蒙教育对中职学校教师来说是一份具有挑战性的工作,中职教师想要发掘个人潜能,挑战自我。部分参与职业启蒙教育的中职教师通过举实例来表明自己喜欢迎接挑战,享受挑战自我的过程。"比方说我们放假之前,有一所初中学校来体验,休闲与康养这个专业是我们新设立的,那就有困难了,我们不知道该开展些啥活动。后来也是一拍脑袋,灵光一现,就想着做一些户外露营技能的体验。然后与其他教师一起联系户外露营的厂商,帮助搭建场景。还要思考户外露营需要哪些技能,组织教师、学生一起学习,还是花了蛮多的精力的。这个也是从无到有吧。"(S2)"像旅游专业,以前基本都是导游讲解这个方向。现在新业态变了以后,它会有各种各样的分类,比如热气球、低空飞行、体育旅游等,对我们来说是全新的技能。但是无论是出于谋生的需要,还是以后职业发展的需要,你总是要去学的,可以选一个相对适合自己的方向,然后去提升,也是可以的。职业启蒙教育也是一种教学的形式,我们要把知识教给学生,在这个过程中要增加趣味性的教学元素。这些我们都要考虑。"(S3)职业启蒙教育可借鉴的经验比较少,涉及新专业、新业态的职业启蒙教育课程更少,如何组织实施职业启蒙教育活动对参与职业启蒙教育的中职教师来讲,本就是一个极具挑战性的任务。承担并顺利完成有挑战性的任务会让中职教师获得成就感,提高中职教师的自我效能感。

综上所述,通过分析15位参与职业启蒙教育的中职教师的访谈资料,本节梳理了中职教师参与职业启蒙教育的工作动机,将工作动机归纳为七大类,即生存动机、权力动机、尊重动机、关系动机、责任动机、兴趣动机和自我实现动机。

生存动机表现为想要获得奖励和荣誉以及额外的福利;权力动机表现为试图说服别人和想要成为校领导中的一员;尊重动机表现为赢得自尊和赢得他尊;关系动机表现为与学生构建和谐的关系、与同事构建和谐的关系、与个人子女构建和谐的关系、与专家构建和谐的关系、与校领导构建和谐的关系;责任动机表现为教书育人、促进学校发展、促进子女发展、促进区域发展、促进行业发展;兴趣动机表现为对工作的喜欢和热爱、拓展知识储备;自我实现动机表现为实现个人价值和承担有挑战性的任务。中职教师参与职业启蒙教育的工作动机的表现形式多种多样,不同年龄、性别、教龄等的中职教师的工作动机是不同的,每一位参与职业启蒙教育的中职教师会有多种工作动机。

第二节 中职教师参与职业启蒙教育的工作动机的影响因素分析

职业启蒙教育涉及各层级政府及其内在职能部门、行业企业、科研机构、中职学校、职业启蒙教育场所等多元主体,需调节人力资源、财力资源、物力资源、信息资源等众多职业启蒙教育资源,是一项极其复杂的工作,中职教师参与职业启蒙教育的工作动机会受到诸多因素的影响。本节基于上述中职教师参与职业启蒙教育的工作动机的研究结果,借助 MAXQDA2022 软件对访谈资料进行编码分析,最终构建了包括促进因素、阻碍因素以及调节因素等三部分的中职教师参与职业启蒙教育的工作动机的影响因素的分析维度(见表 4-2)。

表 4-2　中职教师参与职业启蒙教育的工作动机的影响因素的维度分析

内容	一级维度	二级维度	三级维度
中职教师参与职业启蒙教育的工作动机的影响因素	促进因素	人职匹配	工作经历
			兴趣爱好
			职业规划
			个性特征
			职业技能等级
		职业态度	职业认知
			职业认同
	阻碍因素	激励措施	薪资待遇
			权益保障
			精神嘉奖
		职业特性	工作时间
			工作压力
			发展前景
	调节因素	资源整合	人力资源
			物力资源
			信息资源
		参与主体	学校重视程度
			社会认同
			国家政策
			学生态度
			企业参与情况
			科研机构参与情况
			家人支持

一、中职教师参与职业启蒙教育的工作动机的促进因素

促进因素指的是能直接或者间接激发中职教师参与职业启蒙教育工作积极性的因素。从访谈结果来看,对中职教师参与职业启蒙教育的工作动机起到促进作用的因素主要包括人职匹配和职业态度。

（一）人职匹配会促进中职教师参与职业启蒙教育的工作动机

美国波士顿大学教授帕森斯（Parsons）在其《选择职业》一书中阐述了"人职匹配"理论，认为一个人的兴趣、性格、气质、能力同个人所从事职业的工作性质和条件越接近，个人的工作效率就越高，个人越容易获得成功。[①]同样地，从访谈结果来看，对中职教师参与职业启蒙教育的工作动机起到促进作用的人职匹配方面的因素主要包括工作经历、兴趣爱好、职业规划、个性特征和职业技能等级。

1. 工作经历

中职教师在以往工作经历中获得的工作经验、职业技能、职业知识等资源对于其参与职业启蒙教育会产生正向的影响。参与职业启蒙教育的中职教师在接触职业启蒙教育之前都有过在中职学校担任专业课任课教师、进企业实习实践、参加专业领域的实习工作等工作经历。"我主要负责服务礼仪与茶艺课的中小学职业启蒙教育体验项目。我现在是旅游的专业课教师，平时在学校里面也承担服务礼仪与茶艺课的专业课程讲授。服务礼仪是我们专业的核心课程之一，茶艺课是学校去年新开的一个专业。"（S9）"我本科学的就是旅游管理专业，毕业之后就一直在我们学校从事旅游专业的教学工作。"（S13）"我大学毕业以后一直在这个学校当老师，因为专业建设的需要，平时跟企业会有一些合作交流，比如研讨人才培养方案、商量学生实习实践、开发校本课程等，这些都要跟企业有一些沟通，同时也为我积攒了一定的经验。"（S3）"之前我在酒店实习的时候做过接待员，就是做行政类工作。后来也去咨询公司实习过，主要是对新建的酒店做一些可行性研究之类的，现在在学校教授酒店运营与管理专业的课程。"（S1）"我在学校主要负责导游类专业的专业课教学，而且攻读硕士期间做过导游等一些兼职工作。"（S2）这些工作经历使得中职教师积攒了一定的教育教学、课程开发、项目设计、活动开展、实训设备使用等经验，有把职业启蒙教育做好的能力。"项目研发的话，我们还是结合自己学校的一些专业教师的经验和体验，比如园林、酒店等专业的教师会有一些创新点和创意点。"（S2）"我本来就是一名教师，因为有当教师的基本功，我去做职业启蒙教育的话更得心应手。而且我是旅游专业教师，不可能接触机械类的职业启蒙教育项目设计，肯定是做旅游专业相关的项目，比如导游讲解、茶艺、咖啡冲泡等。"（S5）"我觉得我的专业能力可以支撑我承担学校这方面的工作量。"（S9）参与职业启蒙教育的中职教师的工作经历与其现

---

① 　Parsons F. Choosing a Vocation[M]. London：Gay& Hancook，Ltd，1909：571-574.

阶段承担的职业启蒙教育工作之间的关系是相互促进、相辅相成的。工作经历使中职教师更加有底气、更加有信心参与职业启蒙教育，为其参与各自专业领域的职业启蒙教育课程开发、师资培训、活动设计等过程奠定了坚实的基础。

2.兴趣爱好

兴趣爱好是促进中职学校教师参与职业启蒙教育工作的因素之一。"这是自己喜欢做的事情。"(S10)"我们学校有刺绣、茶艺、插花、绘画等各种职业体验项目，设计这些项目的教师都是有相应的技能的，每一种技能的背后一定都有职业指引。不仅有传统职业，还有一些新兴的职业，比如直播带货。这种新兴职业是学生所喜欢的，但是我胜任不了这项课程的教学，因为我现在不具备这个技能。如果让我选择开设一门职业启蒙教育课程的话，我是不会选择直播带货的，因为我对直播带货不感兴趣。相反，有些年轻教师，他就希望自我突破。但对于我个人来说，这是有点难度的，但是我又很想参与职业启蒙教育，所以我在选择项目的时候一定会结合自己的兴趣爱好和特长。"(S3)每个人都有自己的兴趣爱好，大部分中职学校教师的兴趣爱好是广泛的，他们对于所学专业、教师这份职业、所教课程、所教学生、同事、书籍等各方面的喜欢，促使他们参与职业启蒙教育工作。"我对职业启蒙教育教师这份工作是感兴趣的，不能用满意来形容，因为满意是无止境的。工作中的起起伏伏会影响我的心情，唯独对专业感兴趣。我大学专业学的是旅游管理专业，现在我接触的也是旅游专业方向的职业启蒙教育工作。而且我也喜欢和学生交流，相比于人际关系复杂的大社会，我更喜欢学校干干净净、简简单单的小社会，易于和同事交流、讨论问题。"(S15)"我本身就是旅游专业，自己也比较喜欢旅游，喜欢看各种各样的风景，喜欢不同的风俗民情，所以我就愿意去做这份工作，愿意去设计开发这方面的职业启蒙教育课程。"(S2)"除了教学这一块儿内容，我对于这种能够提升个人气质、增加个人修养的事情是比较感兴趣的。我喜欢去做一些自己感兴趣的事情，也希望能够带领学生去做一些他们感兴趣的事情。"(S6)兴趣爱好会对中职教师自身的价值观、性格、思维、行为、语言表达等方面产生影响，这种影响有助于中职教师更深层次、更高水平参与职业启蒙教育。"我平时就喜欢看看书、写写文章，这对于接下来我们涉及的职业体验课程的设计，可能会产生一些思维逻辑上的影响，也就是对设计思路可能会有一些帮助。"(S8)"因为职业启蒙教育的形式、内容是多样化的，所以，其实对教师来讲，兴趣爱好越广泛，以后在职业启蒙教育领域的发展会越好。"(S3)可见，当中职教师对职业启蒙教育产生兴趣时，就会主动去接触它、关注它、了解它、探究它。

3. 职业规划

参与职业启蒙教育的中职教师的职业规划指的是每位参与职业启蒙教育的中职教师基于时代发展背景,综合考虑个人的性格特征、兴趣爱好、职业技能、职业素养、职业倾向、家庭背景等方面,明确其未来的职业发展方向,并为实现这一目标而不懈奋斗的活动。中职教师有两条晋升路线,一条是名师路线,另一条是行政路线。无论中职教师选择走哪条路线,积极参与职业启蒙教育都会成为他们走上职称晋升之路的有力推手。"我要想走名师路线的话,肯定会参与职业启蒙教育。因为参与这个项目是可以有成果产出的,成果越多,对我的帮助越大,两者是相辅相成的。"(S5)中职教师的职称评审条件是多样化的。《人力资源社会保障部 教育部关于深化中等职业学校教师职称制度改革的指导意见》中指出"可将教研报告、教案、发明专利、参与教学标准和人才培养方案开发成果、参与学校专业建设、参与实训基地建设、指导学生实习成果、指导职业技能竞赛或教学竞赛成绩、参与行业标准研发成果等作为评价条件"。中职教师可以借助职业启蒙教育参与更多专业领域的设计类活动和比赛,若在比赛中获奖了,不仅可以为教师带来声誉,在参赛过程中设计的教案、为推进学校建设提出的意见等材料还可以作为教师职称评审的材料。"教师是要评职称的,参加职业启蒙教育类的活动,如果获奖了,对我的职称评定是有帮助的。"(S3)"我是有职业规划的。因为我觉得给中职生上课比较简单,那我需要在其他的一些事情上花点心思,比如比赛、职业启蒙教育、课题论文等,只有这样才能取得更多的成绩。"(S1)当中职教师明确个人的职业规划后,会产生行动力、执行力,有助于个人提高在参与职业启蒙教育过程中的工作效率。

4. 个性特征

中职教师的个性特征包括性别、年龄、教龄、学历、职称、职务、性格等诸多因子,会对中职教师参与职业启蒙教育的工作热情、工作韧性等方面产生影响。一方面会对中职教师是否愿意参与职业启蒙教育产生影响。"我选择这个专业很大程度上跟我的性格有关系。选择这个专业的人可能性格都是比较外向、活泼的,对新鲜的事物充满好奇心。"(S7)"我有一个同事就是很典型的例子。他平时工作比我们要多,比我们要忙,但是他永远充满干劲和斗志。我觉得他就是一个很典型的积极向上、充满干劲的人。所以他非常适合参加更多的工作,适合参与职业启蒙教育工作,而且他自己也是愿意参加的。"(S8)另一方面会对中职教师参与职业启蒙教育中的工作类型产生影响。依据工作性质,职业启蒙教育工作大致可分为两类,即行政管理类工作和教学类工作。不同个性的人适合不同性质的工作。"我本身就是个很佛系的人，我的性格决定我在与学生交流、课程教学等方面能处理得得心应手。"(S9)由此可见，中职教师的个性特征对其从事职业启蒙教育工作的意愿和工作类型是存在一定正向影响的。

5.职业技能等级

职业技能等级是对中职教师职业技能水平的评价。中职教师的职业技能等级越高，代表其专业技能越娴熟、教育教学能力越强，其参与职业启蒙教育的信心越足。拥有职业技能等级证书是中职学校对所有专业课任课教师的基本要求，参与职业启蒙教育的中职教师基本都拥有职业技能等级证书。"我们学校对职业启蒙教育教师的职业技能等级会有一定的要求。"(S6)"我们学校的职业启蒙教育教师都是有资格证的双师型教师，比如咖啡师、中式烹调师、茶艺师、导游等。"(S9)"我们学校从事职业启蒙教育教学工作的教师都有专业领域的职业技能等级证书。有了证书我们就有了底气，就敢于挑战自我，敢于参加职业启蒙教育这种充满挑战的工作。"(S8)职业技能等级证书是对中职教师理论教学能力和实践教学能力的认可，拥有专业领域的职业技能等级证书会增加中职教师参与职业启蒙教育的信心，在教学过程中遇到困难时也会不惧挑战、灵活应变、直面挫折。

（二）职业态度会促进中职教师参与职业启蒙教育的工作动机

职业态度是中职教师对职业启蒙教育所持有的观点及其在行为表现方面的倾向，是构成中职教师职业行为倾向的稳定的心理因素。从访谈结果来看，对中职教师参与职业启蒙教育的工作动机起到促进作用的职业态度方面的因素主要包括职业认知和职业认同。

1.职业认知

参与职业启蒙教育的中职教师将职业启蒙教育与自己在校教授的专业联系起来，更偏向于将职业启蒙教育看作一种活动或者一门课程。"我们把它当作一种活动去理解，更多的是以一种活动的形式在做，也就是职业体验。"(S12)"因为我们负责的职业启蒙教育专业理论课程就是我们平时教授的专业课程，无非是把专业课程作为一个项目推向社会。其实就工作性质而言，这就是我们职责范围内的事情。"(S10)教师认为职业启蒙教育的价值在于，一方面，对教育对象来讲，可以为其传授初步的职业知识和职业技能，提供一定的职业指导。"目前我从事的职业体验，更多的是面向初中生，其实是为他们日后进入职高选择专业做铺垫。"(S2)另一方面，对职业教育来讲，可以协助推进普职融通进程，实现职业教育现代化发展。"我觉得面向中小学生开展职业启蒙教育实际上就是普职融通的一种方式。"(S8)职业认知是一个不断变化的动态活动。随着中职教师对职业启蒙教育认知的不断深化,中职教师会更加意识到职业启蒙教育是一件有意义的事情,更加敬业,进一步提高了工作绩效。

2.职业认同

中职教师对职业启蒙教育的职业认同会转化成激励中职教师精通熟练专业技能、全面掌握专业知识、养成良好专业素养的强大内驱动力,强化中职教师的工作动机,促使中职教师积极探索新颖的教学模式。在参与职业启蒙教育的中职教师团队中,不管是新教师,还是老教师,都一致认为职业启蒙教育是有价值的。"因为我之前没有接触过职业启蒙教育,所以我就先查了很多的资料,去看了一下职业启蒙教育到底是什么,然后我发现职业启蒙教育还是蛮有实践价值的,所以就想参与其中。我觉得职业启蒙教育对于中小学学生来说还是挺有价值的。因为我从上小学以来好像很少能接触到关于未来职业方面的引导。我觉得如果我小时候就有机会去参加职业体验活动或者接受职业启蒙教育,对我未来的专业选择或者就业方向选择还是挺有帮助的。所以我觉得这个事情确实是需要做的。"(S1)"这毕竟还是很有意义的一件事情。"(S2)当中职教师坚定信念,对职业启蒙教育这份工作有强烈的职业认同感时,他们会将职业认同转化为内生动力,主动提升专业能力。"我觉得对参与的主动性和被动性方面还是会有影响的。"(S7)"我觉得是挺有意义的。所以我去做这件事情的时候不是被动去做的,这不仅仅是学校的任务,我是发自内心想把这件事情做好。"(S8)由此可见,职业认同会影响中职教师的归属感、忠诚度、事业心、积极性和成就感,可以协助激发中职教师的工作动机,使中职教师主动参与职业启蒙教育。

二、中职教师参与职业启蒙教育的工作动机的阻碍因素

阻碍因素指的是能直接或者间接降低中职教师参与职业启蒙教育的工作积极性的因素。从访谈结果来看,对中职教师参与职业启蒙教育的工作动机起到阻碍作用的因素主要包括激励措施和职业特性。

(一)激励措施会削弱中职教师参与职业启蒙教育的工作动机

中职学校是否对职业启蒙教育教师采取诸如晋升、奖励、成就感、赏识等相关的激励措施会直接影响教师的工作热情。从访谈结果来看,对中职教师参与职业启蒙教育的工作动机起到阻碍作用的激励措施方面的因素主要包括薪资待遇、权益保障和精神嘉奖。

1. 薪资待遇

美国心理学家赫茨伯格（Herzberg）提出的双因素理论指出，如果出现对工作以外的福利待遇等保健因素处理不恰当的情况，会引起教师的消极情绪，进而影响教师的工作热情。本研究也发现，薪资待遇是中职教师较为关注的问题，如果学校层面不能为中职教师创建"按劳分配、多劳多得"的局面，中职教师工作的积极性会逐渐被消磨。在与参与职业启蒙教育的中职教师的访谈中得知，会影响中职教师工作心情的薪资待遇方面的表现有两个：一是职业启蒙教育相关经费缺失；二是职业启蒙教育工作的报酬缺失。

一方面，职业启蒙教育活动的开展缺少专项经费支持。"因为小学生过来体验是需要成本的，比如像咖啡豆这些原料的购买等。我觉得这需要有专门一项经费支持。如果说我们开展职业体验活动的成本都计算到专业课成本的话，我觉得这就没有对职业体验提供一些支持。"（S1）"我们的实训经费是不能用于职业体验的。我们没有专项的经费支持职业体验。我们现在只是面向部分中小学开展职业体验活动，还没有大面积推广。如果以后面向社会进行推广，一年有几万甚至十几万的人来体验，我觉得学校的财力是支撑不了的。"（S3）"虽然学校支持我们开展职业启蒙教育，但是学校没有资金上的支持。比如说我们想请专家来给我们讲座、参加比赛等，学校是支持的，但是不会给我们资金支持。"（S4）缺少经费支持是参与职业启蒙教育的中职教师工作热情减退的重要原因。"可能我们还可以做得更好。但是国家的一些政策规定市属的学校不能像市场一样去赚钱，不能把职业启蒙教育变成一个产品来运营。所以说这就是大家只是把它当成一份额外的工作去对待的原因，大家不会很认真去对待的。"（S2）物质基础决定上层建筑。只靠中职教师薄弱的基本工资来支撑个人参与职业启蒙教育工作不是长远的策略。

另一方面，参与职业启蒙教育的中职教师多为兼职教师，由中职学校专业课任课教师、中职学校外聘企业教师等担任，职业启蒙教育工作仅是中职教师众多任务中的一个，中职学校对参与职业启蒙教育的中职教师没有额外的报酬奖励。"从劳动量和劳动报酬来说，学校目前对教师是没有任何奖励的。"（S10）诸多受访教师认为当前参与职业启蒙教育的中职教师的薪资待遇不合理，虽然未表现出明显的不满情绪，但研究者可以感知到参与职业启蒙教育的中职教师对薪资待遇提升的渴望。"如果报酬能多一点，那是很好的。"（S2）中职教师是社会中的一员，工资是中职教师的重要收入来源，是中职教师日常生活有序进行的重要资金保障，中职教师对高薪的追求是人之常情。"其实很现实的。外地的人来杭州工作,不仅要租房子、基本的日常消费,还有人情世故,等等,这些都要花钱的。也有已经结婚了的,还得养孩子,花钱的地方太多了。虽然教师有很高的奉献精神,平时也都是很敬业的,但是本身我们学校教师的工资是不高的,我们的工资和市属的学校相比差很多,如果能够让我们增加收入,大家肯定是很开心的。"(S8)由此可见,师资待遇问题是中职学校发展职业启蒙教育必须关注的一点。"薪资待遇和劳动付出成对比的话,大家会更有积极性。"(S15)师资待遇的提高可以明显激发教师的工作斗志。

2.权益保障

中职学校未针对参与职业启蒙教育的中职教师采取贯穿教师聘任、培养培训、教学评价、绩效考核、职称评审、离职等全过程的权益保障制度,这严重降低了参与职业启蒙教育的中职教师的安全感、幸福感以及工作的稳定性。在研究者问及"您如何看待学校对参与职业启蒙教育的中职教师的管理制度"这一问题时,从受访者的回答中可以得知,中职学校将职业启蒙教育工作视为中职教师的常规工作或者临时性工作,没有单独为参与职业启蒙教育的中职教师提供职称评审、工作报酬、职业安全、基本职责、教学效果评估标准等方面的权益保障。"我们已经有了一套相应的制度,但是管理上还是没有把职业启蒙教育这一块单独列出来,还是属于专业的管辖范围。"(S7)"我们主要是看两方面,第一个是教学考评效果,第二个是准备工作的检查。整个操作过程的效果我们是关注的,但是这不算是制度。因为这是一个临时性的工作,也谈不上大的管理制度了。"(S11)而且中职学校现有的管理措施较为传统刻板,不能完全适用于对参与职业启蒙教育中职教师的管理。"有的时候稍微欠缺一点人性化,比如说考勤制度比较严格。而且也缺乏一定的灵活性,制度实施比较死板。"(S7)权益保障是否健全对参与职业启蒙教育的中职教师来说是很重要的。"我们学校没有单独划出一个部门或成立一个机构来运作这个事情。其实就相当于我们自己的专业部组织学生和师生提供社会服务。对职业学校来说,提供社会服务本身就是常规工作之一。如果想把职业启蒙教育这件事做得更好,让它发挥更大的效用,我觉得是应该有专门的机构来组织和运营。还要对教师进行绩效考核,等等,只有这样,教师才有职业成就感。其实我们这个团队都是认可职业体验这件事情的,但是因为没有相关的制度保障,教师们很疲倦。常规工作太多了,人精力是有限的,不一定能腾得出时间和精力来做这件事情。在大家很疲倦的情况下,谁也不愿意去做这件事情。但是如果这个事情对教师评职称等各方面是有利的,这在一定程度上可以激励教师。所以归根结底它还是一个制度保障的问题。还是希望上级制定一些保障措施来推动这些事情。"(S3)毕竟权益保障的缺失会降低中职教师参与职业启蒙教育的工作积极性,从而影响中职学校职业启蒙教育师资水平和教育教学质量。

3.精神嘉奖

中职学校对参与职业启蒙教育的中职教师缺乏精神嘉奖,从而降低了中职教师参与职业启蒙教育的积极性。在与参与职业启蒙教育的中职教师的访谈中得知,中职教师是有精神奖励需求的。"我觉得好像生活还是需要一些仪式感,所以我还是有期待的。"(S7)精神激励也可以起到激发教师工作积极性的作用。"我觉得精神上的奖励会比较激励人。"(S1)"如果精神方面没有得到满足的话,我会很空虚,所以我需要赞美来激励我更好地生活。"(S6)但中职学校对参与职业启蒙教育的中职教师的精神奖励是比较少的。"精神上的激励也不能说完全没有,就是比较少罢了。平时校领导偶尔也会夸奖一下职业启蒙教育教师的工作,但是这种情况很少。"(S8)据前文分析可知,参与职业启蒙教育的中职教师的物质奖励比较少。如果鼓励、表扬、赞美等以口头方式表达的精神激励也满足不了教师的精神需求,那谈何激发教师的工作积极性。

(三)职业特性会削弱中职教师参与职业启蒙教育的工作动机

职业启蒙教育工作所特有的性质会影响到中职学校职业启蒙教育教师的工作积极性。从访谈结果来看,对中职教师参与职业启蒙教育的工作动机起到阻碍作用的职业特性方面的因素主要包括工作时间、工作压力和发展前景。

1.工作时间

对参与职业启蒙教育的中职教师而言,工作时间是阻碍他们参与职业启蒙教育积极性的很重要的因素。职业启蒙教育工作"占用了蛮多的额外的时间,别人都在休息,你还得来上班"(S2)。"它会占用你很多的精力,这是必然的,因为这是额外的工作量,要经常加班。"(S10)出现这种情况,并不是因为职业启蒙教育所耗费的时间成本较大,而是因为中职教师的工作不仅局限于专业课教学以及职业启蒙教育相关事务,还要应对"学校的检查和验收任务,还有项目设计、教学比赛等很多事务"(S13)。"其实我们这个团队都是认可职业体验这个事的,但是因为教师们的常规工作太忙了,而精力是有限的,所以他不一定能腾得出精力来做。这个毕竟也是要花费比较多的时间和精力的。一个人的精力就这么多,我又要上课,又要做教改项目,还要参加一些比赛,那我只能分配一部分精力来应对职业启蒙教育工作。就是说,如果我的常规工作是 10 分的话,职业体验只能占 1 分到 2 分。"(S3)中职教师的精力有限,如果其他事情占用了中职教师太多时间,中职教师就没有时间认真对待职业启蒙教育工作。"职业教育真的太忙了。除了职业体验,我们还有其他非常多的额外的工作,每天没有空去做其他的事情,我们从早到晚的工作都是安排得满满的。只要有空闲时间,我们其实是很开心很乐意去做这件事情的。但是我们只能挤出一丁点儿时间来做职业体验,这样的话,有时候就会有点力不从心。"(S8)中职教师都希望工作时间能得到合理安排。"其实还是有很多其他的因素,但在我看来时间是最主要的。我希望所有的工作都是在工作时间内完成的,工作时间和私人时间应该分得比较清楚。"(S7)工作时间过长会降低中职教师的工作效率和生活质量,增加职业健康风险,降低中职教师工作积极性。

2.工作压力

参与职业启蒙教育的中职教师工作压力过大阻碍了中职教师参与职业启蒙教育的工作积极性。职业启蒙教育只是中职学校教师众多工作的一部分,教师都不愿接受超负荷的工作量。"因为这个毕竟不是我最主要的工作,是一种兼职。对我来说多了很多额外的工作量,不只是我自己,其他很多教师都不愿意做这个事情。"(S1)"我们平时工作也挺忙的,主要的工作是教学和德育。职业启蒙教育一学期也就举办两到三次,这只是我们的附加任务,不是主要任务。平时的教学压力就已经够大了,我们也没必要花费太多时间和精力去研究职业启蒙教育。"(S8)"我们平时各方面的工作量其实是比较大的,比如专业课任课教师会从事班主任工作,教学上还有各种各样的比赛、竞赛,我们还要带学生参加比赛。职业启蒙教育这一块的话,其实是需要用到我们教学工作以外的一些时间进行安排的。有些时候这些任务会有冲突,你得做出选择。"(S9)教学压力、科研压力等诸多工作压力的累积会加重中职教师的身心负担。"所以说,这不仅仅是职业启蒙教育工作的问题。主要是因为我还负责很多其他的任务,但是我个人体力是有限的。过多的工作任务对我来说就是负担。"(S11)"平时就已经很忙了,如果再去做职业启蒙教育,占用大量的休息时间,会让自己变得很累,会给我带来心理压力和负担。"(S5)总体来看,工作时间过长、工作量过大等因素导致当前中职教师的工作压力过大,加重中职教师工作负担,削弱了中职教师参与职业启蒙教育的工作动机。

3.发展前景

中职教师对职业启蒙教育的发展前景持不确定态度,影响了中职教师参与职业启蒙教育的工作动机。结合访谈可以得知,中职教师对职业启蒙教育发展前景的认识会受到个人体验、国家政策、学校制度等的影响。从个人体验角度来讲,参与职业启蒙教育的中职教师对职业启蒙教育的发展前景持不确定态度,但对职业启蒙教育的期望值是比较高的,希望它能发挥越来越大的社会价值。"我觉得我们这个项目还是比较容易落地的,后续如果能够多开展几次,还是能发挥更大价值的。"(S1)"当下确实是让职业教育有所改变,而不是只是局限在编教材、改变考试形式等内容上,因为对于一线教师的教学来说,那些无非是换了一种形式,没有从根本上进行改变。但我不能确定这种改变会不会只是三分钟热度,改着改着就改不动了,或者说又回到原点。"(S3)"毕竟小孩子蛮需要有这方面的接触和体验的。希望中国的职业启蒙教育像国外一样,做得更全面、更成熟。"(S10)"我觉得如果能落地的话,打个比方,两个月做一期或者三个月做一期,把这件事情坚持下来,看着小孩子一步一步地成长起来,我觉得蛮好的。"(S14)从国家政策和学校制度角度来看,参与职业启蒙教育的中职教师很难据此判断职业启蒙教育的发展前景。"你看现在,国家也没有出台很明确的政策让我们参与职业启蒙教育。在学校里,职业启蒙教育也仅仅是一项可有可无的工作。"(S11)总的来讲,中职教师对职业启蒙教育发展前景的态度是摇摆不定的,降低了中职教师未来选择继续从事职业启蒙教育活动的可能性。

三、中职教师参与职业启蒙教育的工作动机的调节因素

调节因素指的是对不同年龄、性别、职称、职务等类别的中职教师群体来说,在一定情境中能直接或者间接激发或降低中职教师参与职业启蒙教育的工作积极性的因素。从访谈结果来看,对中职教师参与职业启蒙教育的工作动机起到调节作用的因素主要包括资源整合和参与主体。

(一)资源整合会激发或削弱中职教师参与职业启蒙教育的工作动机

职业启蒙教育资源整合指的是多个职业启蒙教育参与主体互动、分享并利用职业启蒙教育资源来优化主体内外部生存环境以获取最大利益的过程。[1] 从访谈结果来看,对中职教师参与职业启蒙教育的工作动机而言,有时起到促进作用、有时起到阻碍作用的资源整合方面的因素主要包括人力资源、物力资源和信息资源。充足的资源是参与职业启蒙教育的中职教师开展职业启蒙教育的坚实保障,使中职教师更加有底气、有信心组织职业启蒙教育,反之,资源短缺会使中职教师徒增烦恼,给中职教师带来烦闷情绪,不利于中职教师工作的顺利开展。

---

[1] 邵文琪,王刚,刘晓. 共生理论视角下职业启蒙教育资源整合的困境与突破[J]. 教育与职业,2021(7):5-11.

1．人力资源

就中职学校主办的职业启蒙教育而言，职业启蒙教育人力资源包括职业启蒙教育传授者和职业启蒙教育学习者，其中职业启蒙教育传授者包括参与职业启蒙教育的中职教师和协助中职教师开展职业启蒙教育的中职生，职业启蒙教育学习者包括所有接受职业启蒙教育的普通中小学生、中职生等以及他们的家长和老师。中职学校的职业启蒙教育人力资源对中职教师参与职业启蒙教育的工作动机的影响会因人力资源的数量、质量、人员结构、工作状态、居住地等因素而有所区别。

激发中职教师参与职业启蒙教育的工作积极性的人力资源方面的表现为：首先，中职学校的学生作为开展职业启蒙教育的得力助手，会积极参与职业启蒙教育。"其实在设计课程的过程中参考了很多我们中职学校学生的意见，有一些学生可以提供一些蛮有创意的或者蛮有价值的想法。"(S1)"我们旅游专业的学生，既是体验活动的体验者，也是体验活动的服务者。"(S3)其次，参与职业启蒙教育的中职教师团队分工协作的效率会影响中职教师的工作心情。"我们学校各个专业部都有专门的教师来负责，人多力量大，有做项目策划的，有负责协助学生进行技能体验的，所以开设的职业启蒙教育课程也很多。"(S3)"我们学校肯定是有团队的，每个人分工都比较明确，大家合作的时候，总体来说也是比较愉快的。"(S6)最后，参与职业启蒙教育的中职教师的数量会影响中职教师的工作效率。"导游课上，我们会邀请旅行社的一些优秀导游过来上课。这两年也会有研学导师参与我们学校的项目。"(S4)"我们有两个项目，一个是小导游，一个是茶艺师。我们学校参与这些项目的 25 个教师基本上都是导游和茶艺师，我们的师资力量是没问题的。"(S14)

阻碍中职教师参与职业启蒙教育的工作积极性的人力资源方面的表现为：首先，参与职业启蒙教育的中职教师居住地距离学校的远近会影响中职教师的师资结构。"因为我们学校里面基本上一半以上的教师都是外地人，节假日、周末肯定要回家的，这样一来，学校的师资就会出现短缺。"(S8)在开展职业启蒙教育活动时，工作总量是一定的，如果参与职业启蒙教育的中职教师人员数量变少了，那缺失的这一部分的工作量会转移到其他中职教师身上，增加其他中职教师的工作负担，进而影响其他中职教师的工作积极性。其次，中职学校与普通中小学合作频数较低，不利于参与职业启蒙教育的中职教师开展调研活动。"在做调研的时候，寻找中小学生、家长和教师比较困难，很难联系到数量比较多的学生、家长以及教师，研究对象基数不够大。我觉得他们的意见是非常重要的，毕竟服务对象是他们。"(S1)再次,家校合作模式较传统,未寻找到借助学生家长的资源推广职业启蒙教育的路径。"其实包括中小学学生家长的人脉资源,实际上是有助于我们教学的,对我们了解社会现状以及推广职业启蒙教育很重要。但是目前我们的家校联系更多地局限于一些传统的形式,比如家长会等,没有形成常态的合作模式。"(S3)最后,参与职业启蒙教育的中职教师数量难以满足职业启蒙教育规模拓展需要。"学校只是根据本身的一些现有资源来开展相应的体验课程,如果做一些额外的拓展,可能师资力量就配备不了,这样就会有一定的局限。"(S2)"涉及人手的问题。比如一个班来我们学校体验课程,我们学校教师都希望来体验的学生少一点。毕竟来30人或者40人,挤进一个教室里面,还是有点拥挤的。如果来的学生少一点的话,我们在跟学生进行互动的过程中,双方都会觉得非常愉悦,教师也能关注到每一位学生,学生得到的体验指导也更加全面。"(S8)由此可见,如果中职学校对人力资源管理得当,会减小参与职业启蒙教育的中职教师的工作压力,激发中职教师工作的积极性,反之,则会给中职教师带来工作负担。

2.物力资源

就中职学校主办的职业启蒙教育而言,职业启蒙教育物力资源主要有教师办公室、教室、实训基地、实训设备、名师工作室、专业课程以及教学用具等。中职学校物力资源对中职教师参与职业启蒙教育的工作动机的影响会因物力资源的数量、新旧程度、与课程的相关度等因素而有所区别。

促进中职教师参与职业启蒙教育的工作积极性的物力资源方面的表现为:一方面,中职学校可以借助学校现有的实训基地、名师工作室等为参与职业启蒙教育的中职教师解决课程开设的场地问题。"因为我们学校的实训室比较完善,和一些其他的学校相比,这方面是优势,所以就选择开发咖啡体验项目。"(S1)"我们的职业体验是基于学校各个专业现有的实训设施。"(S3)"学校位于西湖龙井茶的产区,所以尽管今年才设立这个专业,以前属于酒馆专业下面的一个选修课程,但是因为有这个地区优势,比如说聘请一些茶艺方面的专家去学校开展讲座,或者带学生去茶园基地参观体验,都是比较方便的。我们学校在这方面还是做得比较好的。记得之前西湖区的很多中小学生经常过来参加一些活动,这些活动就是以体验茶为主,而且实地参观对学生来说吸引力会更大一些。"(S8)"我们有金牌导游工作室。"(S14)另一方面,中职学校可以依托学校现有的专业理论课程、专业实践课程、选修课程等为参与职业启蒙教育的中职教师解决课程实施的内容、方法、途径等方面的问题。"利用这个特色,我们可以借助实训场地开展一系列针对中小学的课程。"(S4)"项目运营和项目研发是结合我们平时的专业强项的。比如除了酒店专业,我们新增了茶艺与茶营销专业,而茶本来就是我们的专业课程特色。职业启蒙教育课程基本上就是聚焦围绕我们的课程开设的。比如茶艺、香皂、客房铺床、餐厅折花、西餐摆台等,和我们平时的教学是挂钩的。"(S8)

阻碍中职教师参与职业启蒙教育的工作积极性的物力资源方面的表现为:一方面,并非所有中职学校现有物力资源都是新颖的,部分陈旧的或者缺失的物力资源会阻碍参与职业启蒙教育的中职教师的教学进度。"但是也有一点不好,就是如果我们想稍微拓展一下课程,就需要额外购入一些必备品,这些东西是我们学校没有的。而且学校有些设备比较陈旧了,还没有更新换代,这对教学的开展是不太好的。"(S8)另一方面,职业启蒙教育的教育对象多为中小学生,教学用具的选取需适合中小学生的身心健康发展需要,中职学校的物力资源更倾向于满足中职生的发展需要,所以在物力资源储备上会存在冲突。

3. 信息资源

就中职学校而言,职业启蒙教育信息资源包括通过国家政策、学校制度、新闻、微信、专家讲座、朋友交谈等各种渠道获得的教材信息、政策制度信息、网络信息等各类信息资源。信息资源对中职教师参与职业启蒙教育的工作动机的影响会因信息资源的来源渠道、质量等因素而有所区别。

促进中职教师参与职业启蒙教育的工作积极性的信息资源方面的表现为,中职教师能够通过微信、微博、新闻、期刊等途径获得一些职业启蒙教育相关的信息,了解职业启蒙教育发展现状。"我主要还是通过一些新闻或者在知网看论文来获得业内的一些信息。"(S6)人们只有在了解某件事情的基础上才会决定要不要继续探究这件事。同样地,参与职业启蒙教育的中职教师只有在对职业启蒙教育产生一定认知的基础上,才明白自己适不适合、愿不愿意从事职业启蒙教育工作。

阻碍中职教师参与职业启蒙教育的工作积极性的信息资源方面的表现为:一方面,获取信息资源的渠道少,增加了参与职业启蒙教育的中职教师的工作难度。"能获取的信息资源太少了,所有的事情都要靠自己一步步摸索。项目的设计其实还是蛮难的,尤其是你设计出来的这个项目,要能够凸显专业特色或是能够凸显职业特点,学生来体验过之后,他真的能够对这个行业或对这个职业有最直接的、最全面的了解和认知,这个蛮难的。"(S5)"可能有的时候苦于没有门路或者没有途径,我不知道该怎么学习这件事情,如果有很多学习机会的话,我们都愿意参与。"(S7)"相关的书刊也比较少。"(S8)"因为没有可以直接参考的、现成的课程模式或者课程标准，很多东西要靠自己摸索。有时候觉得很难下手。自己要花时间去研究很多东西，思考怎样去做这件事，这是很难的。"(S12)另一方面，获取的信息资源不一定是最前沿的，不能带给参与职业启蒙教育的中职教师最好的职业认知体验。"我们接触的信息量有限，或者说没有接触到前沿的一些信息。"(S7)

(二)参与主体会激发或削弱中职教师参与职业启蒙教育的工作动机

从访谈结果来看，对中职教师参与职业启蒙教育的工作动机而言，有时起到促进作用、有时起到阻碍作用的参与主体方面的因素主要包括学校重视度、社会认同度、国家重视度、学生态度、企业参与情况、科研机构参与情况和家人支持度。

1.学校重视度

中职学校对职业启蒙教育的重视度不仅体现在中职学校是否总是在开会时强调职业启蒙教育工作的重要性，还体现在中职学校是否帮助参与职业启蒙教育的中职教师协调所需资源、是否给参与职业启蒙教育的中职教师发放物质奖励和精神奖励等实际行动中。

通过访谈可以得知，2021年《关于进一步减轻义务教育阶段学生作业负担和校外培训负担的意见》的颁布是引起中职学校重视职业启蒙教育的重要原因。"我们学校是相当重视的。因为国家出台了'双减'政策，我们校长还特别强调，减负以后培训班都关掉了，杭州接下来肯定要大力开发职业体验课程。"(S8)不同年龄和教龄的中职教师对所在中职学校是否重视职业启蒙教育的看法是不同的。从事职业启蒙教育教龄大于1年的中职教师都认为学校是重视职业启蒙教育的，会帮助中职教师协调校内外资源，给予中职教师活动开展建议，中职教师表示会根据学校布置的任务完成职业启蒙教育工作。"学校是全力支持我们的。一开始我们学部提出了职业体验。立足于现在'双减'政策背景之下，我们学校是非常赞同的，也会提出很好的建议，毕竟领导站的高度跟我们不一样，看事情的眼光也长远一些。领导也会把其他学校做得好的地方，比如典型的案例等，拿给我们学习。包括后续开展过程中如果有其他需要，学校管理部门会全力配合，一起把活动做好。"(S4)"我们每一次的活动都是按照步骤行动，需要学校各个职能部门协调配合。不单单是指定某位教师做这个事情，学校的分管部门、领导、后勤等要协调做好这个事情。"(S5)"只有领导支持了，我们才可以开展活动。在开展的过程中，领导会主动关心我们的进程，会关心我们在工作中有什么困难，也会尽量给我们提供帮助。"(S7)"我们学校做得挺好,每个人这一年中做了多少事情,无论是教学、德育、职业体验,还是其他工作,学校都是会汇总的,根据每位教师一年当中做的事情给予评优和奖励。"(S8)"学校肯定是重视的,因为很多事情需要学校层面来推动和宣传,吸引中小学生参加体验。如果只靠个别教师来做职业体验,影响力是比较有限的,很难起到推动整个社会层面对职业启蒙教育关注的效果。"(S13)快要退休的老教师以及职业启蒙教育教龄小于1年的新教师认为中职学校对职业启蒙教育重视度不太高,中职学校组织职业启蒙教育活动更多是为了招生宣传。"我们学校做职业启蒙教育更多的是为了招生宣传,学校对招生咨询这方面还是比较重视。"(S2)"可能学校的本身重视程度也不够。从学校角度,更多会考虑跟招生相关的职业体验。平时也几乎没有主动意识为社会服务,职业启蒙教育实际上是一个社会责任。我们是中等职业教育,按道理只需做好自己就行了。职业教育是一个体系,职业启蒙教育是我们开展中等职业教育前的阶段。我们的责任和义务是做好中等职业教育这个阶段的工作。职业启蒙教育阶段实际上是一个社会性的工作。现在国家或者教育部门对我们有要求,让我们承担一些这方面的工作,我们不可能把主要精力和注意力放在这方面,因此平时学校也不大重视。当然,如果有任务或者是中小学有需要等,会让我们去接的。"(S11)有教师表示:"如果已经工作了很长时间,但是投入的精力完全没有一点回报,学校一点也不重视的话,那我不会一直坚持下去的,就不想继续工作了。"(S1)如此看来,学校对职业启蒙教育的重视程度会直接影响教师的工作积极性。

2.社会认同

社会认同主要指社会对参与职业启蒙教育的中职教师工作的价值、意义等的看法。社会成员在此处主要代指学生家长和普通中小学教师。社会认同会影响到教师的工作环境。如果社会认同度高,家校合作程度高,工作环境优异,参与职业启蒙教育的中职教师会感受到职业启蒙教育良好的发展前景,会更加努力地投入工作中;反之,会成为中职教师的阻力,参与职业启蒙教育的中职教师会逐渐对职业启蒙教育工作丧失信心。

参与职业启蒙教育的中职教师认可社会认同会对教师工作动机产生影响。"社会认可了,做起来可能更有动力一点,我会把它当成主要的工作。如果不是的话,那可能只能当成一个锦上添花的工作。"(S3)有部分参与职业启蒙教育的中职教师在活动开展过后会与学生家长沟通交流,认为社会对职业启蒙教育持支持态度。"家长很支持的,他们觉得这对于小孩来说是一种技能提升、锻炼的机会。有家长就和我说，参加完活动后，小孩子回家会整理内务。我们做床铺设计时进行了个性化设计，小孩子也会根据我们的教学来设计。他们把床铺好之后，会在床头柜上放点东西装饰一下，家长也觉得这样的活动是比较好的。"（S4）家长认可职业启蒙教育的教育效果，会激发中职教师的工作积极性。但也有部分中职教师认为学生家长和普通中小学教师只看重学生的成绩，不在乎学生职业意识的培养。"虽然我没有跟初中老师直接沟通过，但是我从小孩的话语当中了解到教师只关注成绩。"（S6）"就高考机制来讲，大家还是注重高考成绩和中考成绩的，这会对我们的工作产生很大的影响，工作效果会打折扣。"（S13）由此看来，社会认同会影响中职教师的工作效果，但影响是好是坏，取决于中职教师是否与家长、中小学教师沟通交流，也就是家校合作的程度。

3. 国家政策

国家对职业启蒙教育的重视程度增加，发布利于职业启蒙教育发展的优惠政策，中职学校也会随之关注职业启蒙教育的发展，采取激励措施吸引中职教师参与职业启蒙教育；反之，不只中职学校，包括社会大众、企业、教师等主体对职业启蒙教育的关注度也会降低。

从访谈中可以得知，政府的支持会鼓舞参与职业启蒙教育的中职教师的信心。"如果有政府支持，学校也更加重视，那对我的工作肯定有一些鼓舞，会让我更加想做这件事。我研究了一下政府的指导性文件，看到江苏省教育厅发布过一个比较详细的关于职业体验方面的文件，我觉得政府对这件事情还是比较重视的。既然政府重视这件事，说明这件事是正确的，毕竟做事情要跟着国家政策走。"（S1）也有中职教师认为目前国家重视程度不够，政策不到位，影响中职教师的工作积极性。"我觉得现在政府支持力度还是有待进一步的完善跟改革。"（S3）"我感觉目前政府、教育部门等方面也没有政策推动或者引导这件事。学校搞这个项目需要得到普通中小学校的回应。有的学校不一定回应你，那实施效果和预期的效果就相差比较远。而且学校也不可能为了零零散散的三五个家长和学生专门搞一个活动，毕竟从学校角度来讲，是需要花费成本和精力的。参加人数多的话，学校肯定愿意，教师也愿意。所以从大环境来讲，需要政府来推动这件事，光靠学校自己搞是掀不起大浪的。"（S13）

4. 学生态度

参加职业启蒙教育的学生不仅包括普通中小学学生，还包括协助中职教师开展职业启蒙教育活动的中职生。普通中小学生在职业启蒙教育课堂上的表现以及课后给予教师的反馈信息、中职生与教师的配合程度等会影响参与职业启蒙教育的中职教师的心情,进而影响中职教师的工作动力。

　　综合看来,普通中小学生和中职生对待职业启蒙教育的态度是相反的,中职教师对待学生态度的反应也是不同的。参与职业启蒙教育的中职教师会根据普通中小学生的反馈信息判断自己的教学效果与预期效果是否一致。研究发现,参与职业启蒙教育的中职教师普遍认为普通中小学校学生态度较好,中职教师觉得自己的付出有了回报,会积极准备下一个职业启蒙教育活动。"我觉得我接触到的学生都很尊重教师,而且乐于学习。我也愿意教更多的知识给他们。"(S7)"对于那些参加职业体验的孩子来说,收获还是比较大的,对课程的满意度也比较高。学生的参与度和完成度是比较好的。课堂学习情况、课堂表现也比较好。所以作为教师,我对职业启蒙教育工作比较满意,我想继续做下去。"(S9)"因为我觉得效果还不错,比如说学校组织小学生来开展第二课堂,我们以职业体验课形式给学生上课,发现学生的积极性都还蛮高的。我们就觉得以后可以继续做下去。"(S11)通过访谈还发现,有时普通中小学生的态度会成为中职教师前进的动力,比如有参与职业启蒙教育的中职教师发现学生对课程不感兴趣,会探索开发其他课程。"我是旅游服务专业的,中小学生来进行体验,教师会带他们体验导游、餐饮、客房的工作。后来我们发现这个没有吸引力,学生并没有很感兴趣,所以就考虑增加导游讲解、烘焙之类的职业体验课程。"(S5)然而,中职生的态度却严重影响了参与职业启蒙教育的中职教师的工作热情。"从学生学习热情这个角度来说,我感觉我们学校的学生一届不如一届,我的工作热情就会因此减退。"(S6)参与职业启蒙教育的中职教师希望中职学校协同举办职业启蒙教育活动,是为了给中职生提供实践锻炼的机会,让中职生增长见识,但是中职生却不积极配合中职教师工作,使得中职教师有些失望。

　　5.企业参与情况

　　企业是中职学校发展的合作伙伴。企业在中职学校职业启蒙教育中的参与比重和参与深度会影响职业启蒙教育开展质量。一方面,参与职业启蒙教育的中职教师在学校待久了,看待事物的眼界会受限,需要企业为其提供新鲜知识,满足中职教师的发展需求。另一方面,企业可以为参与职业启蒙教育的中职教师提供资金支持,让中职教师放心大胆地开展职业启蒙教育。

　　中职学校依托校企合作资源,吸引企业为职业启蒙教育发展提供场地、资金、技术、人才等资源,为参与职业启蒙教育的中职教师解决后顾之忧,有助于激发中职教师参与职业启蒙教育的积极性。"具体实施的话,一开始就向中小学生收很多钱是不现实的。像车辆、大巴车、保险、用餐以及前期的宣传等都是要用钱的,我们最终决定用餐部分由孩子自己付。其他部分,我们就拉赞助,联系一些知名的旅游企业赞助我们的活动。比如活动用到的帽子、衣服等都是有赞助的。"(S14)现实情况中,企业参与中职学校职业启蒙教育建设的情况是比较少见的,参与职业启蒙教育的中职教师期待企业参与进来。"职业体验的内容和资源的建设、服务等主要由我们的师生来承担,但是市场的运作可能要借助企业的力量。"(S3)"我们现在在搞的民宿是酒馆行业的新业态,我们以前的教材已经不适应新业态发展了。在没有教材的情况之下,就要深入酒馆调研,通过观察和访谈,带着我们的学生一起实践,还要进行课程设计,这些都是需要进入企业调研才能够获知的。所以,我们需要企业给我们提供调研的机会。"(S8)"其实也会看企业做什么样的探索,因为职业启蒙教育是要推向市场的一个项目,那就需要实践调研。企业的活动主题、组织方式等,是我们开展职业启蒙教育活动可以借鉴的。"(S10)中职学校可以邀请企业共同参与职业启蒙教育,在职业启蒙教育项目建设中共同获利,实现合作共赢。

6.科研机构参与情况

科研机构能给中职学校职业启蒙教育发展带来技术支持,提供职业启蒙教育课程开发、教材建设、项目研发、场地建设等方面的意见,所以说,科研机构的参与程度直接影响到中职学校职业启蒙教育的前期准备状况。准备工作做好了,中职教师自然愿意从事职业启蒙教育工作;反之,如果所有的准备工作都由中职教师承担,由于中职教师能力水平、时间和精力有限,准备工作做得不完美,会降低中职教师的工作积极性。

中职学校以及中职教师根据自己的人脉资源、社会地位、从教时间等方面的不同,在能否得到科研机构帮助方面表现出较大差异。开展职业启蒙教育次数较多、时间较长的中职教师在专家的带领下,工作进展会顺利很多。"碰到问题的时候,我们很多人可能想不出更好的办法去应对。比如设计职业启蒙教育课程,我们有很多不懂的地方,就只能请教名师和专家。所以我们非常感谢他们给我们团队提供的一些指导和帮助。因为他们看待事物的角度和我们不一样,能给我们一些启发。"(S4)开展职业启蒙教育次数较少、时间较短的中职教师前期很难得到专家帮助,一旦遇到困难就打退堂鼓。"我不认识这方面的专家,平时和他们也没有联系,一些困难就只能自己想办法解决,这很难的,这时候就不想做了。"(S15)由此可见,科研机构带给参与职业启蒙教育的中职教师的帮助虽不是惊天动地的,却是脚踏实地的,能让教师安心,科研机构对中职教师的帮助必不可少。

7.家人支持

家人支持体现的是配偶、父母、子女等家庭成员是否理解参与职业启蒙教育的中职教师的工作。家人对中职教师工作持支持态度,会减轻中职教师生活负担,中职教师会以更积极的态度投入工作中;家人对中职教师工作持不支持态度,会影响中职教师的心情,严重的会出现吵架、打闹等情况,从而影响中职教师的工作态度。

有参与职业启蒙教育的中职教师表示自己的家庭是支持个人工作的。"我们家里都还挺支持我的,自己所从事的工作能够被家人认可,得到家人、亲友的支持,这种感觉是很好的。"(S6)但也有参与职业启蒙教育的中职教师表示如果一直加班的话,"这份工作偶尔会影响到家里的一些家庭计划"(S14)。家人虽然支持中职教师的工作,但当参与职业启蒙教育的中职教师的工作与家庭计划发生冲突时,家人难免会存在不满情绪。此外,部分已经组建家庭的参与职业启蒙教育的中职教师表示自己会有压力。"会有家庭压力啊。如果把空余时间都用来搞这个事情,哪还有时间去管自己的孩子。"(S5)"因为我有两个小孩子,所以如果要加班的话,那我的时间就不是非常的充裕,一是没有精力去照顾孩子,二是自己没时间休息。所以我希望所有的工作都是在工作时间内完成的。我希望把工作时间和私人时间分清楚。"(S7)"周一到周五我要上班,周末如果开展职业启蒙教育的话,我就没办法照顾家里了。"(S13)鱼兼熊掌不可得。在职业启蒙教育工作和照顾家庭存在矛盾时,中职教师就要被迫做出选择。所以,家人能否理解、是否支持会直接影响参与职业启蒙教育的中职教师的工作情绪,进而影响中职教师的工作积极性。

综上所述,通过分析 15 位参与职业启蒙教育的中职教师的访谈资料,本节梳理了中职教师参与职业启蒙教育的工作动机的影响因素,将影响因素分为三大类,即促进因素、阻碍因素与调节因素。促进因素包括人职匹配和职业态度两方面,其中人职匹配可以细分为工作经历、兴趣爱好、职业规划、个性特征和职业技能等级;职业态度可以细分为职业认知和职业认同。阻碍因素包括激励措施和职业特性,其中激励措施可以细分为薪资待遇、权益保障和精神嘉奖;职业特性可以细分为工作时间、工作压力和发展前景。调节因素包括资源整合和参与主体,其中资源整合可以细分为人力资源、物力资源和信息资源;参与主体可以细分为学校重视度、社会认同、国家政策、学生态度、企业参与情况、科研机构参与情况和家人支持。这些影响因素是针对职业启蒙教育当前发展阶段来说的,影响因素会随着参与职业启蒙教育的中职教师的工作时间、参与频数、工作经验、职务等的变化而变化。

第三节　中职教师参与职业启蒙教育的工作动机的激发策略

中职学校具有参与职业启蒙教育的先天资源优势，中职教师作为中职学校的核心资源，应该积极参与职业启蒙教育。基于对中职教师参与职业启蒙教育教师的工作动机影响因素的分析，为了能更好地激发中职教师参与职业启蒙教育的工作积极性，中职学校应从更新学校管理要素、统筹多元主体参与、同步创新校园文化等方面入手，从数量和质量两方面整顿参与职业启蒙教育的中职教师师资队伍。

一、更新学校管理要素，制度保障教师发展

中职学校对职业启蒙教育管理的缺失是中职教师参与职业启蒙教育积极性较低的关键因素。完善的管理制度是中职教师参与职业启蒙教育的工作保障。中职教师工作没有保障，参与职业启蒙教育的工作积极性就会降低。因此，中职学校应重视教师培养培训、完善教师评价机制、优化教师激励措施，实现中职学校管理标准化与制度化，为中职教师参与职业启蒙教育提供坚实的制度保障，同时促使参与职业启蒙教育的中职教师养成良好的教学习惯。

（一）依托职前职后培训，服务教师专业发展

对参与职业启蒙教育的中职教师开展职前培养和职后培训，有助于优化中职教师知识结构，提高中职教师专业能力，增强中职教师教学效能感，提高中职教师专业素养。中职学校可以从培训模式、培训内容、培训制度以及培训时间等方面入手，优化针对参与职业启蒙教育的中职教师的职前培养与职后培训环节，实现职前培养与职后培训的一体化。

第一，增设职前培养环节。职前培养的目的在于使参与职业启蒙教育的中职教师对职业启蒙教育有一定的了解，具备一定的职业启蒙教育教学能力。中职学校应联合其他开展职业启蒙教育的中职学校组织成立职业启蒙教育教师培养班，聘请行业技术工匠为有意向参与职业启蒙教育的中职教师开展岗位技能实操课程；聘请有经验的参与职业启蒙教育的中职教师为有意向参与职业启蒙教育的教师传授教学经验；聘请职业启蒙教育领域专家学者为有意向参与职业启蒙教育的中职教师讲授职业启蒙教育基础理论知识；聘请普通中小学校骨干教师为有意向参与职业启蒙教育的中职教师讲解普通中小学生的学习特点及身

心发展规律,开展为期一个月左右的职业启蒙教育教师培养课程。除了在平时对中职教师表现进行打分,在课程即将结束时采取笔试和面试相结合的考试方式,对中职教师的专业知识、专业技能、教学素养进行综合考察。最终成绩为考试成绩和平时表现得分之和。将最终成绩分为 A、B、C 三个等级,最终成绩为 A 的中职教师可直接参与职业启蒙教育,并任命其为中职学校职业启蒙教育项目组负责人;最终成绩为 B 的中职教师可直接参与职业启蒙教育,不得任命其为中职学校职业启蒙教育项目组负责人;最终成绩为 C 的中职教师若想参与职业启蒙教育,需要再次进入职业启蒙教育培训班进行为期半个月的培训学习,最终成绩为 A 或 B 后,方可参与职业启蒙教育。

第二,全方位优化职后培训。一是积极创新培训模式。培训模式应多种多样,灵活新颖的培训模式更具吸引力。中职学校应灵活采取专家讲座、企业挂职或实践、职业启蒙教育场所参观学习、学术交流会议、线上远程培训等多种培训途径,有目的、有计划、有组织地为参与职业启蒙教育的中职教师提供多样化的培训机会,积极探索不同的培训模式,增加中职教师培训的感染力和吸引力。二是分类实施培训内容。培训内容的质量决定中职教师学习的效率,因此中职学校应以需求为导向,通过结合使用参与观察法、个案研究法等质性研究方法和问卷法、定量观察法等量性研究方法,针对在参与职业启蒙教育过程中的任课教师、行政管理教师、项目负责人等不同工作类别的中职教师,安全保卫服务、工艺美术、数字影像技术、中餐烹饪、旅游服务与管理、电子商务、医学生物技术、民航运输服务、机械加工技术等不同专业的中职教师,新入职教师、骨干教师等不同等级的中职教师,获取他们的培训需求,遵循中职教师成长规律,以合适、合理、合规为标准,遴选涵盖职业启蒙教育基本知识、师德教育、专业教育等方面优质的培训内容,提高对参与职业启蒙教育的中职教师培训的针对性和有效性。三是完善中职教师培训制度。中职教师培训制度可以起到督促中职教师学习的作用。中职学校可以建立中职教师培训学分管理制度。参与职业启蒙教育的中职教师每参加一次培训可以积攒相应的学分,所积攒的学分可以一定的换算指标在教师年终绩效考核、教师职称评审中换取相应的奖励。中职学校还可以建立配套的中职教师培训管理档案,记录中职教师参与职业启蒙教育相关培训的频率、形式、时间、地点、培训感悟等,这样不仅可以逐步实现中职教师培训的规范化管理,还能一定程度地激发中职教师学习职业启蒙教育的动力,提高中职教师教学能力。四是合理安排培训时间。通过访谈得知,参与职业启蒙教育的中职教师平时工作时间紧凑,工作压力较大,经常加班,如果中职学校再要求中职教师腾出工作时间参加职业启蒙教育相关培训，会引起教师的不满，进而影响中职教师培训效果。但如果只是无止境地加大中职教师工作量，不给中职教师提供学习进修的机会和时间，也难以保证中职教师的教学质量。所以，中职学校应做好协调工作，合理安排中职教师工作量，遵循自愿参与原则，定期组织中职教师参与培训，培训应对所有对职业启蒙教育感兴趣的中职教师开放。

（二）借助评价实施过程，监督教师工作质量

教师评价是对参与职业启蒙教育的中职教师工作现实的或潜在的价值做出判断的活动。职业启蒙教育作为教师工作的一部分，需要对其进行评价，以推进中职教师践行教书育人使命，激励中职教师终身学习。

首先，明确评价目的。对参与职业启蒙教育的中职教师的工作进行评价，可以为中职教师收集有关"中职教师做了什么"和"中职教师的工作成效"的相关信息，成为参与职业启蒙教育的中职教师提高教育质量的行事依据。有目的才会有前进的方向和动力。新课改强调教师发展性评价，也就是说，对参与职业启蒙教育的中职教师的工作进行评价不仅仅是为了获取中职教师的工作成绩，了解参与职业启蒙教育的中职教师在某一学年总共参加了几次职业启蒙教育活动、参加了几次教育培训、发表了几篇论文等，评价的最终目的是总结经验教训，取长补短，提高职业启蒙教育教学水平，为学生提供更好的职业启蒙教育服务。

其次，完善评价内容。各级各类中职学校应以国家制定的总体评价指标和评价内容为基本导向，依据自身学校发展实际情况和中职教师成长规律，因地制宜，选取适合参与职业启蒙教育的中职教师的评价内容，明确参与职业启蒙教育的中职教师行为准则。评价内容杜绝单一化现象，破除"五维"倾向，依据职业启蒙教育特色，对职业启蒙教育课程开发、职业启蒙教育教材研发、教学计划制订、教学道具准备、教学互动效果、教学资源配置、学生管理与服务、教学反思等各个环节进行评价，对参与职业启蒙教育的中职教师的师德师风、职业素养、职业知识、职业技能、职业认知等全方位进行评价，实现评价内容全面化。

再次，实现评价主体多元化。由于职业启蒙教育参与主体具有多元化特征，所以不能将中职学校的评价结果作为对参与职业启蒙教育的中职教师工作评价的唯一依据，应该从建立校企合作关系的企业、职业启蒙教育受教育者、合作的普通中小学教师、职业启蒙教育科研机构、职业启蒙教育场所等各主体中分别聘请一至两位专家学者成立职业启蒙教育评价委员会，合理安排多元主体评价权重，汲取多方面意见，实现对参与职业启蒙教育的中职教师工作评价的公平、公正与公开。

最后,注重运用综合评价。综合评价强调用发展、变化的眼光对参与职业启蒙教育的中职教师的所有工作进行长期的、系统的、全面的评价。目前,虽然少数中职教师参与职业启蒙教育的工作频次为一月一次,大部分为一学年一次,中职教师参与职业启蒙教育的工作频次较低,工作间隔时间较长,但是中职教师参与职业启蒙教育不是短期的,是长期的、复杂的、连续的,仅仅依靠一次或者两次的教师工作评价无法解释某一中职教师参与职业启蒙教育的常规工作状态,也无法避免由于晕轮效应和趋同效应所带来的评价偏差。所以,应采取综合评价方式对参与职业启蒙教育的中职教师工作进行评价。一是,完善职业启蒙教育领域同行、专家评议机制,注重参与职业启蒙教育的中职教师自我评价与中职教师团队评价相结合。二是,关注参与职业启蒙教育的中职教师的个体差异,为不同专业、不同级别参与职业启蒙教育的中职教师制定不同评价标准。

(三)优化物质精神激励,满足教师工作需要

美国著名学者迈德勒(Mertier)通过个案研究发现,因学区认可而授予的荣誉、因学生进步而得到的满足和激励、财政资助、专业发展动机是激励美国公立学校教师工作业绩和成效的关键因素。① 中职学校对参与职业启蒙教育的中职教师采取合适的激励措施不仅能激发现有参与职业启蒙教育的中职教师工作活力,还能吸引更多潜在的中职教师加入学校职业启蒙教育师资团队。

第一,明确相关物质激励。通过访谈得知,职业启蒙教育工作占用中职教师大量额外的时间,但中职学校极少给参与职业启蒙教育的中职教师发放物质补贴,这在一定程度上引起了中职教师的不满情绪。当今社会物价上涨、房价上涨,中职教师生活压力增加,基本物质生活需求强烈。因此,中职学校应做出改变,在可调控范围内,按照"优绩优酬"的原则满足参与职业启蒙教育的中职教师的生存需求。一是成立职业启蒙教育项目经费核算小组,对参与职业启蒙教育的中职教师的工作频次进行核算,按工作频次和工作时间给予教师一定的福利津贴补贴。二是借助中职教师参与职业启蒙教育的工作评价机制,在项目经费中设立职业启蒙教育专项,物质奖励对取得职业启蒙教育课程建设、教材研发、论文发表、比赛获奖等重大成果的中职教师倾斜。三是将职业启蒙教育工作与年度绩效考核、职称评聘、评优奖励挂钩,改善参与职业启蒙教育的中职教师的

① Mertier C A. An Alternative Classification Scheme for Teaching Performance Incentives Using a Factor Analytic Approach [EB/OL]. (2000-10-28) [2024-03-09]. http://files. eric. ed. gov/fulltext/ED447107. pdf.

薪酬待遇。四是联合企业、校外职业启蒙教育场所、社区为参与职业启蒙教育的中职教师介绍兼职机会，通过兼职增加收入弥补正常收入的不足。①

第二，灵活运用精神激励。教师职业的道德特性表明教师工作需要有来自精神层面的尊重与支持。② 中职学校应给予参与职业启蒙教育的中职教师一定的荣誉称号以示嘉奖，而且精神激励应面向全部参与职业启蒙教育的中职教师，不能失之偏颇。一是中职学校每年召开一次教师表彰大会，评选出学校年度优秀参与职业启蒙教育的中职教师，授予其年度最受学生欢迎的中职教师、年度论文发表数量最多的中职教师、年度进步最大的中职教师、年度联系资源最广的中职教师、年度开发职业启蒙教育课程最多的中职教师等不同层次、不同类别的荣誉称号，满足参与职业启蒙教育的中职教师的心理和精神需求。二是任命年度优秀参与职业启蒙教育的中职教师担任中职学校职业启蒙教育教研组组长、职业启蒙教育项目负责人等重要职位，给中职教师提供发挥潜能和特长的平台，使中职教师获得自尊和他尊。三是在工作遇到困境时，中职学校领导应及时关心、鼓励参与职业启蒙教育的中职教师。我国职业启蒙教育发展正处于上升期，可借鉴经验不足，参与职业启蒙教育的中职教师在工作时难免遇到课程设计、教材选取、经费不足、师资力量不够等困境，此时学校领导应及时听取中职教师意见，协助中职教师共渡难关。

二、统筹多元主体参与，实现资源整合到位

职业启蒙教育本身就是一个涉及政府、普通中小学、职业院校、企业、家长、学生、教师等多元主体的教育活动，具有影响力深远、涉及范围广的特点。众人拾柴火焰高。只有凝聚多元主体力量，发挥多元主体各自价值，才能为职业启蒙教育发展提供充足的人力资源、信息资源、物力资源与财力资源，营造良好社会氛围，巩固职业启蒙教育社会地位，提振中职教师参与职业启蒙教育的信心。

（一）联合政府教育部门，争取政府政策支持

政策具有导向、分配、管制、调控等功能。职业启蒙教育相关政策对职业启蒙教育多元主体既能起到行为上的引导作用，也能起到思想观念上的引导作用，还能约束职业启蒙教育多元主体的行为。然而，当前职业启蒙教育相关政策文

---

① 李宝斌，许晓东. 基于需求因子分析的高校教师激励措施探究[J]. 高等工程教育研究，2013(3)：141.

② 周兆海，邬志辉. 教师激励的理念转向与策略优化[J]. 教育科学，2019，35(1)：63-67.

件严重缺失,所以中职学校可以借助学校所在区域政府教育部门的力量,建议政府围绕拓展政策制定范围、扩大政策宣传范围、监督政策执行效果入手,优化职业启蒙教育政策环境。

首先,拓宽政策制定的范围。一是在政策制定前,应广泛听取职业院校负责人、职业院校参与职业启蒙教育的教师、普通中小学教师、协助职业院校开展职业启蒙教育的企业、参与职业启蒙教育的学生及其家长、职业启蒙教育场所等职业启蒙教育多元主体的建议,确保政策制定信息公开、过程透明。二是政策制定应涵盖开展职业启蒙教育的经费标准、承办主体的遴选标准与应有职责、教学评价指标、教师的资格准入制度与培养指南、课程的建设标准、活动的设计原则、场所开设的规范标准等影响职业启蒙教育可持续性发展的元素,确保政策内容全面,实现政策内容全覆盖。

其次,加大政策宣传力度。令普通中小学校、普通中小学生及其家长、已经或者准备与中职学校建立校企合作关系的企业、中职教师等社会公众更好了解职业启蒙教育相关政策,有利于让政策更好地转化为群众便利。然而有研究发现,中职教师对职业启蒙教育相关政策的认知度较低。[①] 因此,中央政府要利用中央权威,发动各层级政府力量,令各层级政府联合区域中职学校,借助报刊、电视网络、新媒体的力量,定期召开政策宣讲大会,向参与职业启蒙教育的中职教师、组织职业启蒙教育的中职学校负责人、职业启蒙教育区域负责人等成员宣传、讲解最新国家政策。

最后,强化政策执行的监督力度。美国学者艾利森认为,在达到政策目标的过程中,政策方案确定的功能只占 10%,而其余的 90% 则取决于有效的执行。[②] 政策的执行效果会影响到职业启蒙教育的发展情况,完善的监督体系是确保政策民主化、权威化、落地化的重要保障。因此,各层级政府及其内部各职能部门可以从监督形式、监督范围、监督环境等方面出发优化监督资源配置,促进职业启蒙教育相关政策的落地。一是完善公众监督、社会团体监督、法律监督、舆论监督等多样化的监督形式,引导各主体通过新闻媒体曝光、检举、揭发、控告等途径定期监督不同层级政府的行为规范,及时发现并修复职业启蒙教育相关政策落实不到位的漏洞。二是实现监督范围全覆盖。"全覆盖"指对涉及职业启蒙教

① 高山艳. 中职学校面向中小学开展职业启蒙教育的现状研究——基于北京市 11 个区 19 所中职学校的调查[J]. 中国职业技术教育,2021(10):49-57.
② 丁煌. 政策执行[J]. 中国行政管理,1991(11):38-45.

育政策执行的不同层级政府以及政府内各职能部门等所有主体进行监督,平等对待每一个主体。三是优化监督环境。一方面,通过开展线下会议、播放视频、组织在线学习理论知识等途径加强对不同层级政府的自我监督宣传教育,提升自我监督意识,督促不同层级政府将辖区的职业启蒙教育事权落实到位。另一方面,监察委员会应发挥监督作用,设立考评机制,量化不同层级政府的职业启蒙教育事权行使状态,并将其列入不同层级政府的日常工作考察范围。

(二)协同家校社企科研,扩大教育资源储备

根据资源依赖理论,组织的生存要从周围环境中吸取资源,只有与周围环境相互依存、相互作用才能达到目的。[①] 职业启蒙教育和中职学校都根植于社会,只有获得社会成员的支持,充分利用社会系统的资源,中职学校开展的职业启蒙教育才能发展得更好。所以,中职学校应凝聚参与校企合作的企业、职业启蒙教育领域的科研机构、参与职业启蒙教育的学生家长、参与职业启蒙教育的中职教师家庭等诸多社会力量,扩大职业启蒙教育资源储备。

首先,争取建立校企合作关系的企业参与指导,提升职业启蒙教育社会认同。中职学校发展职业启蒙教育离不开企业的帮助,企业发展也离不开中职学校的支持,不仅需要中职学校培养的高技术高技能人才,还需要高素养高涵养人才。中职学校发展和企业发展是相辅相成的,所以中职学校应建议企业开展校企合作、产教融合等项目积累的资源,积极参与中职学校职业启蒙教育建设,为职业启蒙教育开展提供场地、资金、技术、人才等方面的支持,实现企业和中职学校的合作共赢。一是建议企业为中职学校职业启蒙教育师资培训和职业启蒙教育开展提供企业生产基地、生产车间、实训室等场地。二是建议企业遴选优秀技术人员为参与职业启蒙教育的中职教师和中职生讲解行业前沿技术知识,训练教师实操能力,必要时可协助中职学校开展职业启蒙教育活动,为职业启蒙教育课程开发、基地建设等提供技术支持。三是建议企业为中职学校提供先进设备、原料等物质支持,解决职业启蒙教育课程实施过程中遇见的物力资源短缺问题,增加企业和中职学校合作密度。四是建议企业长期为中职学校职业启蒙教育发展提供一定比例的资金支持,以换取中职学校为企业提供的品牌宣传与技工培养服务,双方建立可持续性合作关系。

其次,吸引职业启蒙教育领域的科研机构参与,引导职业启蒙教育发展方

---

① 邱慧燕,柴江. 家校合作体系构建的要素、困境及路径[J]. 内蒙古社会科学,2021,42(6):179-186.

向。不仅党和国家对科学知识和卓越人才的渴望比以往任何时候都更加强烈①,身为职业启蒙教育承担主体之一的中职学校,对卓越人才的需求也是十分强烈的。职业启蒙教育发展需要科研人员贡献力量。对于已经与学校建立合作关系的科研机构、与学校具有潜在合作关系的科研机构以及处于职业启蒙教育领域权威的科研机构,中职学校应不遗余力争取与其建立密切协作关系,致力于打造中职学校职业启蒙教育特色品牌。一是抛出中职学校特色课程、特色校本教材、优势专业等亮点信息,吸引职业启蒙教育领域权威的科研机构协助中职学校进行职业启蒙教育资源整合、课程开发、教材研发、师资团队建设等工作。二是中职学校为参与职业启蒙教育建设的科研机构成立专门的科研经费基金,满足科研机构的经费需求,且科研经费向解决中职教师实际工作困扰和难题的科研机构成员倾斜,为科研机构做好职业启蒙教育相关理论研究和实践调研等科研工作提供经济保障。三是中职学校要引导现有合作科研机构积极参与中职学校组织的职业启蒙教育活动。要求科研机构坚持正确政治方向,提高政治判断力和领悟力。鼓励科研机构为职业启蒙教育教师提供参与学术研讨、专家讲座、课题交流的机会,为职业启蒙教育教师提供职业启蒙教育前沿知识、行业发展最新动态,让职业启蒙教育教师感受思想碰撞带来的愉悦感。鼓励科研机构深挖我国职业启蒙教育发展史,借鉴国外职业生涯教育发展经验,为发展具有中国特色的职业启蒙教育做准备,构建职业启蒙教育发展蓝图,提高学术成果国际影响力。鼓励科研机构坚持问题导向和批判性思维,提高自身专业性,争取进行职业启蒙教育前瞻性、储备性研究,为职业启蒙教育资源整合、课程开发、教材研发、师资团队建设等提供理论依据,把握成果转化自主权。

再次,鼓励学生家长参与,形成家校合作协同关系。中职学校学生会以中职教师助手的身份参与职业启蒙教育,锻炼自身职业技能。因而,职业启蒙教育涉及的学生家长不仅包括普通中小学学生家长,也包括中职学校的学生家长。2021年颁布的《关于进一步减轻义务教育阶段学生作业负担和校外培训负担的意见》强调要完善"家校社协同机制"。家校良好合作关系的建立可以协助拓展职业启蒙教育资源。中职学校应从以下几点出发,争取与普通中小学学生家长和中职学校学生家长建立良好的家校协同关系,为职业启蒙教育发展营造良好的社会环境,实现家长与中职学校的资源共享和互换。一是对于普通中小学学生家长,中职学校可以联合普通中小学教师,利用开展职业启蒙教育活动的契机

① 坚持走自己的高等教育发展道路[N]. 人民日报,2016-12-09(1).

向普通中小学学生家长宣传职业启蒙教育知识,使普通中小学学生乐于了解、接触职业启蒙教育,扭转普通中小学学生对职业教育的传统观念。鼓励普通中小学学生家长为子女准备好参与职业启蒙教育活动所需的物品。二是对于中职学校学生家长,中职学校可以利用家长会、家委会等途径向中职学校学生家长宣传职业启蒙教育知识,鼓励中职学校学生家长尊重子女的意见,支持子女协助中职教师参与职业启蒙教育活动,为子女讲解个人所从事的职业相关信息,满足子女职业体验需求,培育子女正确的职业观。鼓励中职学校学生家长利用人脉资源为中职学校牵线搭桥,根据不限地域、不限学校的原则介绍职业启蒙教育对象,拓展中职学校职业启蒙教育服务范围。

最后,协助中职教师争取家庭支持,为中职教师铸造坚强后盾。调查发现,中职教师参与职业启蒙教育会占用其休息时间,有时会影响到中职教师参与家庭活动。家庭和睦与家庭幸福是中职教师安心工作的前提条件,参与职业启蒙教育的中职教师需要获取来自家庭成员的支持。不能忽视的是,中职学校教师从事职业启蒙教育工作,不仅能提升个人职业技能,拓展职业知识,还能使中职教师了解更多不同种类的职业,意识到家庭成员在工作中的辛苦付出,与家庭成员有更多关于工作性质、工作时间、职业分类、职业优缺点等方面的共同话题,还能协助子女做好职业生涯规划。因此,中职学校应该协助中职教师获取家庭成员的支持。一是在开展职业启蒙教育活动中,允许参与职业启蒙教育的中职教师为个人子女报名参加职业启蒙教育活动,消除中职教师工作时的后顾之忧,使中职教师全身心投入职业启蒙教育工作中。二是允许参与职业启蒙教育的中职教师的家属协助中职教师开展职业启蒙教育活动,且中职学校应根据工作量为参与职业启蒙教育的中职教师的家属发放一定的物质奖励或精神奖励,鼓励其继续支持中职教师的工作。三是在参与职业启蒙教育的中职教师遇到烦心事时,鼓励其家属通过言语沟通方式开导,可以通过带领中职教师外出旅游、户外露营等方式放松心情,舒缓紧张、消极情绪。四是中职学校为参与职业启蒙教育的中职教师组织团建活动,号召中职教师携带家属参与,为中职教师创造家庭聚会机会。五是组织参与职业启蒙教育的中职教师的家属参观、体验、感受中职教师的工作环境,使其体会中职教师的工作状况。

三、同步创新校园文化,深化教师职业认知

职业认知是围绕职业形成的对职业内在特性和外在特征的规范性认知,包括职业本质认知、职业规范认知和职业资格认知三部分,对个人职业观的形成、

职业选择、努力程度、敬业状况等产生重要影响。[①] 同理,中职教师对职业启蒙教育工作的认知是否正确会影响中职教师的职业选择以及工作状态。中职学校校园文化具有强烈的塑造中职教师、引领中职教师、影响中职教师的作用。所以,中职学校应依托校园文化建设,围绕职业本质认知、职业规范认知和职业资格认知三部分内容深化参与职业启蒙教育的中职教师的职业认知。

(一)坚持理论与实践结合,端正教师职业观念

职业观是人们对职业的意义、价值、本质等问题的基本看法,直接影响到人们的职业选择和职业态度。[②] 端正参与职业启蒙教育的中职教师的职业观,有助于中职教师对职业启蒙教育的社会价值及其本质有清晰的认识,激起中职教师对职业启蒙教育的兴趣和爱好,做到学一行、爱一行、精一行。

首先,将理论与实践相结合,引导参与职业启蒙教育的中职教师树立正确的职业观。一是理论知识方面,中职学校统一为参与职业启蒙教育的中职教师订购相关书籍以及刊录职业启蒙教育论文的期刊,督促中职教师学习职业启蒙教育前沿知识,了解职业启蒙教育发展最新动态。二是实践学习方面,中职学校统一组织参与职业启蒙教育的中职教师到职业启蒙教育场所参观学习、听课记录,感受职业启蒙教育课堂氛围,沉浸式体验职业启蒙教育教学状态。三是在理论和实践学习的基础上,开展职业启蒙教育系列征文比赛、演讲比赛、教学设计比赛、专题讨论等活动,加深中职教师对职业启蒙教育的理解。

其次,着手解决实际问题,使参与职业启蒙教育的中职教师认识到职业启蒙教育的社会价值。秉持与时俱进的原则,不同级别中职学校可以联合起来,委托区域政府依托互联网大数据平台成立职业启蒙教育事务数据库,精准掌握职业启蒙教育发展困境问题底数,捕捉全国各地的职业启蒙教育发展问题并对其进行分析、归类和整理,使不同级别中职学校能时刻了解职业启蒙教育发展现状,根据参与职业启蒙教育的中职教师数量、机构建设、基地建设等的动态变化,及时调整中职学校职业启蒙教育发展格局。

最后,满足教师需求,使参与职业启蒙教育的中职教师认识到自身教书育人的价值。只有当心灵忠实地拥护精神生活的事业,反对一种异己的或至少不令人满意的世俗的造作时,人的禀赋才能变成不只是一种被动的态度或单纯的劳

---

① 陈辉. 公务员职业认知与公务员管理对策的完善[J]. 理论探讨,2016(2):141-146.

② 唐永泽. 高职院校尤其应当重视和加强职业观教育[J]. 中国高等教育,2005(22):39.

动准备状态,而是成为一种完整的行动,成为无论何种行动的灵魂。① 中职学校应及时满足参与职业启蒙教育的中职教师的发展需求,增加中职教师工作幸福感,使中职教师喜爱职业启蒙教育工作,体会教学的乐趣。

(二)引导处理人际关系,坚守职业道德规范

教师职业道德规范是社会规范的一种②,由国家或教育行业行政部门颁布的,教师在从事教师专业工作时应该遵守的价值取向、基本原则和行为规范③。中职学校应从职业道德规范视角出发,协助参与职业启蒙教育的中职教师解决在工作中面临的关系问题,包括参与职业启蒙教育的中职教师与国家职业启蒙教育事业及领导、同事、学生、社会大众的关系等。

首先,在对待与国家职业启蒙教育事业的关系时,中职学校应引导参与职业启蒙教育的中职教师做到在不违背国家法律法规的前提下,既要有远大的理想抱负,也要脚踏实地,兢兢业业,以高标准要求自己,攻克职业启蒙教育难关,为国家职业启蒙教育事业贡献力量。

其次,在对待与同事、领导的关系时,中职学校应引导参与职业启蒙教育的中职教师做到在不妨碍其他同事正常工作的前提下,既要做好自我监督工作,又要监督他人行为,对任何违背中职教师道德底线的行为持"零容忍"态度,如私下乱收费、未经过任职学校允许在其他营利性职业启蒙教育机构挂名任教等现象。建议中职学校设立"黑名单"制度,参与职业启蒙教育的中职教师一旦被拉入"黑名单",则终身不得从事职业启蒙教育工作,整个教师行业都不能接受其任职,为大家营造一个良好的工作环境。

再次,在对待与学生的关系时,中职学校应引导参与职业启蒙教育的中职教师做到在不体罚学生、不歧视学生的前提下,既要想办法在职业启蒙教育课堂上调动学生积极性,也要课后总结经验、自我反思,平等对待每一位学生,认真聆听学生的职业理想,引导学生形成正确的职业认知。

最后,在对待与社会大众的关系时,中职学校应引导参与职业启蒙教育的中职教师做到在不排斥、不诽谤的前提下,既要尊重他人意见,也要懂得维护个人利益。积极主动与家庭、学生家长、企业、科研人员等社会大众进行沟通交流,了

---

① 奥伊肯. 生活的意义与价值[M]. 万以,译. 上海:上海译文出版社,1997:89.

② 徐亚平. 伦理学[M]. 上海:上海交通大学出版社,2002:92.

③ 傅维利,朱宁波. 试论我国教师职业道德规范的基本体系和内容[J]. 中国教育学刊,2003 (2):55.

解大家对职业启蒙教育的看法和态度,取其精华去其糟粕,采纳合理建议。

（三）制定教师资格制度,保障职业资格认知

教师资格制度是对教师实行的法定的执业许可证,是国家对专门从事教育教学工作人员的最基本要求。[①] 制定职业启蒙教育教师资格制度的目的是遴选集职业理论知识、师范教学、职业技能、人际协调等于一体的职业启蒙教育师资力量,服务职业启蒙教育高质量发展。所以,中职学校应致力于协助政府教育部门制定职业启蒙教育教师资格制度。

首先,标准制定步骤要严谨。中职学校应为政府教育部门推荐了解职业启蒙教育的科研工作人员、政府相关部门工作人员、职业学校教师等作为职业启蒙教育教师资格标准制定主体,督促政府教育部门成立职业启蒙教育教师资格标准制定小组,建议通过研讨交流,初步拟定职业启蒙教育教师资格标准草稿,将草稿公布在中华人民共和国教育部官网,面向社会大众征求意见。意见征求结束后,职业启蒙教育教师资格标准制定小组根据实际情况采纳合理建议,进一步修改职业启蒙教育教师资格标准。

其次,配套教师资格考试制度。中职学校应向政府教育部门提议:一是将职业启蒙教育教师资格证书考试列入国家教师资格证书考试之中,采取笔试与面试相结合的方式选拔人才。二是参照国家教师资格证书考试内容,职业启蒙教育教师资格证书笔试考试内容应包括综合素质、教育教学知识与能力、职业启蒙教育专业知识等内容,面试打分标准应包括仪容仪表、言语表达、教学设计、教学实施、教学评价、职业认知、心理素质、思维品质等内容。笔试和面试都合格者可颁发职业启蒙教育教师资格证书。三是注重教师资格考试内容的时效性,及时更新考试内容。

最后,明确教师培训要求。获得职业启蒙教育教师资格证书只是迈过了职业启蒙教育教师准入门槛,中职学校还要组织教师进行职前培训与在职培训,使职业启蒙教育教师不断接受新知识、新规范的教育。职前培训时间不能少于一个月,培训方式为学校集中培训。在职培训每三年组织一次,每次培训时间最少为一周。

---

① 李子江,张斌贤. 我国教师资格制度建设:问题与对策[J]. 教育研究,2008(10):43.

第五章　谁在影响学生的职业选择？

——基于家庭社会经济地位、父母教养方式与学生职业生涯发展关系的研究

随着国家日益加强对职业启蒙教育的关注,中职学生的职业生涯规划也愈发受到重视。职业探索的内涵是指个体为了实现自己的职业目标而进行的某种身体或心理活动。作为中职学生职业选择的重要组成部分,中职学生的职业探索不仅有助于中职毕业生与我国劳动力市场的匹配,还有助于学生个人的未来职业生涯发展,以及学生个人社会化的发展。因此,本章将中职学生作为研究对象,用问卷调查法探讨家庭因素对中职生职业探索的影响。本章先用文献分析法了解职业探索的相关研究;随后抽取浙江省各地的 436 名中职生进行问卷调查;同时结合访谈法深入探讨家庭社会经济地位、父母教养方式对中职生职业探索的具体影响。通过研究所得,本章建议中职生应积极主动地探索自己未来的职业,并在探索过程中调整好自己的职业价值观,中职院校与家长对于中职生职业探索过程中可能出现的问题应提前做出指导,提高中职生的职业探索水平,为中职生未来的职业选择做好准备。

第一节　质性研究设计

一、方法的选取

质性研究是心理学研究的一种基本范式,与量化研究通过数据分析来验证研究者的某些理论假设不同,质性研究一开始不预设研究假设,在不带主观预判的前提下,将研究者本人作为一种调研工具,在自然情境下通过采集与研究主题相关的各类资料,在整体上对研究主题进行深入研究。在质性研究的过程中,研究者使用归纳分析法,对收集的各类信息进行分析从而形成理论;与此同时,研究者通过和研究对象进行亲密互动,可以更好地理解研究对象的行为特征和心理特征。

二、研究对象的选择

考虑到中职学校的学生在不同年级所面临的主要任务不尽相同,高一、高二学生的主要任务主要是理论课、专业课知识的学习,而高三的学生要面对升学、就业等选择,相对而言中职学校高三学生对于职业探索这一问题较为紧迫,因此研究对象主要选取高三学生。通过多番了解,研究者选择了自己任教的两个班级的其中 3 名学生,他们对这个主题有一定的谈论兴趣。在后续的研究对象选取过程中,通过奔赴温州、丽水调研,又陆陆续续选取了 12 名研究对象,总共 15 名研究对象,具体的受访者个人信息见表 5-1。

表 5-1　受访者资本资料

序号	姓名	性别	年龄	是否独生	寄养经历	家庭情况	教养方式	访谈形式
1	金 *	男	25	是	有	完整	权威	面谈
2	杨 *	女	18	否	有	完整	专制	面谈
3	杨 *	女	18	否	无	完整	宽容	面谈
4	汪 *	男	18	是	有	离异	专制	面谈
5	钱 *	男	18	是	无	离异	宽容	面谈
6	郭 *	女	18	否	有	完整	权威	面谈
7	乔 *	男	18	是	无	完整	权威	面谈
8	齐 *	女	21	否	有	完整	权威	面谈
9	金 *	女	16	是	无	完整	权威	面谈
10	余 *	女	18	否	无	完整	权威	面谈
11	胡 *	男	18	是	有	完整	权威	面谈
12	邹 *	女	25	否	有	完整	宽容	面谈
13	何 *	男	17	是	有	完整	权威	面谈
14	王 *	男	18	是	无	完整	权威	面谈
15	韩 *	女	17	是	无	完整	宽容	面谈

三、资料的收集

资料主要是通过访谈笔录与录音收集得到,访谈方式主要是以开放式访谈、半结构式访谈为主,访谈提纲主要涉及的问题如下:现阶段,关于学习或工作发展方面有哪些具体困惑?为什么会产生这些困惑?为了解决这些困惑,你具体采取了哪些措施去应对?你的家人有没有帮助你应对这些困惑?家人具体为你提供了哪些帮助?

为了提高样本研究的广泛性,研究者的访谈对象主要由两部分群体组成。一部分是目前在中职学校就读高三的学生,另外一部分则是刚走上社会工作或是已经工作了好几年的中职学校毕业生。针对高三学生,第一次资料收集的主要途径是半结构式访谈,时间为中职学校开学的第一个月内。由于这是研究者与这些访谈对象的第一次面对面接触,所以为了避免访谈进行过程中的尴尬,研究者先与这些学生的班主任取得了联系。研究者在他们周五开主题班会的时候,作为班会活动的副主持人,协助班主任上班会课,从而与这些学生打破隔阂,渐渐熟悉起来。随着班会结束,研究者就同这些同学进行了第一次访谈。其间主要是同访谈对象大致聊了些关于高三毕业后,会做些什么,对自己的专业感不感兴趣,会不会从事与专业相关的工作等方面。由于是第一次见面,所以并没有询问这些学生很多关于家庭方面的内容。访谈结束后,研究者询问了每一位访谈对象的联系方式,以便下一次约时间访谈。第二次资料收集,主要是用短信或者微信方式将访谈提纲发送给之前的访谈对象,通过短信或微信进行交流。询问时间距上次访谈相距1—2周,询问的主题是个人的家庭情况。资料收集的目的是补充第一次的访谈资料。第三次进行资料收集是开展第二次面对面访谈,目的主要是进一步了解这些中职学生的家庭因素,以及这些家庭因素对中职学生的具体影响。

四、资料的整理与分析

访谈开始前,受访者需填写个人基本信息表,研究者在征得受访者的同意后,对访谈的全过程进行录音,同时对访谈过程中的关键信息进行笔录。访谈后要尽快备份相应的录音,整理记录的笔记,使用MAXQDA质性分析软件将访谈录音转录成文本信息。值得注意的是,软件在进行转码的过程中可能会有错误,因此研究者必须对访谈录音进行多次反复听取,修正软件在将录音转化为文字上的失误。在整理访谈资料的过程中,要对可识别研究对象身份的信息进行隐藏。最后对转录的访谈稿反复整理与分析,在这一轮文本分析的过程中,要用一种开放式的态度,全身心地投入,同时注意摒弃自己一开始所带的预设和主观看法。

五、研究结果与分析

在本研究中,对家庭社会经济地位的测量包括了家庭收入和父母受教育水平,家庭收入和家庭经济条件密切相关。为了方便进行访谈,在访谈前,研究者向 15 名受访者发放了基本信息调查表,采用鲍姆林德(Baumrind)对于父母教养方式的分类方法,将父母教养方式分为权威型、专制型、宽容放任型三种类型,让受访者进行选择,方便后续的深入访谈。以下的访谈结果主要是分析不同的家庭经济条件、父母受教育水平、家庭教养方式等因素对中职生职业探索的影响。

由于家庭经济条件的不同,为子女提供的相应的生活环境也不同。总体来看,家庭经济条件会影响中职生的职业探索,家庭经济条件较为优越的家庭能够给子女提供更多的职业选择机会,使得子女有更大的职业选择自由。和余受访者一毕业就想去上班相比,胡受访者有更大的职业选择自由,余受访者想到妈妈照顾三个孩子比较辛苦,就迫切希望找一份工作,没有很好地考虑自己究竟喜欢什么、擅长什么,这一迫切心理限制了她的职业探索,而没有去考虑未来的职业发展。如果她不那么着急,可以在学校时仔细思考自己究竟喜欢什么,多去参加多种多样的实践活动,可能她会有不一样的想法。

胡受访者的家庭条件要比余受访者好得多,又是独生子女,父母对他抱有很大的期望。在对于未来的职业探索过程中,胡受访者有明确的自主意识,他知道自己喜欢电子商务专业,有意向从事相关工作,并且有充足的时间去大学里进一步深入学习。他还和研究者谈起了自己的创业想法,表明他对于未来的职业探索有很多的思考。在物质上,胡受访者能够得到更多的家庭支持,在创业想法上,父母也能为其提供金钱方面的帮助,而且现在国家也有很多政策支持,相信他只要不断积累自己的学习和工作经验,提高自身的能力,在毕业时就可以认真思考创业的项目了。

六、分析与小结

父母教养方式对于孩子的成长具有不可忽视的作用,研究表明父母教养方式对孩子成长过程中的性格特征、自我概念、认知发展、心理健康等具有很大的影响。本研究发现,权威型父母教养方式中的权威并不是威胁、强迫,而是对子女的尊重与关爱,这种权威是通过亲子间的持续沟通、交流而建立的。父母尊重孩子的独立意识,给孩子一定的自由空间,对孩子提出较少的要求,用较为温柔的态度教导孩子。在教育孩子的过程中,既要坚持自己的合理要求,又要尊重孩子的独立意识和自主意识，遇到和孩子意见不一致时，会坐下来和孩子一起谈论，了解孩子的想法。专制型教养方式的父母从小会给孩子制定很多的目标和要求，而且用一种较为严厉的方式教育孩子，这样的教养方式会形成两种情况。一种情况是孩子较为听话，在面对重要抉择时，听从父母的意见；另一种情况是造成孩子产生逆反心理，在面对重要抉择时，偏不听从父母的意见，坚持自己的想法，从而导致亲子冲突。宽容放任型教养方式主要是因为父母对孩子疏于管教，父母一般不会高标准、严格要求孩子做什么，因此孩子有较多的自由。三种教养方式相比较而言，权威型教养方式是一种较好的教养方式，能够帮助孩子培养独立意识。

父母教养方式会影响中职生的心理状态，心理状态的好坏会对学生的职业探索造成一定的影响。齐受访者来自权威性教养方式的家庭，齐受访者和父母之间的感情较好，在找工作时父亲给了她许多的指导和鼓励，当她开始学习做账而感到很烦躁的时候，父母会一直在她身边安慰和鼓励，家人的陪伴与鼓励对齐受访者心理状态的调整起到积极的作用。并且，父母在齐受访者选择专业和找工作的时候都没有干涉她，而是让她自由选择，这对于齐受访者独立意识的培养有重要作用。在专制型的家庭教养方式下，父母对孩子的干涉较多，孩子很少有选择的自由，杨受访者就是一个典型的例子，由于母亲一直以来都较为强势，使得杨受访者明明不喜欢自己所学的专业，也不想从事与所学专业相关的工作，但是不敢和母亲直说，觉得母亲不能理解自己。即使自己对于职业探索充满了迷茫，而且有一定的焦虑情绪，也不敢主动和母亲谈论自己的想法。来自宽容放任型教养方式家庭的杨受访者，由于父母长期不在身边，使得她与父母之间的关系比较疏远，身边的爷爷奶奶对于自己找工作也不会过多干涉，使得杨受访者有足够的自由选择自己的职业。不过由于很多事情都是由自己决定，使得她的心中有一定的不安感，在职业探索过程中表现出来的就是自信心不足。

通过对这几个中职生的案例分析，我们感受到了不同家庭教养方式会对孩子产生截然不同的影响，体现了家庭教养方式的重要作用。权威型的教养方式有利于孩子的成长，而专制型和宽容放任型的教养方式都会对孩子产生一定的消极影响。这启示我们在日后对中职生进行职业生涯规划指导的过程中，要重视父母教养方式的作用，要对家长进行培训指导，让家长明白应该采取权威型的教养方式对孩子进行教育，通过父母教养方式的改变，尽量发挥家庭教育的积极作用。

第二节　量化研究设计

一、研究目的和研究架构

（一）研究目的

对于中职生的职业探索，学校的职业生涯指导课程固然重要，但家庭环境的重要性也不能忽视。本研究通过文献分析法、问卷调查法、深入访谈法研究中职生家庭因素对其职业探索的影响。一方面，能够让中职生的父母明白家庭教育的必要性，从而不断学习有关职业指导的相关知识，帮助孩子获取更多的家庭鼓励与支持；另一方面，通过本研究能帮助中职学校更好地了解学生职业探索的现状，从而帮助学校为学生提供更具实践意义的职业生涯规划辅导。

（二）研究架构

根据本研究的研究目的，在整理有关文献的基础上，发现父母教养方式和家庭社会经济地位是非常重要的两种家庭因素。本研究用问卷调查的方式，对436名浙江省中职生的职业探索、父母教养方式、家庭社会经济地位的现状进行调查；随后，用 SPSS 和结构方程模型来分析这几个变量之间的关系。

（三）研究假设

本研究以中职生为研究对象，对中职生的职业探索水平进行测量，希望能够真实、全面地了解现阶段中职生的职业探索现状及特点。在其他已有研究的基础上，本研究提出以下假设。

假设一：中职生职业探索在性别、年级、是否独生、家庭所在地等人口学变量方面存在一定差异。

假设二：中职生父母教养方式、家庭社会经济地位在性别、年级、是否独生、家庭所在地等人口学变量方面存在一定差异。

假设三：中职生职业探索、父母教养方式与家庭社会经济地位存在两两之间的相关。

假设四：中职生父母的教养方式在家庭社会经济地位与中职生职业探索之间起中介作用。

（四）研究对象

本研究主要在浙江省展开，采用随机抽样法，抽取了浙江省杭州市、丽水市、温州市等地的多所中职学校学生进行问卷调查。共发放问卷 500 份,回收问卷 487 份,经筛选剔除无效问卷 51 份,有效问卷共 436 份,有效率为 89.5%。其中男生 251 人,女生 185 人,其他人口学变量信息详见表 5-2。

表 5-2　样本人口学变量分布($N=436$)

属性	类别	人数	占比/%
性别	男	251	57.6
	女	185	42.4
年级	高一	187	42.9
	高二	131	30.0
	高三	118	27.1
是否独生	是	280	64.2
	否	156	35.8
家庭所在地	农村	264	60.6
	城市	172	39.4
父亲文化	本科及以上	53	12.2
	大专	89	20.4
	高中/中专	198	45.4
	初中及以下	96	22.0
母亲文化	本科及以上	47	10.8
	大专	109	25.0
	高中/中专	157	36.0
	初中及以下	123	28.2

五、研究工具

(一)职业探索量表

职业探索量表用于测量学生的职业探索水平,问卷包括环境探索、自我探索、探索信念、探索意向和自我—环境匹配度探索五个维度。其中,环境探索主要是指对各种类型职业的具体工作内容、工作状态、工作性质以及未来发展前景等相关信息的掌握。自我探索主要是对自己的能力、兴趣、性格特征、价值观等方面进行了解。探索意向是指个人在职业探索与职业选择过程中,进行职业探索行为的主动性。探索信念是指个体是否觉得职业探索对自己来说很重要。自我—环境匹配度探索指个体在清楚地认知自我的前提下，寻找符合自身特征的未来职业方向。问卷采用 5 点计分法，根据程度的不同，记为 1—5 分。各维度的 Cronbach's α 系数为 0.78,0.83,0.91,0.84,0.79；分半系数为 0.74,0.80,0.83,0.81,0.86。

（二）简式父母教养方式量表

简式父母教养方式问卷中文版（s-EMBU-C）由蒋奖等[1]在阿林德尔（Arrindell）等人的简式父母教养方式（s-EMBU）和父母教养方式（EMBU）中国版的基础上进行翻译并检验得出。分为父亲量表和母亲量表，一共包括 21 个题目（父母两个量表题目相同）。父亲量表包括三个维度：父亲情感温暖、父亲拒绝、父亲过度保护；母亲量表包括三个维度：母亲情感温暖、母亲拒绝、母亲过度保护。采用 4 级计分法，1 代表"从不"，2 代表"偶尔"，3 代表"经常"，4 代表"总是"，各维度的 Cronbach's α 系数在 0.72—0.84，分半系数为在 0.71—0.83。该量表的优势在于题目数量较为适中，适合群体广泛，包括中学生和大学生等。

（三）家庭社会经济地位调查问卷

家庭社会经济地位调查问卷参照张云运、骆方等的研究[2]，主要测量家庭收入和父母受教育水平这两个维度。根据钟景迅、黄斌等的研究[3]，将家庭月收入、父亲受教育程度和母亲受教育程度作为测量家庭社会经济地位指数的指标，得分越高表明家庭社会经济地位越高。我国的职业分类标准不太明确，所以不把父母职业纳入测量指标。该调查问卷具体由三道题目构成，分别是父亲和母亲的受教育水平及家庭月收入三个题目。题目根据"初中及以下""高中/中专""大专""本科及以上"，进行 4 点计分。本研究所调查的家庭月收入，以徐夫真、张文新等的相关研究[4]为参考，结合全国居民月收入情况，划分为"1000 元以下""1000—2000 元""2001—3000 元""3001—4000 元""4001—5000 元""5001—

① 蒋奖,鲁峥嵘,蒋苾菁,等.简式父母教养方式问卷中文版的初步修订[J].心理发展与教育,2010,26(1):94-99.
② 张云运,骆方,陶沙,等.家庭社会经济地位与父母教育投资对流动儿童学业成就的影响[J].心理科学,2015,38(1):19-26.
③ 钟景迅,黄斌.学生社会经济地位的概念、测量及其应用研究综述[J].全球教育展望,2012,41(12):31-39.
④ 徐夫真,张文新,张玲玲.家庭功能对青少年疏离感的影响:有调节的中介效应[J].心理学报,2009,41(12):1165-1174.

6000 元""6001—7000 元""7001—8000 元""8001—10000 元""10000—20000 元""20000 元以上"。

（四）研究程序

进行团体施测，主试由所抽取班级的班主任担任，问卷由班主任进行发放。要求主试在施测前，就具体填写的事宜进行解释，在被试填写的过程中，若是有疑问，可以及时向主试提问，帮助被试完成问卷。

操作时基本按照如下步骤：①介绍测验的背景，帮助被试理解测试主题。②分发问卷，说明具体填写要求。提醒被试问卷的正反两面都有题目，上交前记得查看有无漏题。③开始答题。④回收问卷。

六、数据分析

本研究采用 SPSS17.0 和 AMOS23.0 软件进行数据分析，对原始数据进行录入、整理，并进行基本的数据统计分析。本研究所采用的统计分析方法主要有描述性统计分析、独立样本 t 检验、方差分析、各变量之间的相关分析、结构方程模型设计等。

第三节 研究结果分析

一、中职生职业探索的现状分析

（一）中职生职业探索的基本情况分析

职业探索各个维度根据程度由低到高，采用 5 级计分法，分数越高，代表中职生职业探索水平越高。由表 5-3 可知，中职生职业探索整体水平、探索信念、探索意向、自我探索、环境探索、自我—环境匹配度探索的平均分分别为 2.393、2.309、2.515、2.276、2.35、2.513，其中中职生自我探索的平均分最低，中职生的探索意向得分最高，探索意向的平均分最高，但是均低于 3 分，表明中职学生的职业探索水平整体一般。

表 5-3　中职生职业探索的基本情况分析（$N=436$）

中职生职业探索	M	SD
探索信念	2.309	0.799
探索意向	2.515	0.817
自我探索	2.276	0.758
环境探索	2.350	0.849
自我—环境匹配度探索	2.513	0.880
职业探索	2.393	0.650

（二）中职生职业探索的差异性分析

根据表 5-4 可知，不同性别的中职生在探索信念、环境探索以及自我—环境匹配度探索方面存在显著的差异性；在探索意向、自我探索、职业探索整体水平上不存在显著差异。具体来看，在探索信念、环境探索以及自我—环境匹配度探索方面，男生得分要高于女生。

表 5-4　中职生职业探索在性别上的差异分析（$N=436$）

中职生职业探索	性别	M	SD	t	p
探索信念	男	2.403	0.867	2.988	0.003
	女	2.182	0.679		
探索意向	男	2.511	0.868	-0.119	0.905
	女	2.521	0.743		
自我探索	男	2.271	0.810	-0.154	0.877
	女	2.282	0.684		
环境探索	男	2.421	0.917	2.097	0.037
	女	2.254	0.740		
自我—环境匹配度探索	男	2.585	0.907	2.018	0.044
	女	2.414	0.833		
职业探索	男	2.438	0.702	1.771	0.077
	女	2.331	0.567		

根据表 5-5 可知，在探索信念、自我探索、自我—环境匹配度探索方面并不存在显著差异，不同年级的中职生并不存在显著差异。而在探索意向、环境探

索、职业探索整体水平方面，不同年级的中职生存在显著差异。

表 5-5　中职生职业探索在年级上的差异分析（$N=436$）

中职生职业探索	年级	M	SD	F	p
探索信念	高一	2.258	0.711	2.052	0.130
	高二	2.268	0.817		
	高三	2.436	0.899		
探索意向	高一	2.393	0.672	4.275	0.015
	高二	2.556	0.780		
	高三	2.664	1.019		
自我探索	高一	2.220	0.675	2.454	0.087
	高二	2.237	0.735		
	高三	2.407	0.889		
环境探索	高一	2.232	0.742	3.961	0.020
	高二	2.375	0.842		
	高三	2.509	0.985		
自我—环境匹配度探索	高一	2.415	0.811	2.597	0.076
	高二	2.530	0.860		
	高三	2.648	0.987		
职业探索	高一	2.304	0.552	4.565	0.011
	高二	2.393	0.618		
	高三	2.533	0.793		

根据表 5-6 可知，中职生的探索意向、职业探索整体水平在是否独生方面存在显著差异，探索信念、自我探索、环境探索、自我—环境匹配度探索在是否独生方面不存在显著差异。

表 5-6　中职生职业探索在是否独生上的差异分析（$N=436$）

中职生职业探索	是否独生	M	SD	t	p
探索信念	是	2.350	0.789	1.429	0.154
	否	2.236	0.815		
探索意向	是	2.596	0.823	2.781	0.006
	否	2.371	0.787		
自我探索	是	2.317	0.758	1.539	0.125
	否	2.201	0.756		
环境探索	是	2.404	0.878	1.788	0.075
	否	2.253	0.790		
自我—环境匹配度探索	是	2.544	0.885	1.004	0.316
	否	2.456	0.870		
职业探索	是	2.442	0.670	2.150	0.032
	否	2.303	0.603		

根据表 5-7 可知，中职生的探索信念、自我—环境匹配度探索、职业探索整体水平在家庭所在地方面存在显著差异，探索意向、自我探索、环境探索在家庭所在地方面不存在显著差异。

表 5-7　中职生职业探索在家庭所在地上的差异分析（$N=436$）

中职生职业探索	生源地	M	SD	t	p
探索信念	农村	2.228	0.797	-2.636	0.009
	城市	2.433	0.789		
探索意向	农村	2.485	0.828	-0.964	0.335
	城市	2.562	0.798		
自我探索	农村	2.238	0.778	-1.284	0.200
	城市	2.333	0.726		
环境探索	农村	2.291	0.875	-1.796	0.073
	城市	2.440	0.803		
自我—环境匹配度探索	农村	2.417	0.887	-2.841	0.005
	城市	2.660	0.850		

续表

中职生职业探索	生源地	M	SD	t	p
职业探索	农村	2.332	0.659	−2.431	0.015
	城市	2.486	0.626		

二、中职生父母教养方式的现状分析

(一)中职生父母教养方式的基本情况分析

根据表 5-8 可知,中职生父母教养方式共有六个维度,主要分为父亲情感温暖、父亲拒绝、父亲过度保护、母亲情感温暖、母亲拒绝、母亲过度保护,各个维度的均值依次为 2.605、3.003、2.757、2.615、2.968、2.757,其中父亲拒绝的得分最高,父亲情感温暖的得分最低。

表 5-8　中职生父母教养方式的基本情况分析($N=436$)

中职生父母教养方式	M	SD
父亲情感温暖	2.605	0.680
父亲拒绝	3.003	0.750
父亲过度保护	2.757	0.752
母亲情感温暖	2.615	0.675
母亲拒绝	2.968	0.796
母亲过度保护	2.757	0.770

(二)中职生父母教养方式的差异性分析

由表 5-9 可知,父亲情感温暖、父亲拒绝在中职生不同性别上存在显著差异,父亲过度保护、母亲情感温暖、母亲拒绝、母亲过度保护在中职生不同性别上不存在显著差异。具体分析来看,在父亲情感温暖、父亲拒绝方面,男生的得分要高于女生。

表 5-9　中职生父母教养方式在子女性别上的差异分析($N=436$)

中职生父母教养方式	性别	M	SD	t	p
父亲情感温暖	男	2.664	0.679	2.131	0.034
	女	2.524	0.675		

续表

中职生父母教养方式	性别	M	SD	t	p
父亲拒绝	男	3.064	0.739	1.987	0.048
	女	2.920	0.758		
父亲过度保护	男	2.782	0.751	0.834	0.405
	女	2.722	0.754		
母亲情感温暖	男	2.657	0.712	1.575	0.116
	女	2.557	0.618		
母亲拒绝	男	2.913	0.837	−1.701	0.090
	女	3.041	0.734		
母亲过度保护	男	2.784	0.811	0.885	0.377
	女	2.720	0.711		

由表 5-10 可知，父亲拒绝、母亲情感温暖在不同年级的中职生中均存在显著差异，父亲情感温暖、父亲过度保护、母亲拒绝、母亲过度保护在不同年级的中职生中不存在显著差异。

表 5-10 中职生父母教养方式在子女年级上的差异分析($N=436$)

中职生父母教养方式	年级	M	SD	F	p
父亲情感温暖	高一	2.596	0.668	0.996	0.370
	高二	2.669	0.673		
	高三	2.548	0.706		
父亲拒绝	高一	2.931	0.709	3.714	0.025
	高二	2.962	0.766		
	高三	3.161	0.778		
父亲过度保护	高一	2.676	0.706	2.095	0.124
	高二	2.845	0.818		
	高三	2.786	0.739		
母亲情感温暖	高一	2.543	0.603	4.775	0.009
	高二	2.571	0.738		
	高三	2.776	0.687		

续表

中职生父母教养方式	年级	M	SD	F	p
母亲拒绝	高一	3.021	0.743	1.005	0.367
	高二	2.892	0.833		
	高三	2.968	0.836		
母亲过度保护	高一	2.749	0.700	0.021	0.979
	高二	2.766	0.787		
	高三	2.760	0.859		

由表 5-11 可知，在父亲情感温暖、母亲情感温暖、母亲过度保护方面，独生的中职生与非独生的中职生间存在显著差异；在父亲拒绝、父亲过度保护、母亲拒绝方面，独生的中职生与非独生的中职生间不存在显著差异。具体分析来看，独生的中职生在父亲情感温暖、母亲情感温暖、母亲过度保护方面得分高于非独生的中职生。

表 5-11　中职生父母教养方式在是否独生上的差异分析（$N=436$）

中职生父母教养方式	是否独生	M	SD	t	p
父亲情感温暖	是	2.654	0.689	2.032	0.043
	否	2.517	0.657		
父亲拒绝	是	2.971	0.747	−1.166	0.244
	否	3.059	0.756		
父亲过度保护	是	2.706	0.722	−1.843	0.066
	否	2.848	0.797		
母亲情感温暖	是	2.666	0.647	2.069	0.039
	否	2.523	0.715		
母亲拒绝	是	2.951	0.813	−0.573	0.567
	否	2.997	0.768		
母亲过度保护	是	2.819	0.751	2.258	0.024
	否	2.646	0.794		

由表 5-12 可知，父亲情感温暖、母亲情感温暖、母亲过度保护在中职生生源地上存在显著差异，父亲过度保护、父亲拒绝、母亲拒绝在中职生生源地上不存在显著差异。具体分析来看，城市生源的中职生在父亲情感温暖、母亲情感温

暖、母亲过度保护得分方面高于农村生源的中职生。

表 5-12　中职生父母教养方式在家庭所在地上的差异分析(N=436)

中职生父母教养方式	生源地	M	SD	t	p
父亲情感温暖	农村	2.549	0.698	−2.124	0.034
	城市	2.690	0.644		
父亲拒绝	农村	3.058	0.738	1.917	0.056
	城市	2.918	0.763		
父亲过度保护	农村	2.702	0.753	−1.894	0.059
	城市	2.841	0.744		
母亲情感温暖	农村	2.556	0.664	−2.271	0.024
	城市	2.705	0.683		
母亲拒绝	农村	2.996	0.792	0.912	0.362
	城市	2.924	0.803		
母亲过度保护	农村	2.697	0.766	−2.004	0.046
	城市	2.848	0.769		

三、中职生家庭社会经济地位的现状分析

(一)中职生家庭社会经济地位的基本情况分析

本研究中的家庭社会经济地位主要是测量家庭月收入和父母学历,父母学历的测量是 4 点计分,分别是"初中及以下""高中/中专""大专""本科及以上",由表 5-13 可知,父母亲的学历总体水平都高于 2.5 平均分,父亲学历总体比母亲低。家庭月收入的测量是 11 点计分,由表 5-13 可知,中职生家庭月收入的平均分为 5.640,低于 6 的平均分,说明中职生的家庭月收入水平整体一般。

表 5-13　家庭社会经济地位各维度的描述性统计分析(N=436)

家庭社会经济地位	M	SD
家庭月收入	5.640	3.514
父亲学历	2.770	0.928
母亲学历	2.820	0.965

（二）中职生家庭社会经济地位的差异性分析

由表5-14可知，在家庭月收入方面，独生中职生的家庭与非独生中职生的家庭并没有显著差异。在父母学历方面，独生中职生的父母学历也与非独生中职生的父母学历无显著差异。

表5-14　中职生家庭社会经济地位在是否独生上的差异分析（$N=436$）

家庭社会经济地位	是否独生	M	SD	t	p
家庭月收入	是	5.67	3.514	0.214	0.831
	否	5.60	3.525		
父亲文化	是	2.82	0.887	1.313	0.19
	否	2.69	0.994		
母亲文化	是	2.84	0.922	0.737	0.461
	否	2.77	1.04		

由表5-15可知，对不同生源地中职生的家庭社会经济地位进行分析，结果表明城市和农村家庭在月收入、父母文化上存在显著差异。具体来看，城市家庭的月收入高于农村家庭，城市中职生父母的学历高于农村中职生父母的学历。

表5-15　中职生家庭社会经济地位在家庭所在地上的差异分析（$N=436$）

家庭社会经济地位	生源地	M	SD	t	p
家庭月收入	农村	5.25	3.514	-2.929	0.004
	城市	6.25	3.437		
父亲文化	农村	2.7	0.954	-2.055	0.041
	城市	2.88	0.878		
母亲文化	农村	2.73	1.006	-2.363	0.019
	城市	2.95	0.887		

四、家庭社会经济地位、父母教养方式与中职生职业探索的相关分析

由表5-16可知，家庭月收入与探索信念（$r=0.371$，$p<0.01$）显著正相关，父亲文化与探索信念（$r=0.374$，$p<0.01$）显著正相关，母亲文化与探索信念（$r=0.379$，$p<0.01$）显著正相关。家庭月收入与探索意向（$r=0.434$，$p<0.01$）显著正相关，父亲文化与探索意向（$r=0.454$，$p<0.01$）显著正相关，母亲

文化与探索意向($r=0.464$,$p<0.01$)显著正相关。

家庭月收入与自我探索($r=0.417$,$p<0.01$)显著正相关,父亲文化与自我探索($r=0.426$,$p<0.01$)显著正相关,母亲文化与自我探索($r=0.418$,$p<0.01$)显著正相关。

家庭月收入与环境探索($r=0.428$,$p<0.01$)显著正相关,父亲文化与环境探索($r=0.465$,$p<0.01$)显著正相关,母亲文化与环境探索($r=0.463$,$p<0.01$)显著正相关。

家庭月收入与自我—环境匹配度探索($r=0.508$,$p<0.01$)显著正相关,父亲文化与自我—环境匹配度探索($r=0.511$,$p<0.01$)显著正相关,母亲文化与自我—环境匹配度探索($r=0.531$,$p<0.01$)显著正相关。

家庭月收入与职业探索($r=0.547$,$p<0.01$)显著正相关,父亲文化与职业探索($r=0.566$,$p<0.01$)显著正相关,母亲文化与职业探索($r=0.573$,$p<0.01$)显著正相关。

表 5-16　家庭社会经济地位与中职生职业探索的相关分析($N=436$)

家庭社会经济地位	家庭月收入	父亲文化	母亲文化	探索信念	探索意向	自我探索	环境探索	自我—环境匹配度探索	职业探索
家庭月收入	1								
父亲文化	0.811**	1							
母亲文化	0.788**	0.885**	1						
探索信念	0.371**	0.374**	0.379**	1					
探索意向	0.434**	0.454**	0.464**	0.572**	1				
自我探索	0.417**	0.426**	0.418**	0.499**	0.500**	1			
环境探索	0.428**	0.465**	0.463**	0.560**	0.567**	0.516**	1		
自我—环境匹配度探索	0.508**	0.511**	0.531**	0.536**	0.545**	0.500**	0.529**	1	
职业探索	0.547**	0.566**	0.573**	0.798**	0.805**	0.752**	0.806**	0.794**	1

注:* 在 0.05 水平(双侧)上显著;** 在 0.01 水平(双侧)上显著;*** 在 0.001 水平(双侧)上显著。

由表 5-17 可以看出,父亲情感温暖与探索信念($r=0.416,p=<0.01$)显著正相关,父亲拒绝与探索信念($r=-0.236,p<0.01$)显著负相关,父亲过度保护与探索信念($r=0.257,p<0.01$)显著正相关,母亲情感温暖与探索信念($r=0.43,p<0.01$)显著正相关,母亲拒绝与探索信念($r=-0.416,p<0.01$)显著负相关,母亲过度保护与探索信念($r=0.419,p<0.01$)显著正相关。

父亲情感温暖与探索意向($r=0.432,p<0.01$)显著正相关,父亲拒绝与探索意向($r=-0.262,p<0.01$)显著负相关,父亲过度保护与探索意向($r=0.225,p<0.01$)显著正相关,母亲情感温暖与探索意向($r=0.427,p<0.01$)显著正相关,母亲拒绝与探索意向($r=-0.443,p<0.01$)显著负相关,母亲过度保护与探索意向($r=0.361,p<0.01$)显著正相关。

父亲情感温暖与自我探索($r=0.381,p<0.01$)显著正相关,父亲拒绝与自我探索($r=-0.226,p<0.01$)显著负相关,父亲过度保护与自我探索($r=0.218,p<0.01$)显著正相关,母亲情感温暖与自我探索($r=0.452,p<0.01$)显著正相关,母亲拒绝与自我探索($r=-0.397,p<0.01$)显著负相关,母亲过度保护与自我探索($r=0.38,p<0.01$)显著正相关。

父亲情感温暖与环境探索($r=0.466,p<0.01$)显著正相关,父亲拒绝与环境探索($r=-0.275,p<0.01$)显著负相关,父亲过度保护与环境探索($r=0.277,p<0.01$)显著正相关,母亲情感温暖与环境探索($r=0.451,p<0.01$)显著正相关,母亲拒绝与环境探索($r=-0.435,p<0.01$)显著负相关,母亲过度保护与环境探索($r=0.402,p<0.01$)显著正相关。

父亲情感温暖与自我—环境匹配度探索($r=0.396,p<0.01$)显著的正相关,父亲拒绝与自我—环境匹配度探索维度($r=-0.316,p<0.01$)显著负相关,父亲过度保护与自我—环境匹配度探索维度($r=0.301,p<0.01$)显著正相关,母亲情感温暖与自我—环境匹配度探索维度($r=0.425,p<0.01$)显著正相关,母亲拒绝与自我环境匹配度探索($r=-0.455,p<0.01$)显著负相关,母亲过度保护与自我环境匹配度探索维度($r=0.375,p<0.01$)显著正相关。

父亲情感温暖与职业探索($r=0.529,p<0.01$)显著正相关,父亲拒绝与职业探索($r=-0.334,p<0.01$)显著负相关,父亲过度保护与职业探索($r=0.325,p<0.01$)显著正相关,母亲情感温暖与职业探索($r=0.552,p<0.01$)显著正相关,母亲拒绝与职业探索($r=-0.543,p<0.01$)显著负相关,母亲过度保护与职业探索($r=0.489,p<0.01$)显著正相关。

表 5-17 父母教养方式与中职生职业探索的相关分析（N＝436）

家庭社会经济地位	父亲情感温暖	父亲拒绝	父亲过度保护	母亲情感温暖	母亲拒绝	母亲过度保护	探索信念	探索意向	自我探索	环境探索	自我—环境匹配度探索	职业探索
父亲情感温暖	1											
父亲拒绝	-0.283**	1										
父亲过度保护	0.243**	-0.239**	1									
母亲情感温暖	0.294**	-0.187**	0.186**	1								
母亲拒绝	-0.245**	0.262**	-0.232**	-0.312**	1							
母亲过度保护	0.300**	-0.190**	0.161**	0.286**	-0.279**	1						
探索信念	0.416**	-0.236**	0.257**	0.430**	-0.416**	0.419**	1					
探索意向	0.432**	-0.262**	0.225**	0.427**	-0.443**	0.361**	0.572**	1				
自我探索	0.381**	-0.226**	0.218**	0.452**	-0.397**	0.380**	0.499**	0.500**	1			
环境探索	0.466**	-0.275**	0.277**	0.451**	-0.435**	0.402**	0.560**	0.567**	0.516**	1		
自我—环境匹配度探索	0.396**	-0.316**	0.301**	0.425**	-0.455**	0.375**	0.536**	0.545**	0.500**	0.529**	1	
职业探索	0.529**	-0.334**	0.325**	0.552**	-0.543**	0.489**	0.798**	0.805**	0.752**	0.806**	0.794**	1

注：* 在 0.05 水平（双侧）上显著；** 在 0.01 水平（双侧）上显著；*** 在 0.001 水平（双侧）上显著。

由表 5-18 可知,家庭月收入与父亲情感温暖($r=0.389$,$p<0.01$)显著正相关,父亲文化与父亲情感温暖($r=0.474$,$p<0.01$)显著正相关,母亲文化与父亲情感温暖($r=0.502$,$p<0.01$)显著正相关。家庭月收入与父亲拒绝($r=-0.257$,$p<0.01$)显著负相关,父亲文化与父亲拒绝($r=-0.217$,$p<0.01$)显著负相关,母亲文化与父亲拒绝($r=-0.244$,$p<0.01$)显著负相关。

家庭月收入与父亲过度保护($r=0.386$,$p<0.01$)显著正相关,父亲文化与父亲过度保护($r=0.344$,$p<0.01$)显著正相关,母亲文化与父亲过度保护($r=0.385$,$p<0.01$)显著正相关。家庭月收入与母亲情感温暖($r=0.389$,$p<0.01$)显著正相关,父亲文化与母亲情感温暖($r=0.373$,$p<0.01$)显著正相关,母亲文化与母亲情感温暖($r=0.383$,$p<0.01$)显著正相关。

家庭月收入与母亲拒绝($r=-0.273$,$p<0.01$)显著负相关,父亲文化与母亲拒绝($r=-0.307$,$p<0.01$)显著负相关,母亲文化与母亲拒绝($r=-0.311$,$p<0.01$)显著负相关。家庭月收入与母亲过度保护($r=0.269$,$p<0.01$)显著正相关,父亲文化与母亲过度保护($r=0.313$,$p<0.01$)显著正相关,母亲文化与母亲过度保护($r=0.293$,$p<0.01$)显著正相关。

表 5-18　家庭社会经济地位与父母教养方式的相关分析($N=436$)

家庭社会经济地位	家庭月收入	父亲文化	母亲文化	父亲情感温暖	父亲拒绝	父亲过度保护	母亲情感温暖	母亲拒绝	母亲过度保护
月收入	1								
父亲文化	0.811**	1							
母亲文化	0.788**	0.885**	1						
父亲情感温暖	0.389**	0.474**	0.502**	1					
父亲拒绝	-0.257**	-0.217**	-0.244**	-0.283**	1				
父亲过度保护	0.386**	0.344**	0.385**	0.243**	-0.239**	1			
母亲情感温暖	0.389**	0.373**	0.383**	0.294**	-0.187**	0.186**	1		
母亲拒绝	-0.273**	-0.307**	-0.311**	-0.245**	0.262**	-0.232**	-0.312**	1	
母亲过度保护	0.269**	0.313**	0.293**	0.300**	-0.190**	0.161**	0.286**	-0.279**	1

注:* 在 0.05 水平(双侧)上显著;** 在 0.01 水平(双侧)上显著;*** 在 0.001 水平(双侧)上显著。

五、家庭社会经济地位、父母教养方式与中职生职业探索的结构模型分析

(一)家庭社会经济地位、父母教养方式与中职生职业探索的结构方程模型构建与修正

为进一步探求家庭社会经济地位、父母教养方式与中职生职业探索三者间的关系,本研究用 AMOS23.0 构建结构模型,对家庭社会经济地位、父母教养方式与中职生职业探索之间的关系进行了路径分析,并根据原始模型修正指标的提示在误差变量 e23 与 e24 之间添加相关路径以优化模型拟合度,最后得到修正模型,见图 5-1。

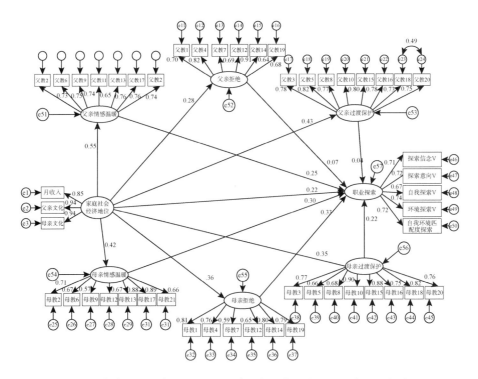

图 5-1　家庭社会经济地位、父母教养方式与中职生职业探索的结构模型

如表 5-19 所示,优化后模型拟合度结果为 $X^2/df=1.953<5$,RMR$=0.075<0.08$,RMSEA$=0.047<0.08$,GFI$=0.824>0.80$,AGFI$=0.807>0.80$,IFI$=0.919>0.90$,TLI$=0.914>0.90$,CFI$=0.919>0.90$,说明模型构建合理,模型拟合度较好。

表 5-19　修正后模型拟合度检验结果

模型拟合指标	最优标准值	统计值	拟合情况
X^2/df	<3	1.953	好
RMR	<0.08	0.075	好
GFI	>0.8	0.824	可接受
AGFI	>0.8	0.807	可接受
IFI	>0.9	0.919	好
TLI	>0.9	0.914	好
CFI	>0.9	0.919	好
RMSEA	<0.08	0.047	好

由表 5-20 可以看到,家庭社会经济地位对父亲情感温暖($\beta=0.548,p<0.05$)具有显著正向影响;家庭社会经济地位对父亲拒绝($\beta=-0.285,p<0.05$)具有显著负向影响;家庭社会经济地位对父亲过度保护($\beta=0.428,p<0.05$)具有显著正向影响;家庭社会经济地位对母亲情感温暖($\beta=0.419,p<0.05$)具有显著正向影响;家庭社会经济地位对母亲拒绝($\beta=-0.358,p<0.05$)具有显著负向影响,假设成立;家庭社会经济地位对母亲过度保护($\beta=0.352,p<0.05$)具有显著正向影响;家庭社会经济地位对职业探索($\beta=0.218,p<0.05$)具有显著正向影响;父亲情感温暖对职业探索($\beta=0.247,p<0.05$)具有显著正向影响;父亲拒绝对职业探索($\beta=-0.067,p>0.05$)不具有显著影响;父亲过度保护对职业探索($\beta=0.041,p>0.05$)不具有显著影响;母亲情感温暖对职业探索($\beta=0.301,p<0.05$)具有显著正向影响;母亲拒绝对职业探索($\beta=-0.332,p<0.05$)具有显著负向影响;母亲过度保护对职业探索($\beta=0.217,p<0.05$)具有显著正向影响。

表 5-20　路径系数分析

路径	标准化系数	非标准化系数	S. E.	C. R.	p
家庭社会经济地位—父亲情感温暖	0.548	0.106	0.01	10.23	***
家庭社会经济地位—父亲拒绝	-0.285	-0.069	0.013	-5.447	***
家庭社会经济地位—父亲过度保护	0.428	0.113	0.014	8.33	***
家庭社会经济地位—母亲情感温暖	0.419	0.079	0.01	7.936	***
家庭社会经济地位—母亲拒绝	-0.358	-0.093	0.013	-6.905	***

续表

路径	标准化系数	非标准化系数	S.E.	C.R.	p
家庭社会经济地位—母亲过度保护	0.352	0.089	0.013	6.914	***
家庭社会经济地位—职业探索	0.218	0.04	0.01	3.99	***
父亲情感温暖—职业探索	0.247	0.236	0.043	5.431	***
父亲拒绝—职业探索	−0.067	−0.051	0.027	−1.873	0.061
父亲过度保护—职业探索	0.041	0.028	0.027	1.067	0.286
母亲情感温暖—职业探索	0.301	0.294	0.042	7.012	***
母亲拒绝—职业探索	−0.332	−0.236	0.03	−7.878	***
母亲过度保护—职业探索	0.217	0.158	0.028	5.65	***

注:＊在 0.05 水平(双侧)上显著;＊＊在 0.01 水平(双侧)上显著;＊＊＊在 0.001 水平(双侧)上显著。

(二)父母教养方式在家庭社会经济地位与中职生职业探索间的中介作用检验

本研究采用 Bootstrapping 的方法加以验证中介效应。在 AMOS23.0 中使用 Bootstrapping 方法运行 5000 次,得出 Bias-Corrected 与 Percentile 在 95％的置信度下的水平值,如表 5-21 所示。

表 5-21 总效应、间接效应及直接效应

路径	标准化效应值	Bias-Corrected 95％CI		Percentile 95％CI	
总效应		Lower	Upper	Lower	Upper
家庭社会经济地位—职业探索总效应	0.712	0.618	0.796	0.618	0.796
间接效应					
家庭社会经济地位—父亲情感温暖—职业探索	0.135	0.079	0.207	0.074	0.198
家庭社会经济地位—父亲拒绝—职业探索	0.019	−0.005	0.047	−0.006	0.046
家庭社会经济地位—父亲过度保护—职业探索	0.017	−0.028	0.066	−0.029	0.065
家庭社会经济地位—母亲情感温暖—职业探索	0.126	0.076	0.188	0.073	0.184
家庭社会经济地位—母亲拒绝—职业探索	0.119	0.072	0.179	0.07	0.177
家庭社会经济地位—母亲过度保护—职业探索	0.076	0.045	0.118	0.043	0.116
直接效应					
家庭社会经济地位—职业探索直接效应	0.218	0.064	0.369	0.066	0.372

由表 5-21 可以了解到,在总效应中,家庭社会经济地位对职业探索的总效应值为 0.712,在 Bias-Corrected 与 Percentile95％ CI 的 Lower 和 Upper 的值区间之内均不包含 0,表明总效应存在。

在直接效应中,家庭社会经济地位—职业探索的直接效应值为 0.218,在 Bias-Corrected 与 Percentile95％ CI 的 Lower 和 Upper 的值区间之内均不包含 0,表明间接效应存在。

在间接效应中,家庭社会经济地位通过父亲情感温暖对职业探索的间接效应值为 0.135,在 Bias-Corrected 与 Percentile95％ CI 的 Lower 和 Upper 的值区间之内均不包含 0,表明间接效应存在;表明父亲情感温暖在家庭社会经济地位对职业探索的影响中具有部分中介效应,假设成立。

家庭社会经济地位通过父亲拒绝对职业探索的间接效应值为 0.019,在 Bias-Corrected 与 Percentile95％ CI 的 Lower 和 Upper 的值区间之内均包含 0,表明间接效应不存在;表明父亲拒绝在家庭社会经济地位对职业探索的影响中不具有中介效应,假设不成立。

家庭社会经济地位通过父亲过度保护对职业探索的间接效应值为 0.017,在 Bias-Corrected 与 Percentile95％ CI 的 Lower 和 Upper 的值区间之内均包含 0,表明间接效应不存在;表明父亲过度保护在家庭社会经济地位对职业探索的影响中不具有中介效应,假设不成立。

家庭社会经济地位通过母亲情感温暖对职业探索的间接效应值为 0.126,在 Bias-Corrected 与 Percentile95％ CI 的 Lower 和 Upper 的值区间之内均不包含 0,表明间接效应存在;表明母亲情感温暖在家庭社会经济地位对职业探索的影响中具有中介效应,假设成立。

家庭社会经济地位通过母亲拒绝对职业探索的间接效应值为 0.119,在 Bias-Corrected 与 Percentile95％ CI 的 Lower 和 Upper 的值区间之内均不包含 0,表明间接效应存在;表明母亲拒绝在家庭社会经济地位对职业探索的影响中具有部分中介效应,假设成立。

家庭社会经济地位通过母亲过度保护对职业探索的间接效应值为 0.076,在 Bias-Corrected 与 Percentile95％ CI 的 Lower 和 Upper 的值区间之内均不包含 0,表明间接效应存在;表明母亲过度保护在家庭社会经济地位对职业探索的影响中具有部分中介效应,假设成立。

第四节 讨论总结及对策建议

一、研究结果讨论

（一）中职生职业探索现状与特点分析

从数据分析结果来看，中职生职业探索的均分不高，尤其是探索意向和自我探索的均分较低，这说明中职生职业探索的整体水平一般。研究表明，中职生对职业探索的主动性不高，他们对自身的性格、兴趣和能力认知较少，对于未来的职业发展考虑较少。多种因素造成了这种现象的产生，首先在学校层面上，与国外相比，我国的中职学校在为学生提供专业的就业指导方面还有所欠缺，不能很好地帮助学生根据自身能力、爱好选修相应课程，针对专业课的实践实习场所较少，同时学校的评价体制也需要进一步完善。其次在家庭层面上，有些中职学生家长长期在外工作，与孩子交流的时间较少。父母陪伴的缺失容易让孩子缺乏安全感，从而引发心理上的孤独感，不利于孩子的身心健康。最后在学生个体方面，很大一部分学生对于未来的职业选择较为迷茫，缺乏主动学习的动力和目标，很多学生是被老师强压着学习，自主能动性较差，进而导致以后的职业选择迷茫和困难。

从性别方面来看，中职生职业探索的各个维度在性别层面有一定的差异。在探索信念、环境探索、自我—环境匹配度探索上，男生显著高于女生。这与斯顿夫（Stumpf）等的研究结果一致[1]，即在探索信念、环境探索方面，男女生存在一定的性别差异。产生这一差异性的原因可能与东西方文化都存在的对男女职业角色期待有关。另外，虽然目前我国男女共同分担家庭经济责任，但是受东方观念"男主外，女主内"的影响，中国社会对男女的期待不同。社会普遍认为女性应该多重视家庭，为家庭多付出时间和精力，而男性则应该以事业为重，在外打拼是常有的事情。这种性别上的意识差距使得女性更愿意寻找如教师、文员等相对稳定的工作，而很多男生则会有心理上的压力，知道自己将来要承担较大的责任，所以会有一定的危机意识。因此在职业探索的很多领域，男生比女生相对积极，他们会在平时主动了解相关行业的信息，了解就业的趋向，为将来找一份

---

[1] Stumpf S A，Colarelli M，Hartman K. Development of the Career Exploration Survey (CES)[J]. Journal of Vocational Behavior，1983，22:191-226.

好工作而提前做准备。

从是否独生方面来看，中职生在探索意向、职业探索上存在显著差异，这可能是因为父母会对独生子女抱有更多的期许，把所有的爱和资源都给予了他们唯一的孩子。和非独生子女相比，独生子女在各类资源的获取方面更有优势。

从家庭所在地方面来看，在探索信念、自我—环境匹配度探索方面，生活在农村、城市的中职生也存在一定的差异。存在这一现象的原因主要是我国经济发展的地区差异，和生活在农村的学生相比，城市各方面的发展更为完善，城市里的孩子能够接触的工作机会较多。举个例子，在假期的时候，如果想找个实习工作，农村可能没有什么岗位可以提供，但是在城市，尤其是一些较为发达的东部沿海城市，很多岗位一直都在招人，可以为学生提供实习机会，帮助他们增加实践经验。

（二）家庭社会经济地位、父母教养方式与中职生职业探索的相关分析

1. 家庭社会经济地位对中职生职业探索的影响

本研究发现，父亲的文化程度与职业探索的多个维度呈现显著的正相关，母亲的文化程度与中职生职业探索的多个维度也呈现显著的正相关。家庭社会经济地位主要分为家庭收入水平和父母受教育程度，这表明父母受教育程度会对子女的探索水平产生一定的影响。从家庭收入方面来看，家庭的经济收入越高，其子女的职业探索信念、探索意识等就越高。郑洁研究发现，收入高的家庭可以为孩子提供更多的经济资本和社会关系支持，能够在日常生活中培养孩子的生涯探索意识，并给予孩子一定的职业指导，一定的社会支持可以方便孩子获取信息，降低其找寻工作信息的难度，帮助他们更快地找到工作机会。[①] 形成这一现象的原因有以下几点：首先由于家庭收入的不同，父母所面临的经济压力也不同。家庭经济条件比较差的父母所承担的经济压力比较大，他们可能会因忙于工作而忽视对子女的情感关爱，在子女有职业困惑时也无法及时为他们提供指导；而家庭经济条件较好的父母所承担的经济压力较小，他们在对孩子的教导方面有较多的精力和时间，当孩子在职业探索方面有一定的困惑时，他们会陪伴在孩子身边，及时提供鼓励和指导。

此外，该结果也显示出父母受教育程度的不同，会影响子女职业发展，即父母学历程度越高，子女表现出的职业生涯发展水平越高，反之亦然。希尔（Hill）

---

① 郑洁. 家庭社会经济地位与大学生就业——一个社会资本的视角[J]. 北京师范大学学报（社会科学版），2004(3)：111-118.

等人的研究发现，青少年的职业抱负与家长的受教育程度有一定的正相关，较高学历的家长，其孩子会拥有更高的学业及职业追求。① 究其根源，布赖恩特（Bryant）等认为，受过高等教育的父母，对子女接受高等教育和未来职业发展有更高的期望，而且能在孩子的课业方面进行一定的指导。② 在父母受教育程度方面，受教育水平高的父母由于自身有一定的经验，所以会更加主动地参与孩子的教育活动。与之相反，受教育水平低的父母，由于自己也不了解相应的知识，会觉得自己没有能力指导孩子，因此在孩子的职业探索活动中参与较少。

2. 父母教养方式对中职生职业探索的影响

母亲的情感温暖和理解与中职生的职业探索存在显著的正相关，而母亲的拒绝与中职生的职业探索存在显著的负相关。这与前人的研究结果相似，维尼奥利（Vignoli）研究发现忽视型、放任型的教养方式与青少年的职业探索行为存在显著的负相关。③ 其中，忽视型教养类型包括很多内容，如低情感温暖和理解、较少的鼓励、较少的关爱等。父母教养方式中的父母情感温暖与中职生的职业探索存在显著的正相关，而父母惩罚严厉、过分干涉、过度保护、否认拒绝与职业探索的各个维度存在显著的负相关。因为孩子从出生后，就与自己的家庭密切接触，家庭这一环境中的各类因素都会对孩子的自我意识、人格培养、价值观念的形成产生重大的影响，也会对他们未来的职业价值观形成一定的影响。家庭功能较为健全的家庭，往往会对子女的人际交往能力培养、人格养成形成积极的影响。

从结果可见，青少年在家庭中获得的父母理解和情感交流及关注，对其职业探索有一定的正相关，这一结果得到了以往研究的支持。冯德拉切克（Vondracek）研究发现，温暖的家庭教育理念与方式会鼓励孩子进行各种尝试，这种积极的态度有助于孩子未来的探索行为。④ 同样，很多研究也得到了相似的成果，在控制了家长受教育程度和青少年的性别后，父母所提供的情感支持对

① Hill N E，Castellino D R，Lansford J E，et al. Parent academic involvement as related to school behavior，achievement，and aspirations：Demographic variations across adolescence[J]. Child Development，2004(75)：1491-1509.

② Bryant B K，Zvonkovic A M，Reynolds P. Parenting in relation to child and adolescent vocational development[J]. Journal of Vocational Behavior，2006(69)：149-175.

③ Vignoli E，Croity－Belz S，Chapeland V，et al. Career exploration in adolescents：The role of anxiety，attachment，and parenting style[J]. Journal of Vocational Behavior，2005(67)：153-168.

④ Vondracek F W. Breadth of interests，exploration，and identity development in adolescence [J]. Journal of Vocational Behavior，1999(55)：298-317.

孩子的职业探索有积极的影响。父母的情感支持对孩子的职业自我效能感有积极的帮助。

由研究结果可见,父母对中职生提供的情感支持和交流越多,他们在自我探索和环境探索方面的得分越高,这启示我们要关心中职生的情感需要,多与他们进行沟通,父母的情感支持对孩子是很有帮助的。父母情感温暖等积极的教养方式能够帮助孩子获得足够的安全感、自信心,促进孩子自主性的发展。

3.父母教养方式在家庭社会经济地位与职业探索间的中介作用分析

研究之前假设父母教养方式可以在家庭社会经济地位和中职生职业探索之间起中介作用,而通过一系列分析可知,父母教养方式中的父亲情感温暖、母亲情感温暖、母亲拒绝、母亲过度保护在家庭社会经济地位对职业探索的影响中具有部分中介效应,但不是完全中介效应,可能存在其他的中介因素影响。父亲拒绝和父亲过度保护在家庭社会经济地位和中职生职业探索之间不具有中介效应。父母情感温暖意味着父母会给予孩子更多的鼓励帮助、关心爱护,这些较为积极的教养方式能够帮助孩子更好地树立自信心。当他们遇到职业选择方面的难题时,更愿意与父母保持沟通,表达自己的想法,有利于他们勇于进行职业探索的实践。而父亲的拒绝、过度保护等消极的教养方式会对孩子的自信心与自尊心造成一定的打压,不利于孩子表达自己的想法,更不利于他们对于职业探索的实践。

二、研究结论与对策建议

(一)研究结论

(1)中职生职业探索的总体表现一般,尤其在自我探索、探索信念维度的得分较低。

(2)中职生职业探索在性别、家庭所在地存在显著差异;在年级、是否独生方面不存在显著差异。

(3)父母教养方式在子女性别、家庭所在地、是否独生方面存在显著差异。

(4)家庭社会经济地位、父母教养方式与中职生职业探索之间存在一定的相关性。

(5)中职生父母的教养方式在家庭社会经济地位与中职生职业探索之间起中介作用。

(二)研究对策及建议

1.学生要发挥自身的主观能动性,提升自身职业生涯规划能力

中职生要重视职业生涯规划,发挥自身的主观能动性,努力提升自身职业生涯规划能力。一是学生可以通过学校的职业指导课程了解自己感兴趣的职业,了解这些职业所需要掌握的能力;二是在寒暑假期间,学生可以通过社会实践活动、志愿活动积累相关经验,提高自身的实践能力;三是学生应通过各种方式主动关注就业信息,为自己制定针对性的职业生涯规划方案。

2.家长要尊重孩子的独立意识,定期与孩子沟通交流

家长要重视对孩子的职业生涯规划指导,在日常生活中要了解子女的职业生涯规划现状,和教师及时沟通,与教师合作一起指导孩子;要多多与孩子沟通,了解他们的想法,倾听他们内心的声音,并为他们提供一定的建议与指导。但要注意的是,家长不要过多干涉孩子的想法,以免孩子产生逆反的副作用。如果是自身性格不太外向、较保守的孩子,家长更应该多鼓励、多表扬他们,逐渐培养他们的自信心,鼓励他们树立生涯发展的信心,从而主动进行职业探索活动。

3.家长要重视孩子的职业探索,提升自身职业素养

家长要重视对孩子的职业探索,在日常生活中要了解子女的职业兴趣与爱好,并且要通过多种途径与孩子沟通交流,了解他们的想法,倾听他们内心的声音。只有在了解孩子的基础上,才能为他们提供有意义的建议与指导。对于外向、做事主动的孩子,可以在日常生活中,和他们讲一些自己或者家里亲戚朋友的工作近况,带他们实地参观一下工作环境或者让他们参与一部分工作,让他们以身边人的工作为切入口,引发他们对各类职业的兴趣,引导他们进行初步的职业探索。

有很多家长可能不是很了解职业生涯指导的相关方法,无法为孩子提供建议与指导,甚至可能会对孩子的成长具有一定的消极作用。针对这一现状,家长要多学习相应的生涯探索、职业指导的理念和指导方法。现在各类的教育网站、公众号遍地开花,家长可以从中挑选有益的信息进行学习,也可以参加相关的培训讲座,提高自身的职业素养,在平时的日常生活中逐步渗透有关职业探索的理念、知识,引发孩子进行主动的自我探索,从而促进孩子主动进行职业探索。

父母在指导孩子职业探索上应当各自发挥自身角色,扬长避短。本研究发现,父母教养方式会对中职生的职业探索产生一定的影响,在家庭中获得更多的父母理解和情感交流及关注,与学生的职业探索存在显著的正相关;消极的教养方式,如父亲拒绝、母亲过度保护等与职业探索存在一定的负相关。因此,父母

亲要在日常生活中给予孩子足够的温暖与理解。有些家庭可能秉持着中国严父慈母的传统，认为父亲对孩子严厉才是为孩子好。其实父亲要把握好严厉的尺度，避免对孩子太过苛责，从而对孩子的心理健康产生负面影响。父母要尽量营造民主的家庭氛围，与孩子有定期的沟通、交流。一旦孩子遇到问题，父母应该成为他们可靠的咨询对象。当孩子把自己碰到的烦心事告诉父母后，父母要和孩子一起进行协商，在讨论解决办法的过程中锻炼孩子应对困难的能力。很多父母会帮孩子做职业规划，希望孩子能做自己心仪的工作，即使孩子明确表示对父母想让他们从事的职业没兴趣。这类过度保护，甚至是过度干预的行为，不仅对亲子关系有害，还会限制子女的职业发展机会。因此，父母要尊重孩子的自主意识，主动了解孩子感兴趣的职业领域，支持孩子的想法。

4.培养学生树立正确的职业价值观

家庭是学生每天生活的场所，家长更是学生平时模仿、学习的对象。在教育孩子的过程中，家长要传递给孩子积极的价值观念，不应该把一些不良的社会风气传递给孩子。要在日常生活中，培养孩子独立思考和自我探索的能力，不能让孩子太过依赖自己，要有自我意识。教师在教学过程中，要注意培养学生养成正确的价值观，利用行动教学法、案例教学法生动形象地把一些理论知识教导给学生，并对学生的价值观的形成进行一定的启发。学校通过和企业、专家合作，通过各类校内培训、讲座向学生传递有关职业价值观的信息，并通过各类企业实践，让学生在行动中形成积极的职业价值观念。

5.学校要重视职业生涯教育课程，为学生营造良好的校园氛围

学校要重视对学生的职业规划指导。在日常教学中，不能一味只重视专业课和文化课而忽视职业生涯教育课。要根据学生的实际水平，相应地安排针对性的课程，丰富职业生涯教育课程的内容和活动，提升学生的学习兴趣，让学生能真正地学到东西。针对不同的年级，安排不同的课程，改变原本单一枯燥的教学内容，设置一些真实有意思的案例，或者邀请一些行业内的工作者，或者开设一些户外活动课程，让学生能从不同的角度了解职业的相关知识。

6.学校、家庭、社区通力合作，尽力为学生提供帮助

一是完善家校合作模式。要改变之前以学校为主的教育模式，让家长更多地参与教育。学校在培养学生的过程中，要通过家长会、家访、微信交流等多种途径了解家长的想法与态度，与家长保持紧密的联系。在教学实施过程中，为了让教师更好地进行教学，必然要对学生的个性、爱好等个人特征进行一定了解，此时家长的反馈便是掌握信息最快捷的途径。教师可以通过家长反馈及时调整

相应的教学方式,根据班级里学生的实际情况进行教学,使得教学可以事半功倍。学校在安排学生的学习、实践过程中,需要家长的配合。比如学生实践、实习,就需要家长的大力支持,如果学生对于实习有一定的抵触情绪,也需要家长的开导和鼓励。在监督评价过程中,家长的评价与监督是很好的指标,能帮助学校更加有效地对学生进行考核。家长的监督与评价同企业评价、学生自评、学校评价一样,都是中职生职业探索评价的重要组成部分。

二是完善社区对家长的职业生涯教育培训。社区作为学生长时间生活的场所,社区对家庭提供的帮助很大程度上体现了社会对家庭的帮助。社区可以通过多种途径帮助中职生提高职业探索的能力。比如举办形式多样的职业培训活动,邀请相关的专家对家长进行系统化的指导,让家长明白什么是科学的家庭教育方式,使家长能在日常生活中为孩子的职业探索提供积极的帮助。只有进一步提高家长的能力,才能形成良好的家庭氛围,帮助孩子进一步提高职业探索能力。

第六章
场馆游戏化学习践行职业启蒙教育实践

校内的职业启蒙教育多以课堂教学为主,缺乏让学生亲身体验的机会。场馆学习是有乐趣化、体验性、实践性的教学优势。本章基于已有场馆学习大量研究的基础上,整合游戏化学习,构建场馆游戏化学习活动设计框架,选取具有丰富职业角色资源的"手工艺人馆"为实践场所,将场馆环境中的职业角色资源整合至学习活动中,以此促进学习者对手工艺人这一职业角色的全面认识,以达成职业启蒙教育目的,利用场馆资源开展游戏化学习,提供职业启蒙教育的一种可操作的教育范式。

第一节　场馆环境中的游戏化学习

一、场馆学习概述

(一)国外场馆学习的研究现状

国外场馆学习理论研究的核心是学习科学视角的场馆学习,具体体现在场馆学习的本质与机制、理论模型的构建等。久保田(Kubota)在研究中指出场馆中高度刺激与新奇的社会和物理环境设置会导致学习者的无效学习,减少新奇的环境设置和学习活动设计对提高学习者的学习是有益的。[①] 法尔克(Falk)和迪尔金(Dierking)于 1992 年提出互动体验模型(interactive experience model),并于 2000 年和 2005 年对该模型进行修改完善,形成了场馆学习领域广泛使用

---

① Kubota C A, Olstad R G. Effects of novelty-reducing preparation on exploratory behavior and cognitive learning in a science museum setting[J]. Journal of Research in Science Teaching, 1991, 28(3):225-234.

的场馆情境学习模型(contextual model of learning)。[①②③] 此外,克内兹(Knez)和赖特(Wright)的传播模型、胡珀—格林希尔(Hooper-Greenhill)的传播模型、凯利(Kelly)的 6P 模型、契克森米哈(Csikszentmihaiyi)和赫曼森(Hermanso)的动机模型、克努森(Knutson)等的对话细化模型等都从不同的维度阐述了场馆学习的发生过程与影响因素。[④]

国外场馆学习实践研究在场馆学习影响因素的探究上涉猎较广,现主要聚焦于探究场馆学习者特征、场馆中的社会交互以及新兴信息技术应用对场馆学习效果的影响。部分研究人员探究学习者的先验知识、经验、兴趣与参观动机等对学习者参观效果的影响[⑤⑥];也有部分研究人员探索场馆中人与人的交互对场馆学习的作用,如同伴交互、与教师交互、与讲解员交互、亲子交互等[⑦⑧];此外,研究人员采用各种场馆新兴信息技术探究其有效性,如建设虚拟化场馆,打破场馆学习的时间与空间限制[⑨⑩];使用应用程序等移动技术作为参观导览或者展品

① Falk J H, Dierking L D. The Museum Experience[M]. Washington, DC: Whalesback Books, 1992:1-7.

② Falk J H, Dierking L D. Learning from Museums: Visitor Experiences and the Making of Meaning[M]. Walnut Creek, CA: AltaMira Press, 2000:135.

③ Falk J H, Storksdieck M. Using the contextual model of learning to understand visitor learning from a science center exhibition[J]. Science Education, 2005, 89(5):744-778.

④ 鲍贤清. 博物馆场景中的学习设计研究[D]. 上海:华东师范大学, 2013:37-49.

⑤ Peleg R, Baram-Tsabari A. Learning robotics in a science museum theatre play: Investigation of learning outcomes, contexts and experiences[J]. Journal of Science Education & Technology, 2017, 26(6):1-21.

⑥ Brida J G, Nogare C D, Scuderi, R. Learning at the museum: Factors influencing visit length. Tourism Economics : The Business and Finance of Tourism and Recreation, 2017, 23(2): 281-294.

⑦ Krange I, Silseth K, Pierroux P. Peers, teachers and guides: A study of three conditions for scaffolding conceptual learning in science centers[J]. Cultural Studies of Science Education, 2020, 15(1):241-263.

⑧ Willard A K, Busch J, Cullum K A, et al. Explain this, explore that: A study of parent-child interaction in a children's museum[J]. Child Development, 2019, 90(60):596-617.

⑨ Castro K M S A, Amado T F, Bidau C J, et al. Studying natural history far from the museum: the impact of 3D models on teaching, learning, and motivation[J]. Journal of Biological Education, 2021, 56(5):598-608.

⑩ Price, C Aaron, Hee-Sun, et al. Comparing Short- and Long-Term Learning Effects Between Stereoscopic and Two-Dimensional Film at a Planetarium[J]. Science Education, 2015, 99 (6):1118-1142.

资源扩展[1][2][3]；使用增强现实与虚拟现实技术促进人与展品互动，为学习者提供沉浸式参观体验等[4][5]。

（二）国内场馆学习的研究现状

国内场馆学习的理论研究多集中在场馆学习的概念、特征以及国外相关理论模型的引进上。如伍新春对"场馆"一词做了界定，并指出场馆学习的"基于真实问题、强调探究过程、产出多元结果"三大特征。[6] 王乐在此基础上阐述了场馆教育的"教"之义，认为"展品"即知识、"参观"即学习、"场馆"即教之域。[7] 夏文菁则整理了国内外场馆教学活动案例，归纳出场馆学习活动设计的六种模式——"基于问题、基于任务、基于专题、基于游戏、基于网络探究、基于虚拟情景交互。"[8]

国内场馆学习的实践研究相比理论研究来说较少，主要集中于场馆学习活动设计，且多数研究人员采用基于设计的研究方法设计学习单进行学习活动设计，如鲍贤清等人设计了面向家庭团体的学习单并进行了实践研究。[9] 也有部分研究人员开始聚焦于探究场馆学习效果的影响因素，如探究学习者先前经验、动机、学习风格等对学习者参观行为与学习效果的影响以及基于移动设备的场

① Billings E S, Mathison C. I get to use an iPod in school? Using technology-based advance organizers to support the academic success of english learners[J]. Journal of Science Education & Technology, 2012, 21(4):494-503.

② Bilgin C U, Tokel S T. Facilitating contextual vocabulary learning in a mobile-supported situated learning environment[J]. Journal of Educational Computing Research, 2019, 57(4): 930-953.

③ Sugiura A, Kitama T, Toyoura M, et al. The use of augmented reality technology in medical specimen museum tours[J]. Anatomical Sciences Education, 2019, 12(5):561-571.

④ Yu S J, Sun C Y, Chen T C. Effect of AR-based online wearable guides on university students' situational interest and learning performance[J]. Universal Access in the Information Society, 2017,18(2):287-299.

⑤ Yoon S, Anderson E, Lin J, et al. How augmented reality enables conceptual understanding of challenging science content[J]. Educational Technology & Society, 2017, 20(1): 156-168.

⑥ 伍新春,曾筝,谢娟,等. 场馆科学学习:本质特征与影响因素[J]. 北京师范大学学报(社会科学版),2009(5):13-19.

⑦ 王乐,涂艳国. 场馆教育引论[J]. 教育研究,2015,36(4):26-32.

⑧ 夏文菁,张剑平. 文化传承中的场馆学习:特征、目标与模式[J]. 现代教育技术,2015,25(8):5-11.

⑨ 鲍贤清,毛文瑜,王晨,等. 场馆环境中介性学习工具的设计与开发——以上海科技馆学习单设计研究为例[J]. 中国电化教育,2011(10):40-47.

馆参观对学习者关于传统文化知识学习的影响。场馆学习部分研究成果如表 6-1 所示。

表 6-1 场馆学习

研究主题	研究内容与视角	代表性文献
场馆学习的理论/模型研究	信息传播模型,建构主义博物馆教育理论体系,场馆学习 6P 模型,动机模型,对话细化模型,场馆情境学习模型,基于生态供给理论的场馆学习模型,场馆学习的信息编码模型等	Kelly L(2007);Hong O, et al.(2013);Falk J H, et al.(2005);伍新春等(2009);鲍贤清(2012)
场馆学习影响因素研究	参观者先前知识经验和动机等对参观效果的研究,场馆中的社会交互对青少年场馆学习的影响,基于新兴技术的学习活动设计对场馆学习效果的影响,学习单是场馆学习中重要的中介工具	Peleg R, et al.(2017);Kim M, et al.(2018);Mokatren M, et al.(2017);Ricardo R S, et al.(2019);许玮等(2016);陈柏因等(2019)
场馆学习效果的研究	知识获得、认知负荷、批判思维、探究能力等认知层面学习效果,情境兴趣、自我效能感、文化认同等非认知层面学习效果	Hwang G J, et al.(2013);Atwood-Blaine D, et al.(2019);Yu S J, et al.(2017);Sun C Y, et al.(2018);夏文菁等(2021)

二、游戏化学习概述

(一)国外游戏化学习的研究现状

国外游戏化学习理论研究在概念研究的基础上,深入探究了游戏化学习的游戏机制。游戏化学习专注于增强或改变现有的学习过程,创造出一个用户体验为中心的学习世界。基于该理念,兰德斯(Landers)定义了游戏化学习的四个组成部分:教学内容、行为和态度、游戏特征和学习结果。[①] 其中,教学内容直接影响学习结果和学习者的行为,因为游戏化通常不是用来取代教学,而是用来改进教学,所以有效的教学内容是成功游戏化的先决条件;行为与态度是游戏化的目的,这些行为和态度通过调节或中介(游戏特征)来影响教学内容和学习结果之间的关系。豪毛里(Hamari)将游戏化概括为三个过程,即实施的动机给养、

---

① Landers R N. Developing a theory of gamified learning linking serious games and gamification of learning[J]. Simulation & Gaming, 2014, 45(6):752-768.

产生的心理影响和进一步的行为结果,如图 6-1 所示。^① 这指出了游戏化的核心价值——动机给养,其他的心理影响和外在行为的改变都是动机给养的结果。

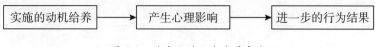

图 6-1　游戏化的三个主要部分

场馆环境的情境性特征为游戏化学习的发生提供了巨大的可能性。一些研究结果表明,游戏化学习可能不会促进学习者学习成绩的提高,但可以提高学习者的参与度。例如,纳尔逊(Nelson)在研究游戏化机制对科学场馆里的学习者学习效果的影响中,发现使用游戏模式的学习者提出的问题数量几乎是使用普通模式学习者的两倍,其认为在博物馆游客的应用中使用简单的游戏机制可能会对游客对博物馆内容的参与度产生强烈的积极影响。^② 安妮塔(Annetta)、克拉克(Clark)等人的研究也证明了这一点。^{③④}

（二）国内游戏化学习的研究现状

国内学者吸收并改进了国外学者关于游戏化学习的定义,认为游戏化学习强调游戏设计元素的使用,强调在非游戏情境下的游戏特征,强调采用娱乐的方式而非单纯的娱乐。^⑤ 当前国内关于游戏化的理论研究主要表现为对国外游戏

---

① Hamari J, Koivisto J, Sarsa H. Does gamification work? — A literature review of empirical studies on gamification[C]// The 47th Hawaii International Conference on System Sciences. IEEE, 2014.

② Nelson B C, Bowman C, Bowman J D, et al. Ask Dr. Discovery: The impact of a casual mobile game on visitor engagement with science museum content[J]. Educational Technology Research and Development, 2019, 68(1):345-362.

③ Annetta L A, Minogue J, Holmes S Y, et al. Investigating the impact of video games on high school students' engagement and learning about genetics[J]. Computers & Education, 2009, 53(1):74-85.

④ Clark D, Nelson B, Sengupta P, et al. Rethinking science learning through digital games and simulations: Genres, examples, and evidence[C]// Proceedings of the National Academies Board on Science Education Workshop on Learning Science: Computer Games, Simulations, and Education. Washington, DC: National Academies Press, 2009.

⑤ 鲍雪莹,赵宇翔. 游戏化学习的研究进展及展望[J]. 电化教育研究,2015,36(8):45-52.

化学习的研究①、游戏化理论探究②、游戏化应用的模式探究③等。如,曲茜美等人探究了情境故事视角下的 MOOC 游戏化模型④,李振华等人探究了基于游戏化学习理念的翻转课堂教学⑤。

在游戏化学习的应用实践上,国内研究主要集中于融合了游戏或游戏化的课程设计以及游戏化学习应用模式的探究。⑥ 陶佳在探讨游戏化学习中的课程目标设计中,分析了沉浸式学习与游戏化的映射机理以及基于核心素养的课程目标构成要素,指出课程目标设计的阶段性、持续性、层次性、递进性和整体性目标设计框架,如图 6-2 所示。在学习模式的应用探究中,凌茜等人在探究促进有效的词汇学习中使用了游戏化的移动学习,发现在语境条件的支持下,采用了游戏化学习方式的学生在词汇的使用上有着非常显著的优势。游戏化学习部分研

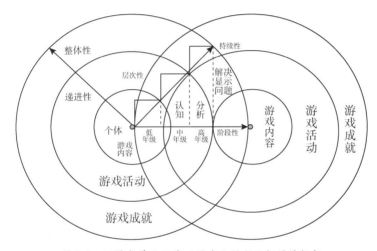

图 6-2 沉浸式学习视域下游戏化课程目标设计框架

① 徐杰,杨文正,李美林,等.国际游戏化学习研究热点透视及对我国的启示与借鉴——基于 Computers&Education(2013—2017)载文分析[J].远程教育杂志,2018,36(6):73-83.

② 张露,尚俊杰.基于学习体验视角的游戏化学习理论研究[J].电化教育研究,2018,39(6):11-20.

③ 苏仰娜.创客学习视域下的移动学习游戏探索——基于 STEM 理念的教育游戏积件[J].远程教育杂志,2017,35(5):105-112.

④ 曲茜美,曾嘉灵,尚俊杰.情境故事视角下的 MOOC 游戏化设计模型研究[J].中国远程教育,2019,40(12):24-33.

⑤ 李振华,胡宇梁,楼向雄.基于游戏化学习理念的翻转课堂教学[J].实验技术与管理,2018,35(6):162-165.

⑥ 李秀晗,朱启华,蒋宇,等.基于游戏化学习的儿童数字读写素养研究[J].现代教育技术,2020,30(4):46-52.

究成果如表 6-2 所示。[①]

表 6-2 游戏化学习

研究主题	研究内容与视角	代表性文献
游戏化学习价值	内涵、游戏化学习体验理论、沉浸式学习理论、活动理论	鲍雪莹,赵宇翔(2015)
游戏化学习设计	游戏化学习课程目标设计、学习活动设计、游戏化评价设计	Su C,Cheng C(2015);陶佳,范晨晨(2021);程萌萌,苏建元(2021);
游戏化学习效果评估	游戏化学习对知识技能、创新能力、情感态度的影响	张敏等(2021)

第二节 场馆游戏化学习活动设计框架

本节将基于建构主义学习理论、活动理论、转换游戏理论进行场馆游戏化学习活动的设计框架构建。

一、理论基础

(一)建构主义学习理论

皮亚杰认为学习是一种"自我建构"的过程,个体在"同化""顺应"两个阶段不断丰富自己的知识结构,在"平衡—不平衡—新平衡"的过程中形成新的认知结构。[②] 这可以解释学习者在场馆环境中将场馆中的新知识与脑海中的课堂知识产生联系从而形成新的知识结构。另外,本研究的建构主义还结合了维果茨基"社会建构主义"的思想。场馆环境将学习者置于一个有着丰富社会交互的社会文化环境中,为学习者打造了一个集情境、协作、交流和意义建构于一体的理想学习环境。[③] 建构主义强调活动与社会交往在人的高级认知与心理发展过程中的重要作用,这符合场馆学习的情境特征。在社会文化的丰富的场馆情境下,

---

① 陶佳,范晨晨.沉浸式学习理论视域下的游戏化课程目标设计:机理、框架与应用[J].远程教育杂志,2021,39(5):66-75.

② 皮亚杰.发生认识论原理[M].王宪钿,等译.上海:商务印书馆,1981:188-192.

③ 严云芬.建构主义学习理论综述[J].当代教育论坛,2005(8):35-36.

场馆学习者通过辅助人员(同伴、教师或场馆教育工作人员)的引导,根据展品等认知学习材料进行意义建构。

(二)活动理论

活动理论即以人的"活动"为核心脉络展开的解释人身心发展问题的心理学理论。[①] 心理学家普遍认为人的"意识"与"活动"是分不开的,鲁宾斯坦(Rubinshtein)更是将"人类活动"作为心理分析的基本单元。活动因而被引入心理学范畴。在经历了维果茨基(Vygotsky)基于中介(mediation)思想的第一代活动理论、列昂节夫(Leont'ev)基于三水平模式(活动、行为和操作)的第二代活动理论之后,芬兰学者恩格斯托姆(Engeström)提出了第三代活动理论。第三代活动理论指出人的活动结构包括主体、客体、共同体三个主要方面和工具、规则、分工三个次要方面,以及生产、交换、分配和消费四个子系统,如图 6-3所示。[②]

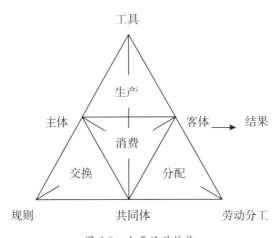

图 6-3　人类活动结构

活动理论以维果茨基的文化—历史心理学理论为基础,强调从人类活动和社会变化的角度解释活动,是一门交叉性的学科。学习可以被视为一种活动系统。在学习活动系统中,学习者、教学人员等为学习活动的主体,活动是根据主体的意愿或需求开展进行的;学习资料等学习内容为学习活动的客体,是学习者

①　杨莉娟.活动理论与建构主义学习观[J].教育科学研究,2000(4):59-65.

②　Yrjö Engeström. Learning by Expanding: An Activity-theoretical Approach to Developmental research[D]. Helsinki: Orienta-Konsultit, 1987.

操纵的对象；若干学习主体交互构成了学习活动的共同体。学习工具包括学习单、电子设备等中介物；学习规则包括课堂教学规则、教育教学评价规则、师生交往或生生交往的规则等；学习分工即学习任务的分工。

学习活动理论的主要观点是：(1)意识与活动的辩证统一，即学习者通过一系列的活动获得对知识的认识与理解（意识），获得的认识与理解反过来又指导其进行活动；(2)活动的工具作用，学习者与学习内容之间的交互活动并不是直接的，而是通过具备特殊作用的中介工具，包括心理工具(内部人造物)和物质工具(外部人造物)；(3)活动的内化与外化，即内部心理活动与外部行为活动可以相互转化，通过外部行为活动推测其心理活动，用心理活动来解释外部活动。

（三）转换游戏理论

哲学家和教育家杜威支持一种"交互"的教育观，即学习者是主动的学习推动者，而不是被动的知识接受者。[①] 如在 3D 游戏中，学习者在自己的学习中成为主动的主角，通过化身扮演真实的角色，并在 3D 沉浸式世界中看到他们行为的结果。这种基于游戏的学习即"转换游戏"。

转换游戏理论（transformational play）由巴拉布（Barab）等人于 2009 年提出。巴拉布认为在游戏中，玩家容忍失败，鼓励冒险；可以通过概念理解进行实验，并从无效选择的影响中学习，这个选择并不是终点，它可以被反思和改进，以促进对内容的深度参与，甚至推动新的学习机会。杜威的交互性观点不仅需要认识到人与情境之间的相互关系，还需要有意识地利用这种意识设计出更强大的学习体验。转换游戏理论假定学习者、内容和环境是不可分割地联系在一起的，并将学习者定位为积极的决策者，他们利用自己的理解来探究特定的情况并改变它们。

转换游戏理论主要由三个核心元素和每个元素的目标类型定位，如图 6-4 所示。具体而言，转换游戏理论包含具有意向性的人(将玩家定位为主角，负责做出选择，推进游戏中展开的故事线)、合法性的内容(如果玩家想要成功突破游戏世界中的困境，就必须理解和应用学术概念)、具有结果性的情境(将情境定位为可通过玩家选择进行修改的情境，从而阐明结果并为玩家的决策提供意义)。[②] 转换游戏理论强调学习者的角色，他们必须运用概念性的理解去理解，

---

① Dewey J. Experience and Education[M]. New York：Collier MacMillan, 1963.

② Barab S A, Gresalfi M S, Ingram-Goble A. Transformational play：Using games to position person, content, and context[J]. Educational Researcher, 2010,39(7)：525-536.

并最终做出有可能真正改变基于问题的虚构环境的选择。① 因此,转换游戏理论运用的重点是研究基于游戏的学习环境是否能够提供具有合法性的内容、具有目的性的人以及具有结果性的情境。

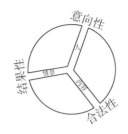

图 6-4　转换游戏的核心元素

二、转换游戏要素与场馆学习活动要素分析

(一)转换游戏要素分析

转换游戏理论是杜威"交互"(transactivity)思想的延伸,即"每一次经历都改变着一个人的行动和经历"。学习者在自己的学习中成为主动的主角,通过化身扮演真实的角色,并在游戏中看到自己行为的结果。这涉及游戏情境中的"角色""情节"与"任务"三个构成要素。当学习者以某一角色进入游戏情境中时,学习者与角色的任务和使命也在某程度上达成了统一,这种统一性为学习者主动完成角色任务提供了重要的保证。具有吸引力的游戏情节设置也在某种程度上加深了这种统一性。学习者作为游戏角色进入游戏,以游戏任务为主线,一路"过关斩将",这是一个逐步实现自我、获得精神需求的过程。

除了以上三个构成要素,巴拉布还指出了转换游戏理论的三大元素,即人、情境和内容。三大元素与三个构成要素是一一对应的。转换游戏中,人化身玩家角色,主动承担任务,推动故事主线发展;情境由故事情节与结果构成,加深玩家角色的沉浸感;内容是完成任务的基础,玩家只有掌握相应的合法性的内容才能完成任务,取得游戏的胜利。

(二)场馆学习活动要素分析

场馆学习是一种以实物展品为学习内容、以参观体验为学习方式的非正式

---

① Barab S A, Pettyjohn P, Gresalfi M, et al. Game-based curriculum and transformational play: Designing to meaningfully positioning person, content, and context [J]. Computers & Education, 2012(58):518-533.

学习,这种非正式学习突出了学习者的自由选择学习。[①]场馆学习环境中,学习者依据自身喜好和需求进行展品选择,并进行观察、操作、交流和协作等一系列活动。活动理论并非一种规定性理论,而是一种清晰的解释性工具[②],这为场馆学习活动的要素提供了分析框架。

图 6-5 为本研究的场馆学习活动框架图。场馆学习是经过精心设计的场馆参观,展品为学习内容,参观为学习方式,场馆为学习环境。学习者怀着幻想、好奇和挑战的内在动机进入场馆中进行自主学习,这种内在驱动对学习者吸收展品知识、适应场馆环境和参观方式有着重要的影响。

场馆环境不仅是展品陈列的物理环境,还是充满交流互动的社会环境,这为学习者提供了一种互动生成的学习空间。学习者在这种空间环境下获得了真实实践的学习机会,在多样化的参观体验中进行知识构建,从而产出多元化的学习结果。

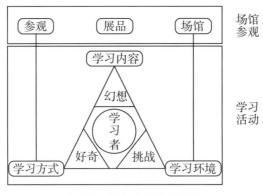

图 6-5　场馆学习活动框架

（三）转换游戏与场馆学习活动要素的对比分析

转换游戏理论的三大要素（角色—人、情节—情境、任务—内容）整合了场馆学习活动中的各种要素,使场馆学习始于参观而高于参观。学习者以更强的内在动机参与场馆学习活动,这对多元学习结果的产出有着重要推动作用。

在转换游戏理论背景下,场馆学习这种以参观为学习方式、以展品为学习内

---

① 付积,王牧华.论中小学场馆学习的价值意蕴与实践策略[J].课程·教材·教法,2021,41(2):64-71.

② Nardi B A. Activity theory and human-computer interaction [M]// Context and Consciousness: Activity Theory and Human-computer Interaction. Cambridge, MA: MIT Press, 1996:322-326.

容、以场馆为学习环境的学习发生了质的变化,即由"学"转变成"玩中学"。场馆从一个陈列着各种展品的场所转换成带有丰富任务的游戏化情境,学习者则被赋予了新的身份(即角色)。学习者以某特殊角色存在于场馆游戏化情境中,自主完成游戏化情境所设计的任务。在这一过程中,学习者不再被动地接受知识,而是主动地探究与吸收知识,内在学习动机的潜在强化对提升学习效果有着重要意义。

三、框架构建

(一)框架的提出

转换游戏理论背景下,场馆学习活动各要素紧密连接。本研究基于以上分析设计了场馆游戏化学习活动框架,如图 6-6 所示。场馆游戏化学习活动以教师为主导、学生为主体,包括准备阶段、实施阶段与评价反思阶段三个阶段。

准备阶段的主要目的是创设游戏化学习情境。在准备阶段,教师将对整个学习活动进行全面系统的分析与设计,这包括学习目标分析、学习主体分析,并根据这些分析选择学习客体,即学习内容,确保学习活动设计的科学性与合理性。教师在目标分析、主体分析和客体选择的基础上,设计游戏化学习中介工具,即游戏化学习单。游戏化学习单是布置游戏化学习任务和指导学生自主学习的重要载体。此外,游戏奖励机制也是教师创设游戏化学习情境的重点。游戏化奖励机制一方面体现为游戏化学习单的升级任务(如闯关设计),另一方面则体现在游戏结束后的奖品中。在教师所创设的游戏化学习情境中,学生"登录游戏身份",并从教师那里领取游戏任务,其角色发生了从"学习者"到"玩家"的重要转换。

实施阶段体现了教师为主导、学生为主体的教学模式。在实施阶段,教师带领学习者来到场馆并分发游戏化学习单,为学习者提供了重要的学习资源与学习工具。在之后的学习活动过程中,学习者以"玩家"的身份置身于场馆游戏化学习环境中,根据学习单的指导自主完成游戏任务,教师则作为辅助提供必要的学习支持。

在评价反思阶段,学生完成了整个游戏过程,并在教师的带领下参与知识测试、访谈和绘画测试。教师根据学生游戏表现和测试结果确定成功玩家,并为玩家发放游戏奖品,以此完成并完善游戏奖励机制。此外,教师组织学习者"复盘游戏",进行学习交流与分享。评价反思阶段一方面为学习者提供了参与游戏化学习的动机,另一方面通过交流与回顾提高了游戏化学习的延迟学习效果。

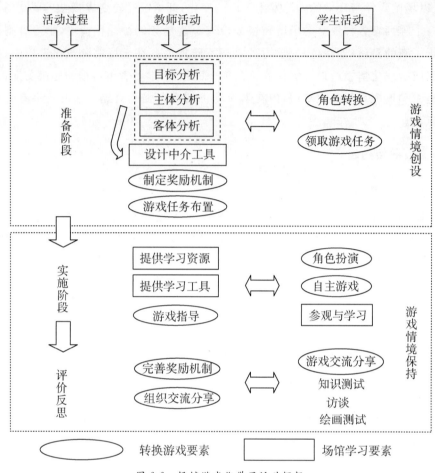

图 6-6 场馆游戏化学习活动框架

(二)框架特征

场馆游戏化学习活动框架以情境化学习环境、任务支撑和素养导向为主要特征。

1.情境化学习环境

场馆游戏化学习活动发生在情境化的学习环境中,学习环境的情境化是通过构建游戏化学习情境实现的。为了实现从单纯的学习到游戏化学习的这一转换,教师将游戏化元素融入场馆学习活动设计中,通过设计游戏背景、游戏角色、游戏任务和游戏奖励创设场馆游戏化学习情境。在参与游戏化学习活动的过程中,学生不局限于"学习者"的身份,以"游戏玩家"的角色参与一层层的闯关游戏。学习者以"玩家"的身份置身于场馆游戏化情境中,这对提高和延迟学习效果有着重要影响。

2.任务支撑

场馆游戏化学习活动以任务为主线,避免了学习者漫无目的的参观。在非设计性的场馆学习中,学习者多根据自身兴趣观察场馆中陈列的展品,这种观察通常是漫无目的且比较肤浅的,学习者无法从这种学习方式中获得更为深层次和多元化的学习收获。在游戏化学习活动过程中,学习者通过观察、思考、交流等方式主动参与并完成教师所设置的游戏任务,这种学习方式一方面避免了学习者低效的参观,另一方面也促进了学习者的场馆学习效果。

3.素养导向

场馆游戏化学习活动的学习产出涉及知识与技能、过程与方法、情感态度价值观三个维度的学习效果。游戏化学习活动开始之前,学生获得了"游戏玩家"的身份,身临其境,有更好的学习态度和更强的学习动机参与场馆游戏化学习活动。此外,在逐步完成场馆游戏化学习活动的过程中,学习者通过与同伴交流、自主观察与探究等方式掌握学习内容与学习方法。

第三节　场馆游戏化学习活动总体设计

本节将基于场馆游戏化学习活动设计框架,进行具体的学习活动设计。

一、场馆游戏化学习活动的主体分析

(一)主体选择与分析

场馆游戏化学习活动的主体包括学习者和学习引导者。学习者是来自杭州市 W 小学三年级的学生。这些学生大部分都未参观过手工艺活态馆。选择三年级学生主要基于以下两个方面的考虑:一方面,手工艺活态馆中的很多手工艺展品所传递的信息与价值观符合该年龄阶段学生的心理认知发展规律,且对小学生有着很大的教育意义;另一方面,三年级学生已经具备基本的阅读、书写和绘画的能力,他们能够比较清楚地表达自己的想法。学习引导者包括场馆工作人员和带队教师,其中带队教师由班级班主任以及实践活动教师组成。对学习活动主体的具体分析如下。

1.学习者分析

参与场馆学习的学生多为杭州市本地学生,在长期的耳濡目染下对杭绣、油纸伞等非物质文化遗产有了一定的了解,但还是只停留在"知其然而不知其所以

然"的阶段。然而这种耳濡目染获得的知识已然具备了一定的稳定性,有利于有意义学习的发生和习得意义的保持。这一年龄阶段的学生的观察和观察力缺乏系统性、有目的、有顺序的知觉,在场馆学习过程中更容易忽略主要事物而把注意力放在无关紧要的事物上。在注意力上,无意注意仍然起到重要作用,主要注意正在处于发展的过程中,注意力的集中性、稳定性和持续性较差,注意范围相对于成年人来说较小。

通过与班主任访谈及观察,班级学生在学习态度上普遍较好,学习态度较差的学生占据很少的比例。在学习的内部动机上,学习者对杭绣、陶瓷等中华传统文化有着浓厚的兴趣,对发生在校园外的场馆参观有着强烈的好奇心和求知欲,内部学习动机较强;在外部动机上,学习者期望得到来自教师、同学和家长的赞赏与表扬。

学习者所在的学习环境通常为包含讲台和座位的室内环境,这种环境强调了较为严格的教学纪律、较为固定的教学角色和教学模式。学习者已经习惯于这种较为单一的学习环境。将教室"搬"至没有桌椅和讲台的场馆中,这种学习环境的转变一方面为学习者带来了新奇的学习体验,另一方面也的确打破了学习者所熟悉的学习环境。这对学习者来说是一个巨大的挑战,积极适应新环境则可以形成一种新的有意义的学习方式,处理不当则很容易将一次别有意义的学习变成无意义的玩耍。另外,这一年龄阶段的学习者思维活跃,敏感度高,受环境的影响因素较大,多为场依存性学习者。场馆学习环境的复杂性也为这一挑战增加了难度。

2.学习引导者分析

学习引导者包括场馆工作人员和带队教师。在场馆学习环境中,学习引导者的角色要区别于传统的教师角色。无论是工作人员还是带队教师,对学习者来说都只是引领和指导的作用。一方面,他们需要简要介绍场馆的概况,如场馆历史、展品类别、展品分布等;另一方面,他们需要对存在疑惑的学生进行答疑解惑。此外,场馆学习环境中的学习引导者也需要保证学习者参观学习的正常秩序,为学习者提供良好的学习环境。

(二)主体目标分析

场馆学习活动是以学习者为中心的学习活动,因此我们将主体目标分析理解为狭义上的目标分析,即学习者学习目标分析。学习者的学习目标是教学设计的出发点与最后归宿。明确且科学的目标引领着学习活动的开始、进行与结束,对学习内容选择、学习活动设计以及学习结果的测量与评价都有着重要的指导意义。《中小学综合实践活动课程指导纲要》不仅指出综合实践活动的总目标为以培养学生的综合素质为导向，提升学生核心素质，而且对小学阶段提出了价值体认、责任担当、问题解决和创意物化的具体目标。

解释结构模型(ISM)分析法是华费尔提出的一种解决复杂系统问题的方法。[①] 该模型通过解释不同变量之间的依存关系来构建解释结构模型，将不同目标变量以可视化形式表现出来。[②] 如张屹采用 ISM 分析法构建了《小红鹰气象站的建设与运用》的教学目标体系，以此探究了教学目标导向的小学 STEM 校本课程的研发与实施。[③] 为了制定科学且准确的目标以指导场馆学习活动的开展，本研究采用解释结构模型(ISM)分析法厘清场馆学习活动各目标之间的逻辑关系，构建本次学习活动的目标体系。

1. 设计场馆游戏化学习活动的学习目标

基于价值体认(values)、责任担当(responsibilities)、问题解决(problems-solve)和创意物化(creative materialization)的小学阶段综合实践活动课程总目标与小学三年级学生身心发展与认知发展规律制定本次学习活动的学习目标。本研究采用名义小组技术(nominal group technique,简称 NGT)[④]提取手工艺活态馆教育知识要素并构建本学习活动的三维 KAPO 学习目标，如表 6-3 所示。K、A、P、O 分别代表三维教学目标中的知识与技能(knowledge & skills)、过程与方法(process & steps)、情感态度价值观(emotional attitude & values)和加涅教学事件(occurrence)。知识与技能维度的学习目标对学习者参观学习后的知识与能力获得提出要求，过程与方法维度学习目标的设定旨在促进学习者探究问题解决的过程与方法，情感态度价值观目标即指积极乐观的学习态度、感受中华传统文化的魅力以及尊重与传承非物质文化遗产的决心。学习活动的三维学习目标与学习者的场馆学习参观活动相统一，构成了场馆学习活动的三维 KAPO 学习目标。

---

① 常玉,刘显东,等.应用解释结构模型(ISM)分析高新技术企业技术创新能力[J].科研管理,2003,24(2):41-48.

② Sushil S. Interpreting the interpretive structural model [J]. Global Journal of Flexible Systems Management,2012,13(2):87-106.

③ 张屹,高晗蕊,张岩,等.教学目标导向的小学 STEM 校本课程研发与实施——以《小红鹰气象站的建设与运用》课程为例[J].中国电化教育,2021(4):67-74.

④ Gallagher M,Hares T, et al. The nominal group technique: A research tool for general practice? [J].Family Practice,1993,10(1):76-81.

表 6-3 学习目标

编号	教学目标
K1	了解泥塑工艺的概念
K2	了解丝绸制品的制作工艺
K3	了解扎染、刺绣和皮雕的概念与制作工艺
K4	认识杆秤并理解杆秤的象征意义
K5	了解造纸术与活字印刷
K6	认识黄杨木雕工艺师张燕萍和她的黄杨木雕作品《同乐》
K7	了解风筝的概念和制作工艺
K8	了解与认识传统手工艺与手工艺人，形成对手工艺人的正确认识
P1	根据学习指导（学习单）进行信息收集与处理，提高探究能力
P2	能够在非正式学习环境中进行自主学习与社会交往
P3	掌握自主学习的方法，能够在教师"弱指导"的情况下进行发现式学习
P4	提高发现问题与解决问题的能力
P5	提高观察能力
A1	激发更浓厚的学习兴趣
A2	感受泥塑技艺的美丽与魅力
A3	感受古代拱宸桥街区的繁华
A4	感受中国非物质文化遗产的魅力、传统文化的多样性，增强民族文化认同感
A5	尊敬手工艺人，增强对手工艺人的职业认同感

2.建构学习目标关系图

场馆环境中学习活动的知识与技能、过程与方法和情感态度价值观三维目标的设计，为学习活动的设计者和学习活动的参与者提供了重要指导。知识与技能是过程与方法和情感态度价值观的载体，过程与方法是知识与技能和情感态度价值观的联结纽带，情感态度价值观反过来又是知识与技能和过程与方法的动力，三者相辅相成，共同组成学习者核心素养的重要部分（见图 6-7）。

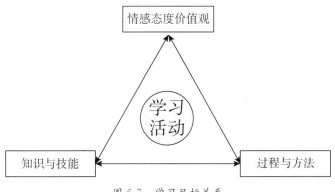

图 6-7　学习目标关系

场馆学习对学习者非认知层面的学习有着重要的促进作用[1]，这指出了场馆学习在情感态度价值观上的育人价值。相比发生在学校中的正式学习，场馆学习在培养学习者的情感态度价值观上有着较大优势。故而，本研究的游戏化学习活动在学习目标的设计上向情感态度价值观倾斜。

二、场馆游戏化学习活动的客体选择

（一）手工艺活态馆

杭州手工艺活态馆位于杭州市京杭大运河拱宸桥西岸，是浙江首家集互动教学、非遗手工体验、民间技艺表演于一体的"非遗"文化体验馆，也是浙江省最大手工体验基地。2015 年 8 月手工艺活态展示馆被列入杭州市委第六批杭州市青少年学生第二课堂活动基地，深受杭州学生喜爱。馆内可体验深厚的中国特色历史传统工艺、非物质文化遗产工艺，专门面向青少年第二课堂开设了各类非遗手工和创意手工体验项目，有剪纸、竹编、蛋雕等 20 余项传统项目。

手工艺活态馆分为一期与二期两个馆，由中庭隔开（见图 6-8）。一期包括泥塑街区、手工伞技、纺织与刺绣、石雕等展区，二期包括木工坊、陶吧、风筝、竹艺、张小泉锻剪、教学区与多功能区。学习者可以在参观过程中了解中国传统民间工艺，感受手工艺的魅力与中国文化的深厚底蕴。

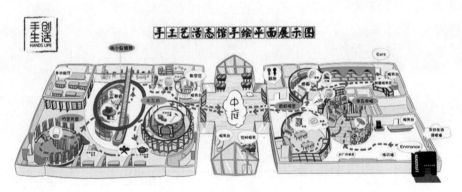

图 6-8　手工艺活态馆平面示意

(二)学习材料与内容

根据手工艺活态馆各展区的排列、大小、展品形式,考虑到展品知识获得的难易程度,本研究选择的具体学习展区包括泥塑展区、丝展区、木展区和风筝展区四大展区。四类展区中的展品、展牌和展览排列等均纳入本次学习活动的学习材料与内容。

1.泥塑展区

泥塑展区由一排长长的玻璃展柜构成,分为上下两层,各层展品如表 6-4 所示。上层展柜中是一条使用泥塑工艺制作的古代运河街道。这条使用泥塑技艺重现的古代街道,有店铺也有小摊,包括伞铺、酒肆、药局、扇铺、杂货店、酱油店、布坊、茶铺,代写书信、算卦、卖菜卖肉等的小摊,以及船夫、小船、下棋者、驴子等泥塑作品。下层展柜陈列的则是一个个单独的泥塑作品,包括《荷花》《翠玉兰》《铃兰》《相伴》《白雪公主与七个小矮人》《二十四孝道作品之戏彩娱亲》《二十四孝道作品之亲尝汤药》等,每个展品都有展牌描述展品名称及含义。上层展区面积大、视野好、种类繁多,泥塑展品之间的结构性和逻辑性较好;下层展区位于展台下方,面积较小、不易被学习者发现也不便于观察,但是这些作品结合了典故,寓意深刻。

表 6-4　泥塑展区展品

展品	简介	展览形式
运河街道	店铺和小摊,包括伞铺、酒肆、药局、扇铺、杂货店、酱油店、布坊、茶铺,代写书信、算卦、卖菜卖肉等的小摊,以及船夫、小船、下棋者、驴子等泥塑作品	上层展区实物展品

展品	简介	展览形式
泥塑特展	《荷花》《翠玉兰》《铃兰》《相伴》《白雪公主与七个小矮人》《二十四孝道作品之戏彩娱亲》《二十四孝道作品之亲尝汤药》等(作者:吴小莉)	下层展区不易被发现

2.丝展区

丝展区展品设有介绍展牌等导览设施,展品种类丰富美观,贴近学习者的生活,如表 6-5 所示。入口处有一幅醒目的落地展牌。这些展牌详细介绍了丝绸、扎染和杭绣的制作工艺和独特风格,关于丝绸的介绍有"素有'丝绸之府'美称的杭州是中国古代丝绸生产的重心。丝绸生产要经历'栽桑、养蚕、缫丝、织绸、染色、刺绣'这样一个技艺过程"。关于扎染的介绍有"扎染,古称扎缬、夹缬和染缬,是中国民间传统而独特的染色工艺。织物在染色时部分结扎起来使之不能着色的一种染色方法,中国传统的手工染色技术之一"。关于杭绣的介绍有"杭绣在刺绣技艺上,吸收并融合苏、湘、蜀、粤四大名绣之长,绣法多变,形成自己独特风格。杭绣的图案设计,内容大多取材于民间喜闻乐见的中国传统图案。在装饰上运用夸张和变形,也是杭绣的一大特色"。在展区内,陈列了各式各样的丝绸、扎染或杭绣作品,包括绣鞋、绣画、绣包等绣品和围巾、茶杯垫、笔记本封皮、袜子、香包等扎染工艺制作的物品。

表 6-5　丝展区展品

展品	简介	展览形式
展牌	素有"丝绸之府"美称的杭州是中国古代丝绸生产的重心。丝绸生产要经历"栽桑、养蚕、缫丝、织绸、染色、刺绣"这样一个技艺过程。扎染,古称扎缬、夹缬和染缬,是中国民间传统而独特的染色工艺。织物在染色时部分结扎起来使之不能着色的一种染色方法,中国传统的手工染色技术之一	落地展牌
刺绣展品	绣鞋、绣画、绣包等	展品丰富,
印染展品	围巾、茶杯垫、笔记本封皮、袜子、香包等	贴近生活

3.木展区

相比于泥塑展区和丝展区,木展区的展品更加丰富,包括落地展牌和造纸术、活字印刷、杆秤、木雕等木制工艺作品,见表 6-6。

落地展牌对木工做了简单介绍"木工有着悠久历史,是一门工艺,也是一门独特的技术，是中国传统三行（木工、木头、木匠）之一"。

造纸术展品包括造纸用的木屑等原料或工具、不同种类的纸张、纸工艺品以及"古法造纸"展牌。展牌介绍了"造纸术是中国四大发明之一。古代造纸沿用《天工开物》的描述，将树皮经过择皮、漂洗、蒸煮、春捣、抄纸、晒纸等几十道工序的工艺流程，原汁原味地展现了这一传统技艺"。造纸术展区不仅以文字的形式向学习者介绍造纸的工艺流程，还形象地展示其工艺流程、用法用途等。

活字印刷展览由活字印刷展品和展牌组成，展牌介绍了"活字印刷术是中国古代四大发明之一，也是我国世界级非物质文化遗产项目之一。相传它的发明者北宋毕昇是杭州的雕版印刷工匠，虽然当时没有被统治阶级所用，但被北宋大科学家沈括将完整的泥活字工艺记载在著作《梦溪笔谈》中，使得活字印刷得以推广开来"。

杆秤展览展示了不同的杆秤及展牌，展牌介绍了"杆秤是我国的国粹之一。从其诞生开始，古人便将天文、物理、哲学等多种内容融入了这一小小的杆秤之中。无论是对于制秤者还是用秤者，均将做人的品德用杆秤进行了定义。千百年来，这杆秤一直在称我们自身的良心。权衡轻重、半斤八两等词进入了日常的生活，直至包括影视中的片段，小小杆秤承载着中华民族的千年历史和璀璨文化"。不仅帮助了学习者认识杆秤这一传统的计量工具，还指出了杆秤所蕴含的哲理，发人深省。

木雕展区展示了《响彻云霄》《同乐》等不同的木雕作品，每件作品附有相应的展牌介绍，见表6-6。《响彻云霄》是陕北风系列作品之一，作品以大陕北民俗风情为题材，朴实、豪放、有张力，阐释了活体自然模特的性格特征，借喻出大自然的造化，浓缩反映出陕北要塞腰鼓舞与长号如此强烈而震撼的感染力，使内在感情与外在精神动律有机地结合，达到力和美的具体体现，是传统与革新的高度统一，神形兼备、和谐自然。《同乐》表现了天真无邪的孩童，在祖国肥沃的土地上如丰年硕果一样健康成长。更特别的是，寿桃作为长寿安康、美好、吉祥的象征，有着十分美好的寓意。此外，木雕展区还展出了著名黄杨木雕大师张燕萍的个人简介。张燕萍在近代黄杨木雕上很有造诣，善以人文思维诠释现代雕刻艺术，秉持艺术心性，与传统交融的创作理念，在工艺传承的领域里精雕人物，其艺术雕刻内涵丰富，风格独特。学习者在参观过程中不仅惊叹于木雕工艺之美，更对木雕艺术大师有了深刻了解与认识。

表 6-6　木展区展品

展品	简介	展览形式
展牌	木工有着悠久历史,是一门工艺,也是一门独特的技术,是中国传统三行(木工、木头、木匠)之一	落地展牌
造纸术	造纸术是中国四大发明之一。古代造纸沿用《天工开物》的描述,将树皮经过择皮、漂洗、蒸煮、舂捣、抄纸、晒纸等几十道工序的工艺流程,原汁原味地展现了这一传统技艺	小展牌与展品
活字印刷	是中国古代四大发明之一,也是我国世界级非物质文化遗产项目之一。相传它的发明者北宋毕昇是杭州的雕版印刷工匠,虽然当时没有被统治阶级所用,但被北宋大科学家沈括将完整的泥活字工艺记载在著作《梦溪笔谈》中,使得活字印刷得以推广开来	小展牌与展品
杆秤	杆秤是我国的国粹之一。从其诞生开始,古人便将天文、物理、哲学等多种内容融入了这一小小的杆秤之中。无论是对于制秤者还是用秤者,均将做人的品德用杆秤进行了定义。千百年来,一杆秤一直在称我们自身的良心。权衡轻重、半斤八两等词进入了日常的生活,直至包括影视中的片段,小小杆秤承载着中华民族的千年历史和璀璨文化	小展牌与展品
木雕	《响彻云霄》是陕北风系列作品之一,作品以大陕北民俗风情为题材,朴实、豪放、有张力,阐释了活体自然模特的性格特征,借喻出大自然的造化,浓缩反映出陕北要塞腰鼓舞与长号如此强烈而震撼的感染力,使内在感情与外在精神动力有机地结合,达到力和美的具体体现,是传统与革新的高度统一,神形兼备、和谐自然	小展牌与展品
	木雕展品《同乐》表现了天真无邪的孩童,在祖国肥沃的土地上如丰年硕果一样健康成长。更特别的是,寿桃作为长寿安康、美好、吉祥的象征,有着十分美好的寓意	小展牌与展品
	人物介绍—张燕萍:女,1958 年,乐清乐成镇人,张燕萍在近代黄杨木雕上很有造诣,善以人文思维诠释现代雕刻艺术,秉持艺术心性,与传统交融的创作理念,在工艺传承的领域里精雕人物,其艺术雕刻内涵丰富,风格独特	小展牌

4.风筝展区

风筝展区包括各式各色的风筝和关于风筝的简介(见表 6-7),重点介绍了杭州的特色风筝微型风筝。风筝特色展牌介绍了风筝的发展、类型、制作工艺,如"竹是扎制风筝骨架的主要材料。根据风筝的形状把竹子用火烤过,这样竹子就会变软,再根据风筝的不同形状,把竹子制作成不同的或是直或是弯的形状,与风筝的形状一致。纸的选择以质薄纤维长而均匀、有韧性,耐湿耐冲击,色泽白而洁为佳。线选用的是缝纫衣服的线,而黏合剂则以透明的白乳胶为佳,也可用自制面糊"。展牌还详细介绍了杭州特色风筝,"杭州的风筝虽然不怎么出名,但杭州的风筝很有特色。北方的风比较强劲狂野,所以北方的风筝做得大。杭州的风相对柔和,因此在杭州放飞的风筝要做得精巧,轻盈。于是杭州就有了微型风筝。在杭州微型风筝还有一个别名'袋兜风筝'"。展品与展牌相结合,使得学习者知其然知其所以然,微型风筝的简介则让学习者对当地的文化传统有了更深刻的了解与感知。

表 6-7　风筝区展品

展品	简介	备注
普通风筝	制作材料:竹是扎制风筝骨架的主要材料。根据风筝的形状把竹子用火烤过,这样竹子就会变软,再根据风筝的不同形状,把竹子制作成不同的或是直或是弯的形状,与风筝的形状一致。纸的选择以质薄纤维长而均匀、有韧性,耐湿耐冲击,色泽白而洁为佳。线选用的是缝纫衣服的线,而黏合剂则以透明的白乳胶为佳,也可用自制面糊	展牌与展品
微型风筝	杭州的风筝虽然不怎么出名,但杭州的风筝很有特色。北方的风比较强劲狂野,所以北方的风筝做得大。杭州的风相对柔和,因此在杭州放飞的风筝要做得精巧,轻盈。于是杭州就有了微型风筝。在杭州微型风筝还有一个别名"袋兜风筝"	展牌与展品

三、场馆游戏化学习活动的中介工具设计

场馆学习活动的中介工具指那些能够使学习者与展品产生联系的中介物,包括物理展牌、讲解语音或视频、学习单、可穿戴的增强现实设备、配有辅助参观系统的智能手机或平板等。其中,学习单是在不影响场馆展览设计的条件下,可获得性高、扩展性强,融合场馆教育与学生学习的有效工具。[1] 本研究的场馆学习活动的中介工具即指场馆学习活动学习单,这也是场馆游戏化学习活动的设计与实施的主要载体。

(一)学习单

学习单(worksheet),又称活动单、学习引导单,是场馆中经常使用的一种学

---

[1] 孟庆金.学习单:博物馆与学校教育合作的有效工具[J].中国博物馆,2004(3):15-19.

习中介物。场馆学习环境是一种开放的情境性学习环境,学习者在其中有着非常大的学习自主性,他们可以按照自己的喜好选择学习的展品或交流的伙伴。教师在这一过程中的指导作用被弱化。为了约束学习者行为、减少不必要的漫谈与玩耍,学习单应运而生。本研究认同鲍贤清"学习给养"的观点[①],关注场馆中的学习者个体、物理学习环境以及社交学习环境,将学习单视为一种以学习者为中心的中介物,其优势如下。

1.场馆资源的筛选

馆校合作系统中的场馆通常是围绕某一主题展开的展览或场馆,如红色革命主题的博物馆、现代科技主题的科技馆等。这类场馆通常包含了围绕某一主题的实物、文字图片、标本模型等各式各类的展品。对于学习者尤其是低年龄阶段的学习者来说,参观每件展品、掌握每件展品所蕴含的知识或理解每件展品的价值就变得不切实际。使用学习单则可以根据不同年龄阶段、不同认知水平的学习者选择能够与他们产生意义联系的展品,降低学习者的认知负荷,提高学习体验与学习效果。

2.场馆资源的二次开发

场馆机构在设计展品或展览时会考虑到展览主题、展览预算、展品可实现性等,这在一定程度上可能会忽略学习者参观时的便捷性或可获得性,如设计在玻璃展柜里的标本。在设计学习单时可以对此类展品进行二次开发,在一定程度上解决了这类问题,如学习单上的高清图片、文字介绍等丰富了学习者对展品的认识。另外,场馆学习经常受到时间因素、空间因素等的限制,这种情况下,学习单本身可以学习的资源或材料为学习者提供了学习支持。

3.学习活动的引导

引导学习者进行场馆参观与学习是学习单最为重要的功能之一。学习单上问题的设计通常起到了十分重要的提示作用,在很大程度上帮助学习者建立新旧知识间的联系、知识与生活的联系等。学习者在学习单的提示与引导下规划参观路线、观察展品、解读展品、与同伴展开讨论,进行知识建构。特别的是,游戏化学习单通过提供游戏化的故事背景、游戏化的奖励机制等方式加强了学习单的引导作用。

(二)学习单设计原则

关于场馆学习环境下学习单的使用,学界存在不同的看法。部分学者认为

---

① 鲍贤清. 博物馆场景中的学习设计研究[D]. 上海:华东师范大学,2013.

场馆学习环境的非正式性是其不同于学校教育的地方,弱约束下的场馆学习者存在很大的学习自主性。正是这种学习自主性在促进学习者个性化发展方面有着重要的推动作用,而学习单将学习者放置于同一经验水平上,为其规定特定的学习路线与学习方式,这违背了场馆学习的初衷。另一部分学者认为,场馆学习单是对场馆教育资源的二次整理与开发,能够为学习者的场馆学习提供必要的引导与学习支持。本研究认同后者的观点,认为场馆学习中适当使用科学的学习单,利大于弊。

场馆学习领域中,莫滕森(Mortensen)和斯马特(Smart)以及鲍贤清等人都针对如何设计科学合理的学习单提出过自己的观点。[1][2] 本研究结合前人的研究成果,归纳出本研究中的学习单设计原则。

1.内容设计要涉及具有吸引力的展品

场馆中充满了形式与内容丰富的展品资源。这些展品共同构成了基于某一主题的特定展览。但是学习者在参观的过程中很难做到认真观察学习每一个展品。因此,需要聚焦场馆中具有吸引力的展品,引导学习者进行参观学习。

2.提示观察和解读展品信息

场馆中除了实体展品,还会有展品或展区的介绍性文字或图片。这些文字和图片是学习者重要的学习材料,但是学习者经常在五花八门的展品中忽略了这些重要信息。因此,学习单在设计时要提示学习者观察和解读这些重要信息。

3.设计不同的题型,多方位激发学生的思考

每个学习者都是个性化的个体,他们在学习风格上有着较大的不同。不同的题型可以尽可能照顾更多人的学习习惯。另外,不同的题型可以降低学习者的思维定式,激发学习者在参观过程中的思考。

4.以活动目标为导向,衔接学校教育与场馆学习

馆校协同教育的特色就是衔接了场馆学习与传统的学校学习。作为其重要中介物的学习单在设计时不仅需要考虑场馆中展品所传递的知识与信息,还需要考虑学校对学习者的培养目标。这种衔接是学习单设计的关键。

5.简化学习者的无关工作量

学习单的主要作用在于指导学习者在场馆中的参观。因此,学习单需要化

---

[1]　Mortensen M F,Smart K. Free-choice worksheets increase students' exposure to curriculum during museum visits[J]. Journal of Research in Science Teaching,2010,44(9):1389-1414.

[2]　鲍贤清.博物馆场景中的学习设计研究[D].上海:华东师范大学,2013.

繁为简,弱化学习单阅读和填写的工作量,将学习者的注意力转移到对展品的观察与思考上。学习单设计题型以填空、连线、判断与选择这种易于填写的题型为主。

6.提示学习者学会询问与交流

掌握场馆中展品所传递的知识是学习者进行场馆学习的重要目的。但是,场馆中充满丰富的社会交互,这为学习者培养合作等社交能力提供了重要基础。此外,询问、交流与合作更容易产生新的思考与想法,促使学习者仔细观察展品并进行深入思考。

(三)学习单内容选择

手工艺活态馆中包含风筝、木雕、剪纸、剪刀等各种手工艺展品,但在一次参观学习中了解与掌握场馆中的所有展品对学习者来说是一个难以完成的任务。因此,在学习单设计之前,本研究制定了学习单内容筛选的原则:(1)贴合学习者生活,能够与学习者已有经验产生关联;(2)聚焦场馆中易于观察且具有吸引力的展品;(3)历史悠久,具有重要教育价值的展品。

泥塑展区位于手工艺活态馆的入口处,是一个拥有100多个泥塑小人和各种商铺等的拱宸桥历史街区。学习者多生活在拱宸桥附近,虽然听过但未目睹。泥塑的拱宸桥历史街道将古代繁华的大街生动地展示在学习者眼前,对学习者了解泥塑技艺和当地文化历史有着重要意义。

杭州被称为"丝绸之府",历史悠久。丝绸、扎染和刺绣等传统技艺的学习与传承对学习者来说有着重要意义,因此研究人员选择了手工艺活态馆中的丝绸、扎染和刺绣等展品进行了学习活动设计。

皮雕展区在展区一侧占有较大空间且摆放着详细的文字介绍手册,各种皮雕展品琳琅满目且十分贴近学习者生活,因此被列入选择。

造纸术与活字印刷术属于中国古代四大发明,学习者之前或已经有所了解,因此也被纳入学习单设计。

杆秤则富含哲理,折射出做人的一些准则,具有重要教育意义。

木雕和风筝是比较有意思的手工艺,深受学生们的欢迎,因此被纳入学习单设计中。

基于以上考虑,本学习单设计对手工艺活态馆中的展品资源进行了筛选,最终纳入学习单设计展品内容的包含泥塑、丝绸、扎染、刺绣、皮雕、造纸术、活字印刷、杆秤、木雕、风筝。

（四）学习单设计

对学习单的设计包括设计基于游戏化学习活动设计框架的游戏化学习单和对应的普通场馆参观学习单。

1.游戏化学习单

游戏化情境设计:游戏化学习单基于转换游戏理论,将学生置于一个游戏情境中,因此本研究设计了一封写给学生的邀请函(见图6-9)。内容为"小朋友你好,告诉你一个天大的秘密! 你们已经被选为中国非物质文化遗产继承人的预备军! 但是,为了选出最优秀的继承人,我们在手工艺活态馆中设计了重重关卡,闯关难度层层升级。接下来你将角逐本次选拔赛的最终继承人! 你们准备好接受挑战了吗? ——非物质文化遗产协会"。该封信以非物质文化遗产协会的名义向学生发出挑战邀请,邀请学生参加"谁是最终继承人"的挑战赛,以此为学生创建一个基于挑战的游戏背景。楷体字体、竖排排版和泛黄的信纸更具传统历史文化气息。从学生收到挑战信开始,场馆参观已经不仅仅是一场走马观花的游览,而是竞争激烈的、需要学生观察和思考的挑战赛,学生也从场馆参观者的角色转换为挑战者。

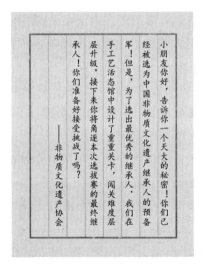

图6-9 "谁是最终继承人"挑战邀请函

学习单设计:游戏化学习单是一份 4 开大小的小册子。第一页是封面,包括"秘籍在手,天下我有""谁是最终继承人""挑战者"和"闯关秘籍"等字样,将挑战者置于一个设置的游戏化情境中;手工艺活态馆手绘平面展示图,作为挑战者接受挑战的路引。另外三页包含四个展区、六个任务,涉及了场馆的八种展品(见

图6-10）。每一个问题都会出现一位非游戏玩家（NPC）为挑战者出题,挑战者只有通过观察展品和思考才能闯过该NPC设置的关卡。

第一关,NPC向挑战者问好并提出任务——"亲爱的挑战者,欢迎来到第一关,我是本关的守门人。请你们找出这条泥塑街道上最开心和最难过的人"。由NPC引导挑战者在完成任务的过程中观察每一个泥塑人物的表情与状态,感受精湛的泥塑技艺和古代拱宸桥街区的繁华景象。

第二关,NPC邀请挑战者帮助奶奶解决问题——"奶奶家养了很多蚕宝宝。近几天蚕宝宝们给自己盖了一间间白色的小房子,奶奶想用它们给我做一件这样的旗袍,但是记不清后面的步骤了,你们能告诉她吗?"这部分引导学习者仔细观察丝展区的展品和展牌等学习资料,在考察缫丝、扎染等传统工艺的过程中培养学习者解决问题的能力和助人为乐的优秀品质。

第三关,NPC告诉挑战者"一名优秀的继承人不仅要知道这些技艺的名字,还要清楚他们的制作工艺",并向挑战者提出问题"扎染、刺绣和皮雕是什么制作工艺?"引导学生关注细节,形成"知其然知其所以然"的求知欲。

第四关,NPC提出的问题是"爷爷说,在他那个年代,卖菜的叔叔阿姨们都会用杆秤来称重,爷爷还说杆秤还有非常特别的象征意义,你们知道是什么吗?"一个问题突出杆秤等传统艺术的魅力,这些技艺虽然现在已经被各种更加方便的技术所取代,但这是属于一代人的技艺与记忆。杆秤不仅是一种计量工具,更折射出做人的道理。

第五关,NPC化身木雕工艺美术大师张燕萍老师,考察挑战者对木雕作品的理解程度——"我是第五关的守门人张燕萍,现在是一名黄杨木雕工艺美术师,下图这个作品《同乐》是我的作品之一。描述一下这个作品,并说出它的寓意。"这幅作品位于木展区比较醒目的位置,通过引导学习者观察木雕展品与简介培养学习者的观察能力和对木雕艺术作品的鉴赏能力。

第六关,NPC邀请挑战者一起制作风筝——"嗨,你们来到最后一关了。我是小关。你能告诉我怎么做一只漂亮的风筝吗?"最后一个问题有着更大的开放性,为了回答这个问题,学习者必须仔细观察风筝展区各种风筝的结构、散落的制作风筝的原材料,在脑海中思考风筝的制作过程,这对学习者观察能力、思考想象能力和工程思维的培养都有着促进作用。

在完成挑战任务的过程中,学习者仔细观察展品与展牌信息,不仅可以了解手工艺的概念和制作工艺,还能够体会这些传统手工艺的实际应用价值与重要历史意义;不仅可以培养学习者观察事物与解决问题的能力,还能够提高学习者的学习兴趣与学习态度。值得指出的是，学习者不需要在学习单上填写完整的回答，因为这会使学生花费大量时间在学习单的填写上，减少参观场馆的时间和降低参观的乐趣。在参观后进行的访谈会涉及游戏化学习单上的这些问题，该学习单只是起到指引参观学习的作用。当然，学生被允许在学习单上做必要的标记。

2.普通学习单

普通学习单未进行游戏化设计，仅作为学生的普通参观指导。普通学习单不包含设置游戏情境的挑战信，第一页包含了指引学习者参观路线的手工艺活态馆平面展示图和手工艺活态馆简介。普通学习单所涉及的展品与游戏化学习单相同，但是在每一题的设计上又有所不同。普通学习单的题目设计包括"数一数""排一排""连一连""选一选""填一填"五种题型（见图6-11）。根据学习单题型设计原则，这五种问题以选择、连线和简单的填写为主，大大缩减了学生的书写时间，让学生将更多的时间与精力放在场馆展品的观察和思考上。

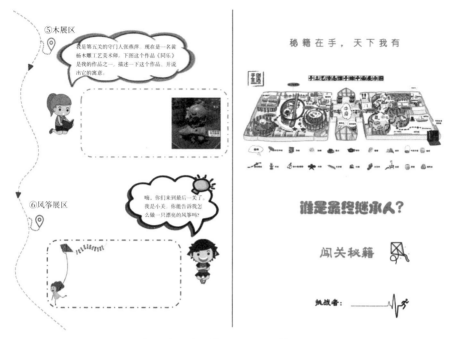

游戏化学习单的第一页(右)和第四页(左)

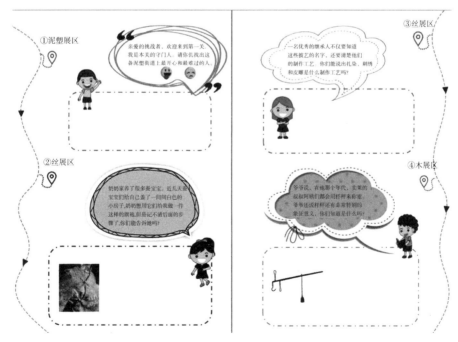

游戏化学习单的第二页(左)及第三页(右)

图 6-10　游戏化学习单

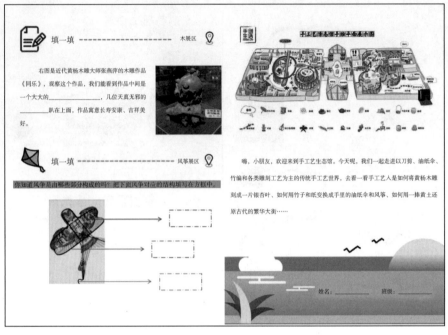

普通学习单的第一页(右)及第四页(左)

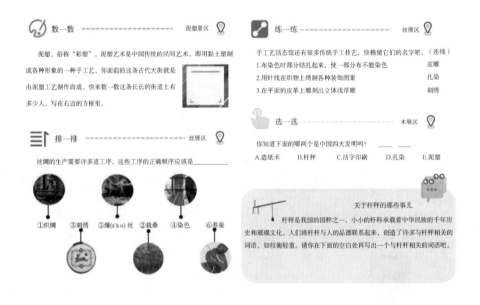

普通学习单的第二页(左)及第三页(右)

图 6-11　普通学习单

　　数数题指引学习者观察泥塑展区,问题设计如"泥塑,俗称'彩塑',泥塑艺术是中国传统的民间艺术,即用黏土塑制成各种形象的一种手工艺。你面前的这条古代大街就是由泥塑工艺制作而成,快来数一数这条长长的街道上有多少人,写在右边的方框里"。问题中介绍了泥塑的概念,指引学习者数一数泥塑作品中的人物数量。学习者在数数的过程中观察泥塑展品,体会泥塑艺术的魅力和古代大街的繁华。

　　排序题指引学习者学习丝展区的相关内容,"丝绸的生产需要许多道工序,这些工序的正确顺序应该是＿＿＿＿＿:①织绸 ③刺绣 ⑤缫丝 ②栽桑 ④染色 ⑥养蚕"。排序题给出了丝绸生产的必要工序,但未标明工艺的顺序,这需要学习者观察丝展区展品特点和展牌内容。问题设计意在提高学习者观察能力、加深学习者对丝绸工艺的了解,帮助学习者感受中华传统丝绸工艺的美以及中国劳动人民的智慧。

　　连线题指引学习者了解皮雕、扎染和刺绣的概念,如"手工艺活态馆还有很多传统手工技艺,快猜猜它们的名字吧(连线)"。连线题涉及多种手工技艺,为了回答这个问题,学习者需要仔细观察皮雕、扎染和刺绣的相关展品和展牌。

　　选择题涉及中国古代四大发明"你知道下面的哪两个是中国四大发明吗?A.造纸术 B.杆秤 C.活字印刷 D.扎染 E.泥塑"。五个选项均在展区有展出,学习者需要仔细观察每一个展区中的展品,方能获得最终答案。

　　附加题"关于杆秤那些事儿"指引学习者阅读杆秤的展牌信息,"杆秤是我国的国粹之一,小小的杆秤承载着中华民族的千年历史和璀璨文化。人们将杆秤与人的品德联系起来,创造了许多与杆秤相关的词语,如权衡轻重。请你在下面的空白处再写出一个与杆秤相关的词语吧"。这一题引导学习者观察与思考,答案可以是学习者自身思考所得到的,也可以是学习者观察展品展牌所获得的。

　　两个填空题分别考察学习者对《同乐》作品和风筝展区的观察,题目设计为"右图是近代黄杨木雕大师张燕萍的木雕作品《同乐》,观察这个作品,我们能看到作品中间是一个大大的＿＿＿＿＿＿,几位天真无邪的＿＿＿＿＿＿趴在上面,作品寓意长寿安康、吉祥美好""你知道风筝是由哪些部分构成的吗? 把下面风筝对应的结构填写在方框中"。学习者通过观察与学习木展区和风筝展区的展品,获得答案。

　　3.游戏化学习单与普通学习单的设计对比

　　虽然游戏化学习单与普通学习单都旨在引导学习者观察思考以及提高学习者的学习参与度,但是游戏化学习单以场馆游戏化学习活动设计框架为理论基础,在情境化设计、问题设计和设计意图上与普通学习单有着不同的设计特点,见表6-8。

表6-8　游戏化学习单与普通学习单的设计对比

项目	游戏化学习单	普通学习单
情境化设计	学习者收到来自中国非物质文化遗产协会的信,作为"挑战者"参与"谁是最终继承人"的挑战赛	普通参观学习,无情境化设计
问题设计	六位不同角色的NPC作为挑战赛每一关的"守门人",向"挑战者"发出挑战邀请,即提出问题	传统问题设计,如选择、连线、填空等
设计意图	提高学习者学习兴趣与学习参与度,引导观察、思考	提高学习者的学习参与度,引导观察、思考

第四节　场馆游戏化学习活动过程设计

本节将以学习活动过程的呈现为主线,对场馆游戏化学习的实施过程与效果评价进行设计。

一、情境设计

学习者核心素养的培养与发展离不开"情境"。[1] 情境化是场馆学习的重要特征,因此场馆中设计学习活动必须将情境纳入考虑。手工艺活态馆是以中华传统手工技艺为主题的集展览与交互于一体的场馆,展品设计和场馆环境设计为学习者提供了一个基于真实环境的学习情境;学习者作为"挑战者"逐步完成挑战任务,形成了一个基于真实任务的学习情境;学习者在参观学习过程中与同伴和其他人员沟通交流,形成了一个基于真实交流的社会情境。这些情境的创设帮助学习者在完成任务的过程中进行观察、交流和协作,在已有知识经验的基础上进行知识构建。此外,在此过程中,学习者逐步增强对传统手工艺的喜爱和认同,培养学生公共参与素养等。

二、角色设计

从学习者收到来自"非物质文化遗产协会"的"谁是最终继承人"的挑战赛邀请函开始,学习者对自身的角色定位就已经从"我是一次场馆参观的参观者"向

---

[1]　张华.论核心素养的内涵[J].全球教育展望,2016,45(4):10-24.

"我是一名参与挑战的挑战者"转变,并产生取得挑战赛胜利、成为"非物质文化遗产继承人"的想法。接着,挑战者进入手工艺活态馆参观学习,在迎接每一关卡守门人提出挑战问题的过程中,逐步加深自己的这种角色定位。参观结束后,研究人员根据挑战者的综合表现,为表现最佳的挑战者和所有挑战者颁发相应的"非物质文化遗产继承人"证书和奖品,这是加深角色定位的驱动,同时也是评价与总结的一部分。研究表明,这种对角色的扮演在促进儿童自我概念的发展、提高学习者的学习兴趣、促进问题解决能力的发展上有重要作用。[①]

研究人员在向学习者发放"谁是最终继承人"的挑战赛邀请函时,作为"非物质文化遗产协会"的一员参与学习者的学习活动,在学习活动中主要起监督作用。但同时也会帮助学习者解决参观学习过程中的其他困惑。

教师和场馆工作人员作为"挑战者"的辅助人员参与学习活动,观察学习者学习情况,必要时提供简单的帮助。

三、任务设计

游戏化学习活动中的任务设计是通过学习单中的问题来实现的。在游戏化学习单中,每一关的 NPC 向学习者发出挑战,学习者作为挑战者主动迎接挑战。在完成任务的过程中,学习者主动观察展品、展板,发现与思考问题,主动与同伴或其他人员进行交流协作。如在最后一关的 NPC 邀请挑战者一起制作风筝,学习者为了完成这一任务,必须观察风筝展区的风筝展品、制作材料,与周围同伴或场馆工作人员交流讨论风筝的制作工艺。

四、学习活动的评价设计

(一)诊断性评价

诊断性评价是通过与班级同学和教师的访谈实现的。通过访谈了解学习者是否已经参观过手工艺活态馆或者参观的次数,掌握学习者对传统手工艺尤其是手工艺活态馆中出现的手工艺的了解程度等。通过诊断性评价,初步确定学习者的已有知识与经验,这将对学习目标的制定、学习材料与内容的选择以及中介工具的设计有重要作用。

---

① 王爱芬.浅析角色扮演法及其在学生心理发展中的意义[J].教育理论与实践,2007,27(2):91-93.

（二）过程性评价

过程性评价贯穿整个场馆学习活动过程中，主要指研究人员、教师和场馆人员的观察以及他们与学习者的交流。如观察不同学习模式的学习者在同一阶段的学习表现等。此外，学习者在学习单上的答题或标注也作为过程性评价的一部分。在学习活动过程中，过程性评价主要作为对学习者学习过程的监督与不良学习表现的矫正。

（三）总结性评价

总结性评价是对学习者学习效果的最终评价，形式包括问卷、访谈和绘画测试。问卷旨在测试学习者关于传统手工艺的知识与技能获得情况，访谈用于测量学习者知识技能获得和场馆参观体验情况，绘画测试旨在测试学习者参观后对手工艺人的整体印象如何。三种评价方式共存，三种评价结果相互补充，形成本学习活动设计效果的总体评价方式。

场馆的教育功能逐渐被广大教育研究人员所重视，以职业特色为主题的专题场馆在职业启蒙教育实践中扮演了重要角色。为了提高学习者在职业启蒙教育过程中的学习动机与学习兴趣，充分挖掘场馆展品资源的教育价值，本章以建构主义学习理论、活动理论和转换游戏理论为理论基础，剖析了场馆学习活动要素与相关联的转换游戏要素，并进行对比分析，构建了场馆游戏化学习活动框架。场馆游戏化学习活动框架从游戏情境创设与游戏情境保持两个方面对场馆学习活动三阶段（准备阶段、实施阶段与评价反思阶段）的教师活动与学生活动进行具体设计，包括游戏任务的布置与领取、奖励机制的制定与完善等。以三年级小学生在手工艺活态馆的参观学习为例，进行了场馆游戏化学习活动设计。学习活动设计包括对学习主体、学习目标和学习客体的选择与分析，并在这些分析的基础上进行场馆游戏化学习活动中介工具的设计，即游戏化学习单的设计。此外，场馆游戏化学习活动设计还强调了关于游戏化学习情境、游戏角色、游戏任务和评价的设计。该框架与设计案例为利用场馆环境开展职业启蒙教育提供了一个可指导的框架与实践案例，有利于后续发展职业启蒙教育理论与实践。

第七章
基于数据驱动的职业画像赋能职业体验提升

教育需要实践,成长需要体验。职业体验是职业启蒙的关键环节。职业启蒙为学生提供了对职业世界的初步认知和理解,它像一座桥梁,将学生从对未知职业的模糊印象引向对职业领域的具体探索。然而,单纯的理论知识往往难以准确、全面地体现职业的本质与特点。职业体验则是强调个体通过实践去感知、体验职业的真实面貌。这种方式体现了心理学中"具身认知"的概念,强调了个体通过身体与环境的互动构建对世界的理解和认知,强调了身体在认知过程中的重要性。因此,职业体验赋予职业启蒙更深的层次和更丰富的内涵,不仅是知识的获取,而且是身体和情感层面的参与和感知。

职业体验也经历了不同的发展阶段。在 1.0 阶段,职业体验的形式与内容往往"千人一面",相对单一和固化,个体主要是被动地接受既定的职业体验规划路径。比如在按年龄和学段规划的职业体验方案中,学生更多的是根据传统或一般认知接受各个阶段职业体验的固定课程与活动,这就会导致学生职业体验的相对固化。随着社会的发展和个体意识的觉醒,职业体验进入了 2.0 阶段。区别于 1.0 阶段的单一固定课程,这一阶段的职业体验活动被按照职业的性质与特点进行分类,形成了"套餐化"的职业体验模块,为学生提供了相对自由的选择。学生在这个阶段可以根据个人兴趣、技能和职业目标,选择适合自己的职业体验套餐。但是不难发现,这种套餐式的职业体验方案仍是让学生在有效的范围内进行选择。近年来,随着科技的发展和信息的爆炸式增长,我们正逐渐迈入职业体验的 3.0 阶段。在这个阶段,大数据技术赋予了每个学生个性化的用户画像和深刻的洞察。各种数据收集和分析工具令每个学生能更好地了解自己的兴趣、能力和价值观,从而更精准地选择适合自己职业方向的职业体验活动。这意味着职业体验不再是如 1.0 阶段简单地接受既定内容,或是像 2.0 阶段选择特定套餐,而是能够真正地关注到每个学生的特点与成长轨迹,"千人千面"地实现个性化和精准化的体验活动推荐,使每个学生能够在"为我设计、让我体验"的职业启蒙相关活动中更好地实现自我认知和职业发展目标。

因此，面向 3.0 阶段，职业体验也需要立足于数字经济的时代背景下进行设计与规划。数字经济时代，"用户为上、体验为王"的理念深入人心。用户体验是个人与产品、服务或组织之间一系列交互的总和。[①] 体验的改进需要更多地考虑用户的生活形态及产品或服务在使用时的全部情境。以用户为中心的产品设计路线从用户入手，确定产品的目标人群。随后进入用户画像阶段，对真实用户的性格、喜好、行为、需求等特征进行挖掘提取，抽象综合成为一组对典型产品使用者的描述。在形成用户画像之后，进行用户需求挖掘和分析，从而促进设计改进与体验升级。因此，类比用户画像在用户体验设计中的重要地位，本章将探讨基于数据驱动的职业画像如何通过提高人职匹配度赋能个体的职业体验提升。

第一节　职业画像的概述

类比用户体验，职业体验作为个体在职业相关活动中的交互感受，其核心的交互环节是个体与职业的匹配度，而职业画像则通过收集个体的各个维度数据，挖掘潜在价值信息，从而抽象出典型的职业人群特征。职业画像可以看作应用大数据价值的根基，为数据驱动下职业体验的提升奠定了基础。正如一个好的推荐系统能够"懂你心"，良好的职业体验设计亦应该是因人而异的，离不开对于个体职业偏好的精确画像。而在互联网步入大数据时代后，个体的行为可以被深度追溯和深入分析，从而得到丰富、精准的职业画像，帮助个体职业行为、感受的相关数据"走出"数据仓库，更为个性化的人职匹配功能的实现提供了直接、有效的技术手段。

一、职业画像的基本概念

在数字经济时代，"画像"这一概念被赋予了崭新的含义，包括了名词和动词两种属性：一是把画像当作名词来解释，即对个体静态属性和动态属性的描述。静态属性指个体在一定时间周期内稳定不变的特征，例如性别、社会身份、年龄层等。动态属性是指在数据采集周期内个体变化的特征，比如情绪状态、活动场景、兴趣等。二是把画像当作动词来解释，指基于数据统计、机器学习和自然语言处理等技术，对目标用户进行需求分析和标签构建的一系列过程。从上述含

---

① 加瑞特. 用户体验的要素[M]. 范晓燕，译. 北京：机械工业出版社，2007：3

义不难发现,用户属性的标签化是其画像技术的核心,而标签化的过程离不开该领域的特定知识。如今,作为一种数据分析的新思路和新方法,画像已被广泛应用于各种场景。比如,各类移动应用产品(App)的"猜你喜欢""为你推荐"等个性化功能模块通过画像技术收集并分析用户的属性、刻画用户的偏好,从而为其匹配并推荐相应的产品及服务。不同领域画像的根本差异就在于所融合的领域知识和理论不同,从而构建出不同的画像标签体系和计算方法。因此,本书提出的"职业画像"是画像技术在职业推荐领域的应用和体现,是在充分利用个体静态属性和动态属性标签数据的基础上,通过定性和定量的研究方法,勾勒出个体及某种职业类型的人才所拥有的共同特征,从而可以应用于人职匹配等相关数字化服务模块。因此,职业画像中所涉及的属性标签就是以职业或者职业群为单位,以从业者的核心素养和技能为核心进行构建。

传统的职业推荐往往依赖于专家的知识经验和行业的发展趋势,这些集成的知识和经验是智慧的结晶,但也不可避免地存在一些局限性。专家的推荐依据较为主观,容易受到自身经历和经验的限制;行业趋势虽然是当前外部环境的客观数据,但缺乏对个体能力匹配性的衡量,从而造成了推荐结果往往"千人一面"。过度依赖传统的职业推荐造成了个体在职业启蒙与探索、职业方向选择、就业目标明确等一系列过程中,缺乏针对自身的个性化职业评估,在职业选择时往往在迷茫中"随大流",而在职业竞聘时遭遇"人满为患"的境地,在后续的职业生涯发展中容易徘徊和感到困惑。

在数字化时代,职业画像和传统的职业推荐方式相比,具有如下优势:一方面,方法更加科学客观。需要指出的是,职业画像并不完全是"数据驱动"的,而是在职业选择、职业发展相关理论的支撑下建立相关的画像标签体系和计算方法。因此,在职业画像的架构阶段,需要汇聚行业专家、学者、从业人员等多方的建议,才得以从浩瀚的原始数据中抽丝剥茧,凝聚关键的画像指标。但是,与传统的职业推荐方式相区别,职业画像所依据的是个体在自然的状态下自发产生并被客观、真实记录的数据。这种数据源的优势在于,在心理学中职业偏好本身属于一种个体内隐的态度,即大多数人其实并不能够清晰地表达"我究竟适合做什么工作",因此自陈式的主观表达和专家的外部评估往往和真正的职业偏好之间存在距离。但是客观的行为是个体核心素养和技能的外部表现,通过对行为数据的观察、记录和分析,能够帮助我们分析和判断个体的职业倾向。另一方面,结果更加全面生动。职业核心素养和能力是多维度的,因此受限于个体的认知局限性,自我反思、回忆、报告的方式或者他人的外部评价往往只能管中窥豹,难以对个体的职业倾向和能力素养进行有效、全面的刻画。随着物联网技术、数据云存储和分析技术的飞速发展，在知情同意的前提下，对个体数据的采集在广度、深度和时间尺度上有了巨大的突破，每个个体画像背后都是一个巨大存储量的"数据湖"。数据分析的机器学习算法、深度学习算法则可以在"数据湖"中挖掘"宝藏"，通过并行计算对成百乃至上千个数据维度进行精确和快速的关联分析，将个体的行为、能力、心理素质、兴趣爱好等与职业核心素养进行匹配，从而构建立体、生动、多维的职业特征画像。

二、职业画像的架构、模块和流程

（一）职业画像的架构

职业画像是在如今互联网数据规模不断扩大、数据算法不断优化的背景下，不断发展成熟并走向应用。因此，类比用户画像，职业画像的系统技术架构也包括了底层的数据处理和沉淀、中层大数据平台的计算分析和顶层的画像应用（见图7-1）。以在学校场景下的个体职业画像系统为例，各个架构层的基本功能如下。

数据层，即存储和个体职业相关的个人信息数据和历史行为数据。个人信息数据主要指年龄、职业、性别等人口学信息。行为数据包括课程参与和表现的课业数据，参加社团和实践活动的兴趣数据等。这些数据将以用户为单位（唯一可识别的 ID）持续汇聚成用户标签数据。

计算层，即在这一层进行数据分析、挖掘、模型构建，生成用户多维度的画像，并存于数据仓库中，计算层是整个系统的核心。利用大数据的整体架构对数据计算标签的过程进行开发，对数据进行加工，将标签管理化。在这里很清晰地表明，用户画像不是产生数据的源头，而是基于对数据仓库中与用户相关的数据的二次建模加工，同时将标签计算的结果进行计算。这些计算过程需要依靠Hive、Hbase 等大数据技术和算法库中的机器学习算法。

应用层，即将计算结果、标签、数据等形成与职业画像相关的服务模型。一般而言可以在用户和标签（即职业）两个维度进行应用场景的设计。比如在用户维度，生成具有共同标签的用户群、对用户进行职业画像及人职匹配度的计算。在职业维度，可以生成具有共同特点的职业群和职业群的特征画像，并进行不同职业间相似度的计算。

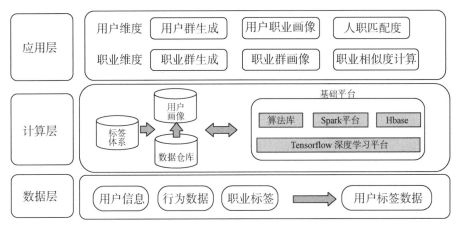

图 7-1　职业画像架构

（二）职业画像的模块

基于上述架构,搭建一套比较完整的职业画像体系,需要考虑八个模块的建设。

一是职业画像洞察。在这一阶段,需要明确职业画像是什么,包含的数据模块、数据类型和大致的开发流程。在洞察阶段的大方向和规划能够为后期的项目排期和人员投入预算做出很好的规划,也是评估每个开发阶段关键指标和产出的重要依据。

二是数据标签体系。根据职业画像的目的,梳理出包括用户属性、用户行为、课程属性、能力评估等维度的指标体系。

三是标签数据存储。根据具体的应用场景,标签相关数据可以存储在Hive、MySQL、HBase、Elasticsearch等数据库中。

四是标签数据开发。该模块是职业画像工程化的终端模块,包含统计类、规则类、挖掘类等标签的开发,以及人群和职业群计算功能的开发。通过开发过程,打通画像数据和各应用场景之间的通路。

五是开发性能调优。标签计算、人群和职业群计算等脚本上线调度后,为了提高算法的运行效率、降低系统调度时间,需要对开发的脚本进行迭代重构和参数调优。

六是运行流程调度。标签计算、人群和职业群计算同步至应用场景系统,以及数据监控预警等脚本开发完成后,需要借助调度工具将上述整套流程调度起来。

七是用户画像产品化。为了能将职业画像更好地应用于实践中，需要以图形化的界面和友好的操作形态进行产品化呈现。产品化的主要模块包括标签视图、用户标签查询、用户职业分群、透视分析等功能。

八是用户画像应用。职业画像的应用场景包括用户心理特质分析、职业匹配度计算、职业群分类等。

（三）职业画像的流程

基于上述模块的建设，搭建一套较为完整的职业画像方案，整体来说需要考虑以下七个方面流程。

一是画像目标解读。"万事开头难"，在建立职业画像前，需要明确画像服务的对象。比如针对学校这一服务对象，需要分析学生的特征、定位学生的职业偏好、得到课程和学生职业偏好的关联，以更为科学地进行课程的设计、开发和改进。因此，画像的侧重点就落在了与学生课程有关的数据和偏好的分析上。明确服务对象的需求，才能规划后续职业画像的建设目标，输出职业画像呈现的预期效果。

二是任务分解与需求调研。在这一阶段，需要结合现有数据体系和职业画像标签之间的关联关系，明确分析维度。比如，对于职业画像而言，需要从个体心理特征画像、用户职业偏好画像、职业群画像等角度进行业务建模。

三是需求场景讨论与明确。在本阶段，需要结合职业教育专家、心理学家、学校教师、学生和家长等多种角色的讨论与沟通结果，输出职业画像需求文档，在文档中明确职业画像的应用场景，最终开发出标签内容与应用方式。

四是应用场景与数据口径确认。经过上一个阶段明确了需求场景与最终实现的标签维度、标签类型后，数据运营人员需要结合数据仓库中已有的相关数据表，明确与各个应用场景相关的数据口径。

五是特征选取与模型数据落表。本阶段，数据挖掘专家将需要根据已经明确的应用场景进行建模，完善数据分析与计算逻辑，将相应的模型逻辑写入临时表中，并抽取数据校验是否符合业务场景需求。

六是线下模型数据验收与测试。数据仓库相关人员将数据落表后，设置定时调度任务，数据挖掘人员定期更新数据并验收数据逻辑是否符合需求，根据业务需求抽取表中数据查看其是否在合理范围内，若发现问题及时调整代码逻辑和标签权重。

七是线上模型发布与效果追踪。第六阶段数据通过验收后，将进行版本管理和部署上线，上线后将通过持续追踪标签应用效果及各方需求反馈，不断调整优化模型。

三、职业画像的目标和意义

职业画像的目标与其服务对象紧密相关。从服务对象上看,职业画像的直接服务对象既包括职业本身,也包括希望进行职业匹配的个体。这就像我们在使用购物类 App 时,推荐系统会将人和商品进行匹配,通过个人的购买行为分析其购物偏好的产品类型、价格等特质,从而在现有的商品中为其推荐与之购物偏好相似度最高的产品。在职业推荐中,个体和职业也是双向匹配的关系,职业画像通过对个体数据的分析,为个体推荐与其自身的能力、兴趣等特质相似度最高的职业。这种匹配主要基于如下目标:首先,不同的职业所要求的核心素质有所差异,比如我们常说的工科需要思维严谨、艺术需要想象力和创新,职业画像通过对职业典型个体的特征汇聚,生动地勾勒出这一职业所需要的典型素质,为人职匹配提供坚实的数据支撑,让个体对于职业的认知不再只是基于"我听说",而是来源于海量数据的计算和分析结果。其次,随着时代的发展,电商直播、收纳师等新兴职业不断涌现。相较于传统职业,我们对于这些职业的认识较为缺乏,也难有资深的领域专家进行经验的分享,而职业画像能够通过对从业者数据的快速收集和分析,站在客观的角度进行职业的定位和描述。最后,一些传统的职业在时代的浪潮中也呈现出新的变化和特点,如销售人员不仅需要言语表达能力,也需要一定的产品设计和文案输出能力。职业画像可以通过分析这些职业现有员工能力需求的变化,为相关技能培训提供支持。

职业画像是数字经济时代和计算机技术进步下的产物,因此职业画像的间接服务对象则包括学校、企业和社会。首先,学校是个体的职业准备阶段,也是个体进行职业启蒙、培养职业兴趣、探索职业方向的重要场所。一方面,传统应试教育存在"重知识、轻能力"的弊端,学生在寒窗苦读十余年后,面对职业方向和志愿选择的重要关口却往往显得无所适从,并不清晰自己的兴趣和能力所在。而随着职业生涯规划得到广泛关注并逐步下沉,学校层面需要用更加科学和有效的工具评估学生在各个阶段的所长,以制定出更加个性化、科学的教育教学策略。另一方面,学生在学校的学业表现、活动情况、技能习得等都是预测其职业偏好的重要数据,是职业核心能力和职业素养的基石。近年来,我国教育信息化的步伐不断加快、质量不断提升。教育部在 2022 年工作要点中明确提出"实施教育数字化战略行动",将教育数字化转型作为推进教育现代化建设与高质量发展的重要引擎和关键特征。在政策的推动下,全国各地的学校纷纷加快了校园教育信息化的推进和深入，学生的课程选择、学业表现、实践活动都可以被以电子化的形式存储，作为刻画个体职业倾向的有效指标。但是传统的职业生涯规划中鲜少将上述数据进行科学、有效的利用，造成了学校教育数据的沉积和浪费。因此，职业画像技术的重要目标在于对这些数据进行以职业核心素养为目标的整合和分析，实现学生多维度、全周期的职业画像。

其次，企业是个体的职业活动场所，利用数字化技术构建企业人才的职业画像过程中，可以充分挖掘出高价值员工的共性特征。例如：职业所需要的核心价值观、人格、动机、知识结构、行为模式等。管理者可以据此优化现有的人力资源管理工作内容。常规情况下，人力资源的招聘中，往往需要根据现有的信息凭借主观判断筛选候选人，这不可避免地受到人的认知局限和偏见等影响，而职业画像可以通过对候选人数据的分析为人才招聘和配置工作增添更多理性的判断，在一定程度上降低人岗不匹配的风险。同时，在人力资源的培训环节中，可以依据高价值员工的职业画像，展开有针对性的技能和素养培训，并对员工的培训效果进行持续的追踪与判断。这种数据驱动下的"以员工为中心"的人力资源管理模式更贴近如今新生代员工的心理诉求，更能提升员工的工作体验、激发员工自我提升的动力和热情。

最后，社会是个人职业发展的保障，我国正处于实现中华民族伟大复兴的关键时期，经济已由高速增长阶段转向高质量发展阶段。构建新发展格局、推动高质量发展，不仅需要创新人才突破"卡脖子"技术，也需要一大批技术技能型人才作保障，从而将人口红利转化为人才红利。相比于传统标准化、流水线式的人才培养模式，大数据时代下，通过对职业和个体的数据分析，基于职业画像的定制化职业启蒙有了实现的可能性，"因材施教"有了切实可行的落脚点，"大国工匠"也有了针对性的评价标准。

因此，职业画像具有重要的时代和社会意义。在如今普职融通、产教融合的政策下，职业画像将成为助力个体职业启蒙、职业选择、职业发展的全生命周期体验提升中不可缺少的一项技术。职业画像的理念和技术将与普通中小学开设的职业启蒙教育相关活动互相依托、互为助力。一方面，职业启蒙教育相关内容的开展可以记录和分析学生在成长过程中参与职业体验活动的行为和感受，为个体职业画像提供更加精准和有效的数据源；另一方面，职业画像的结果可以作为职业体验活动的有效反馈，在个体层面帮助分析每个学生的职业兴趣和能力素养，从而提升学生的职业感知和职业体验，培养学生职业生涯规划的意识能力，日后根据自己的兴趣与能力进行职业选择；在整体层面可以呈现职业群与职业启蒙活动的关联,帮助学校在宏观层面把握职业启蒙活动设置的内容和形式,为社会培养更多高素质技能人才打下基础。

第二节 职业画像关键数据特征的分类与识别

职业画像的匹配关键在于构建刻画个体职业倾向的关键标签,即哪些因素对预测个体的职业倾向是更有效的。在消费心理学中,研究者经常关注的问题是哪些因素影响了个体的购买商品决策,比如在购买汽车时,有些人更看重科技感,有些人更追求豪华配置。有研究者根据这一现象,提出了商品的"人格"属性,即商品和人一样,具有不同的人格特质,有些商品象征开放包容,有些商品则更偏低调沉稳。因此,当消费者发现商品的人格与自己较为接近时,会有更强的购买偏好。[①] 受到商品人格相关概念的启发,本研究认为个体和职业二者也能以共有的心理特征作为关键属性进行匹配,从而预测个体的职业倾向、提升个体的职业体验。

一、职业偏好心理特征的形成和发展

心理学认为,个体的心理特征支配了行为,又通过行为表现出来。心理特征对个体的行为和决策模式有着稳定、持久和深远的影响,个体的行为是心理特质的外部表现。比如,具有外向人格特征的个体,在和朋友、同事、陌生人等各种场景下的交往模式中,其行为都体现出了开朗、大方、热情这些外向型的典型特征。而其他非心理特征,比如年龄、性别、地域等人口学变量,则并不具有和心理特质相似的上述特点,又或者说,这些人口学变量的差异是处于表层的,而真正解释其背后差异的是更为底层的心理特质。举例而言,男性和女性在整体上的确存在购买偏好的差异,比如对汽车外形、功能、颜色的侧重,但是究其根本,这种差异可以用两性的认知风格、心理需求等心理变量进行解释。比如整体上男性更偏理性思维,而女性更偏感性,因此男性会更在意汽车的功能参数,而女性则对引起感官愉悦的颜色、外形更为看重。此外,像地域、经济水平等标签虽然看似能在整体上得出一些结论,但是仅使用这些特征来概括人的行为是具有很大局限性的,比如我们常说的"地域黑",就是以偏概全的体现。因此,本研究认为个体的心理特征对职业偏好有着更为稳定、持久和深远的影响,以心理特征为核心

---

① 周斌. 消费心理学[M]. 北京:清华大学出版社,2017:10.

进行职业画像，对个体和职业进行匹配更具有可靠性和稳健性。

（一）职业偏好的发展具有阶段性

职业偏好是在个体心理发展的基础上不断成熟、完善的。发展心理学认为，人的认知发展具有阶段性，每个阶段都有其各自的特点和规律。在幼儿游戏的发展中，我们能发现儿童对于职业的感知雏形。游戏的内容反映了幼儿对于现实生活的模拟能力和想象能力，游戏的主题随着儿童身心的发展，由熟悉的家庭、幼儿园扩大到与职业相关的生产劳动和社会生活（如从过家家到当警察），游戏的范围由运用物体的外部活动到反映人们在活动中的相互联系和内心品质（如从丢手帕到惩恶扬善），游戏的形式从简单、自由到复杂和有一定的情节（如从挖沙子到抓小偷）。这些游戏的变化本质上反映了幼儿认知水平的变化，比如从模仿到角色游戏、表演游戏，就是儿童的创造力、想象力、记忆力不断发展的结果。在小学阶段，儿童对于职业有了更多抽象的思考。心理学家朱智贤指出[①]，小学儿童思维的基本特点是从以具体形象思维为主要形式逐步过渡到以抽象逻辑思维为主，因此在这一阶段，儿童对于职业的认知除了使用较为普遍的评价词（如好、坏、一般），逐渐增加使用描述行为特征、心理品质、信仰、价值和态度的抽象形容词（如保家卫国）。在青少年阶段，由于生理发育十分迅速，但心理发展的速度相对缓慢，青春期个体的身心往往处在一种非平衡的状态，在职业的认知和选择上也常常感到迷茫和困惑。一方面，青春期是自我意识发展的飞跃期，内心世界越发丰富，常常将很多心智用于内省，"我是谁？""我存在的意义是什么？"等关于"我"的问题开始反复萦绕在心头。因此，开始重新思考童年期的职业选择、自我探索合适的职业方向。另一方面，青春期的个体已经能完全意识到自己是一个独立的个体，要求独立的愿望日趋强烈，容易将他人的教诲和指导视为对自身发展的束缚，为获得心理上的独立，对于父母、教师建议的职业方向往往有不同程度的排斥倾向。在成年早期，个体从"志于学"走向"而立"之年，在心理上辩证思维逐渐成熟、情绪日益稳定，形成了自己的人生观和价值观，开始从事自己选择的职业。由此可见，不同阶段个体的心理特征影响了个体的职业偏好，在进行职业画像的标签构建时需要充分考虑个体所处的心理阶段特点，设计与个体心理发展阶段相吻合的职业体验活动。

---

① 朱智贤,林崇德.朱智贤全集:第五卷思维发展心理学[M].北京:北京师范大学出版社,2022.

（二）职业偏好的表现是具有个体性的

如果说个体所处的发展阶段是其职业认知的基础,那么不同个体的职业偏好是以其自身的动机、愿望、性格等心理特征为中介的外部表现。每个人拥有不同的遗传基因、生活经历、外部环境,这些因素塑造了个体间的心理特征差异。正如有一千个读者就有一千个哈姆雷特,同样的外部刺激在不同的人眼中会产生不一样的认知和感受。比如,听教师讲完绘本故事后,幼儿园里有的小朋友想当故事里的医生,有的小朋友想当故事里的警察。这种差异从性格的角度看,外向的孩子喜欢与人交往的职业,内向的孩子则倾向于选择需要集中精力和注意力的工作。此外,受所处环境、家庭经历的影响,孩子们也会有不同的动机,比如曾经经历过汶川地震的孩子,因为曾经的经历让他们希望自己也能成为帮助别人的人,所以他们中的很多人长大后成了军人、救援人员。正是因为每个人独特的经历塑造了各自丰富多彩的内心世界,造就了日后万千的职业选择。因此,一方面,传统"千人一面"的职业生涯指导活动并不能有效地刻画每个个体独特的职业选择,需要生成个性化的职业画像并有针对性地指导个体的职业启蒙,从而产生更好的职业规划效果和更优的职业活动体验;另一方面,"千人千面"的职业画像更需要以心理特质作为底层标签架构的基础。个体的环境、经历千差万别,但是这些受外部因素影响的心理特质是有规律可循的。因此,以个体的外部行为作为输入线索,以心理学和职业教育相关理论作为架构,确定对于职业核心素养有影响的指标体系,可以有效地化繁为简指导建立个性化的职业画像。

（三）职业偏好的发展是具有相对稳定性的

个体职业的选择跟其性格、价值观、能力等稳定的心理特征密切相关。比如诸多心理学研究表明,气质是性格中最稳定的、在早年就表现出来的并且受遗传和生理影响较大而受文化和教育影响较小的部分,指人的认知、情感、言语、行动等心理活动特征的总和,包括速度和稳定性、强度、指向性三大特点。[①] 在小时候,不同气质类型的个体就显示出对应的行为特质,如有的孩子文静安稳属于黏液质的气质类型,有的孩子生性好动符合胆汁质的气质类型。现实中的每一种职业都有其特定的性质和内容,对从业者的气质也有一定的要求。同时,从业者的气质类型,也会对其工作效率产生影响。比如,要求做出灵活迅速反应的工作适合胆汁质的个体,但是对于做事冷静严谨但是反应迟缓的黏液质个体就不太

---

① 叶奕乾. 人格心理学[M]. 上海:上海教育出版社,2011:19.

合适。因此，从气质的角度，"三岁看到老"有一定的科学依据，个体的早期气质类型对其成年后的职业选择有重要的影响，当个体的气质特点符合工作要求时，更能适应工作的内容，工作效率也更高。关于能力，卡特尔（Cattell）和霍恩（Horn）将其分为流体能力和晶体能力两种类型，流体能力指在信息加工和问题解决过程中所表现的能力，如对关系的认识，类比、演绎推理的能力，形成抽象概念的能力，等等。[1][2] 流体能力受先天遗传影响较大而受后天环境因素影响较小。晶体能力指经过教育培养，通过掌握社会文化经验而获得的智力，由个体习得的知识、技能以及将它们用于特定情境的能力组成。职业的能力素养中，既包括了可以通过经验进行累积的晶体能力，也离不开天生的流体能力作为职业的基础。比如在选拔射击运动员时，国内外会将平衡能力作为考察的重要指标，这种能力属于先天决定的流体能力。因此，个体和职业潜能相关的能力受先天影响较大，具有一定的稳定性。但是需要强调的是，一方面上述个体心理特征的稳定性不是绝对的，比如生活环境的重大变化会对个体已经形成的稳定的性格和价值观带来显著变化；另一方面，稳定的心理特质影响了个体的职业偏好和职业潜能，但是后天的教育和环境会对个体最终的职业选择和职业发展产生影响。这种职业偏好的相对稳定性对于职业画像来说，意味着可以通过对于个体长期行为数据的纵向追踪，刻画与其稳定心理特质相匹配的职业方向，并且随着时间尺度的增加，心理特征对行为的影响愈发明显和汇聚，这种方向的轮廓将会逐渐清晰。同时，考虑到职业偏好的发展阶段性，类比国内一些高校在大一阶段的专业大类培养模式，职业画像在初始阶段可以给个体进行职业大类方向的推荐，促进个体在职业大方向中基于自己的经历进行思考和探索，在经历中逐渐明晰具体的职业选择。

二、职业画像的关键心理特征分析

如前文所述，要构建个性化的职业画像，需要依托对个体与职业偏好相关的、稳定的关键心理特征的描述和计算。已有的研究表明，人格特质、价值观、能力会对个体职业偏好产生重要的影响，下面将分别阐述这些关键心理特征对职业偏好的具体作用机制。

---

① Cattell R B. Theory of fluid and crystallized intelligence: A critical experiment[J]. Journal of Educational Psychology，1963，54(1):1-22.

② Horn J L，Cattell R B. Refinement and test of the theory of fluid and crystallized general intelligences[J]. Journal of Educational Psychology，1966，57(5):253-270.

（一）人格特质

从 1960 年起，一些心理学家就指出，个体的人格特征对于其日后能够胜任的职业有着重要的预测力。"人格"泛指将个体与他人区分开来的一系列生理心理特质，包括了先天的稳定特质和后天的环境特质（如价值观、目标和动机）。人格中稳定的特质指个体在不同情境中相对一致的思考、行为和感受模式。

在人格的稳定特质的理论中，五因素模型是目前最知名、应用最为广泛的理论。该模型将特质划分为五个因素：（1）外向性：活力、热情；（2）宜人性：随和、利他；（3）尽责性：仔细、严谨；（4）情绪稳定性：敏感、情绪化；（5）开放性：想象力、创造力。每个个体的人格特质都可以用这五个因素的不同水平进行描述。不同职业有着对从业者典型特质的鲜明要求，可以借助这一模型合理使用人才、选拔员工。1991 年，泰特（Tett）等人的一项大型研究表明，五因素模型可以比以往的研究更强有力地解决人格维度与工作绩效之间的关系问题，做到扬长避短，人尽其才。[1] 德尼森（Denissen）等人 2018 年的一项针对 8458 位从业者的研究发现，相比于低匹配，自身人格特质与职业匹配度更高的个体收入将高出 10％。[2]

根据职业类型与人格特质类型的最佳匹配，可以使从业者对工作感兴趣并在工作中得到满足，充分发挥自己的才能，达到个人的自我实现并对社会做出创造性的贡献。比如针对"尽责性"这一维度，巴里克（Barrick）等人发现高责任感的销售代理商能为自己设定更高的工作目标，更加专注地投入工作，面对困难坚持不懈，从而有更大的工作成就。[3] 另外，对于大量需要群体合作的工作，比如教师、谈判专家、培训师等，则需要"宜人性"特质得分高的个体；对于要求发挥创造性和想象力的工作，比如艺术家、音乐家等，则需要在"开放性"特质上得分高的个体。

（二）价值观

价值观指那些对于个体来说在生命中最为重要的事。施瓦茨（Schwartz）通

---

① Tett R P, Burnett D D. A personality trait－based interactionist model of job performance [J]. Journal of Applied psychology. 2003,88(3):500-517.

② Denissen J, Bleidorn W, Hennecke M, et al. Uncovering the power of personality to shape income[J]. Psychological Science, 2018, 29(1):3-13.

③ Barrick M R, Mount M K, Strauss J P. Conscientiousness and performance of sales representatives: Test of the mediating effects of goal setting[J]. Journal of Applied Psychology, 1993,78(5):715-722.

过对 62 个国家进行跨文化调查建立了人类价值观体系[①],包括 10 种普世性的价值观:(1)自我导向:关注行为和思考的独立性。(2)刺激:注重对充满变化的、兴奋的、大胆的需要。(3)享乐:追求感官上的满足和快乐。(4)成就:对于成功、进取心和影响力的需要。(5)权力:对社会地位和名望的追求和对他人和资源的控制。(6)安全:体现为追求安全、和谐,社会关系的稳定。(7)顺从:表现为服从、自律、尊师敬长、有礼貌等。(8)传统:体现为尊重历史、文化、传统、谦卑、奉献等。(9)慈爱:强调自愿关心他人的福利。(10)社会关注:表现为对于社会和世界的福祉及对自然的福祉的关注。价值观与自我密切相关,反映了自我的动机和目标,对行为有着深远的影响。

个体的上述价值观在职业选择方面具体表现为职业价值观,反映了个体对职业的认识、态度以及对在职业活动中期待达成的目标的追求和向往。价值观决定个体行为的方向,职业价值观对于个体选择的行业领域,乃至更具体的工作岗位,发挥着关键的作用。从个体发展的历程看,在童年期通过各种职业启蒙活动进行职业体验和探索,在青年期通过学习和生活经历逐渐了解职业领域直到成年后踏入社会做出自己的职业选择,这一过程实际上也反映了个体职业价值观通过澄清与验证、逐步清晰与完善的过程。

此外,和大五人格特质一样,通过对个体和职业价值观的匹配度分析,能够用于评估个体与所选择的职业的适配度和满意度,并且能够预测个体未来在这一职业中的成就。比如,关注行为和思考独立性的个体,更倾向于选择技术类而非管理类的工作;对于刺激和变化需求较高的个体,不习惯于按部就班的工作,更倾向于选择多样、具有挑战性的工作;拥有慈爱和关注社会的个体,更愿意投身教育、公益事业。同时,价值观也能影响个体的职业投入度,如看重个人成就目标获得的个体,拥有更强的自我驱动力和职业投入度,往往能够取得更好的工作成绩。

(三)能 力

能力是个体的一种心理特征,是其顺利实现某种活动的心理条件。能力既包括个体现有的成就水平,也包括其潜在的能力倾向和可能性。知识和技能是能力的基础。知识是人脑对客观事物的主观表征,包括了"是什么"的陈述性知识和"如何做"的程序性知识;技能指人们通过练习而获得的动作方式和动作系

[①] Schwartz S H. Universals in the content and structure of values: Theoretical advances and empirical tests in 20 countries[J]. Advances in Experimental Social Psychology, 1992,25:1-65.

统,有时候表现为一种操作活动方式,有时候表现为一种心智活动方式。能力的发展依赖知识和技能,因此只有在接受了一定的教育后,个体才具备职业能力;同时能力的高低又会影响掌握知识、技能的水平,从一个人掌握知识、技能的速度、质量上,可以反映其能力水平。

职业能力是指顺利完成某种职业活动所必需的,并影响活动效率的个体心理特征,评价这类能力不仅仅需要纸笔测验和简单的定量分析,应该对个体在许多职业相关情境下的行为进行观察和评价。基于斯皮尔曼(Spearman)的能力二因素论,职业能力包括两大类:一般职业能力和特殊职业能力。[①] 一般职业能力代表人的基本心理潜能,在各种职业活动中都会发挥作用。特殊职业能力指人们在完成某些特定的工作任务时所需要的独有因素。加德纳(Gardner)提出了一个超出传统IQ测验定义的能力理论,确定了涵盖人类经验范围的许多能力(见表7-1),每一种能力依据特定社会对它的需要以及它对社会的作用,在不同的人类社会中价值不同,并且将这些能力的终极状态用职业进行描述。[②]

表7-1　加德纳人类能力理论

智力	终极状态	核心成分
逻辑—数学	科学家、数学家	对数字和逻辑的敏感和推理
语言	诗人、新闻记者	对语音、节律和意义的敏感性
自然主义	生物学家、环保主义者	对不同物种的差异敏感,并与生物互动
音乐	作曲家、小提琴家	产生和欣赏节奏、音高和旋律
空间	航海家、雕塑家	准确感受并知觉外部视觉—空间世界
身体运动	舞蹈家、运动员	控制身体运动和灵活掌控物体
人际	心理治疗师、推销员	辨别他人的心理状态并做出恰当反应
内观或自知	详细、准确的自我认知	对自己情绪的感知和区分,并指导行为

除了上述能力的类型与职业的匹配,加德纳也关注占优势的能力数量与职业的关系,提出了探照灯式和激光式两种能力模式的主要区别。拥有探照灯能力模式的人在各种能力间相对平衡。加德纳指出,这种能力模式在政治家和生

---

① Spearman C. "General intelligence," objectively determined and measured. [J] The American Journal of Psychology, 1904,15(2):201-292.

② Gardner H E. Intelligence Reframed: Multiple Intelligences for the 21st Centurya[M]. New York: Basic Books, 2000.

意人中较为普遍。拥有激光式能力模式的人则在一两种智力上表现卓越，加德纳认为这种能力模式在艺术家和科学家中较常见。

此外，对于同一职业不同层级的从业者，侧重的能力类型也有显著差异。王重鸣等人通过对企业高、中、基层管理人员的调查，得到不同组织层次的管理胜任能力在各个维度的比较分析结果，表明高层级的管理人员有更高的创新能力、表达能力、决策能力、人际激励能力、用人能力和时间计划能力。

职业与个体能力维度和结构的匹配度高低还会影响个体的自我效能感水平。自我效能感是个体在完成某一特定任务前的信念与判断，属于个体的认知能力。比如自我效能感高的个体面对工作任务，会觉得"我能行""我肯定能做好"；而自我效能感低的个体面对工作任务时往往自己先泄了气，打起了退堂鼓。自我效能感间接影响着个体在完成任务过程中的能力发挥，对心理状态的调节起着重要的作用。因此，自我效能感可以被视为通过人职匹配推动职业体验提升的关键心理机制。当个体感知自己的能力与职业要求相匹配时，具有更高的自我效能感，从而能够推动工作中的能力发挥。

三、职业画像的特征识别方法

在明确了影响职业偏好的心理特质后，下一步需要明确应该如何识别这些特征。本研究首先比较了传统问卷、实验研究识别心理特征方法的优势和劣势，其次对比了基于数据驱动的职业画像特征识别的特点，最后介绍了常见的人格、价值观等特征的数据挖掘方法。

（一）数据驱动下职业画像特征识别的优势

传统的研究中，对于个体职业偏好相关心理特征往往根据已有的理论模型，采用结构化、标准化的量表施测。比如测量人格特质维度的大五人格问卷、测量一般能力的韦氏智力量表、测量各种职业能力的量表等。各种量表测量方法的优势在于开发成本低、具有严谨的施测流程，因此可以将同一量表的施测结果进行比较与评价。但是量表测量法也存在一些不可避免的缺陷。首先，从测量结果的可靠性和有效性看，由于量表的测量结构本质上来源于个体的主观自我评价，因此会受到社会期望的影响，也就是个体在作答时会有意地迎合社会的主流价值，从而导致测量的结果并不能反映个体真实的面貌。比如对于大五人格问卷的题项，个体如果存在"外向的人在社会上更受欢迎"的想法，在作答与内向性有关的评价题项时，会处于迎合社会期望的角度，而选择与自己实际的情况并不一致的选项。所以，即使部分量表会设置测量受测者是否说谎的选项（测谎题），但这种方法基本只能筛查出个体前后对同一本质的问题回答不一致的情况,而无法排除受测者在施测过程中持有一种稳定的、迎合社会期待的态度而有意隐藏自己真实行为。从测量过程的时效性和成本看,一方面,一份问卷往往测量的是一种心理特质。另一方面,对于同一种特质如果想要得到更精确的测量结果,那么问卷的题项也会更多。比如大五人格问卷有简版(15 题)和完整版(60 题),简版问卷在测量的信度和效度方面均低于完整版。因此,对于职业偏好这一需要多维度心理特征刻画的概念,越精准的问卷刻画意味着受测者要花费大量的时间回答数量巨大的题项,这对于其耐心和精力来说是巨大的挑战,由此造成了在实际应用中难以实现较为理想的作答质量,从而影响测量的效果。最后,问卷测量领域一直避不开的一个争论就是,"意向"是否等于"行为",个体主观上表达的"我想要"并不一定体现在行为中,也就是我们常说的"知行不一"的现象。知行不一并不意味着个体在说谎,而是在意向和行为之间存在其他的认知变量,导致了二者的不匹配,比如问孩子们未来想从事的职业,不少孩子都会说想成为像他们偶像一样的人,但是真正生活中的行为往往表现得并不一致。所以,问卷反映的是个体的主观态度,但是态度有时候和真正的行为之间并不一致。因此,心理学认为,要研究人的心理特质,最为科学、客观的手段是研究其外显的行为。个体职业偏好最终应用落地于职业的选择,在行为层面就是个体最终选择的职业,或者更进一步是他能够发挥自己价值并取得成就的职业。而对于这种职业选择行为层面的前因变量,采用个体真实发生的行为数据,而非主观评价的问卷数据,显然是一种更为科学和客观的测量方法。

当然,传统的研究者并非不想对个体的行为进行测量和分析,但是相比问卷数据,个体行为数据收集费时费力,并且对历史数据的追踪更是存在极大的困难。而在大数据背景下,获取这样的数据就比较轻松。根据历史的行为规律,研究者还可以针对每个个体给出独特的分析,而非如同建立在以平均和普适性为基础的研究构念上,停留于平均水平的探讨。具体而言,心理特质的复杂性和个体差异性告诉我们,不同个体在回答相同的题项时,内心的理解并不会完全相同,比如"内卷"的个体和"躺平"的个体在理解"奋斗"这个概念时必然不同,因此他们对于同一个涉及此概念的题项的反应是无法在同一个计算体系下进行比较的。因此,从这一角度,大数据带来的革命不仅仅是数据"量"上的提升,更在于研究理论建构方式的"质"的变革,大数据技术为建立一种以个体为核心的测量理论体系提供了条件。

（二）数据驱动下职业画像特征识别的特点

如何从海量的原始数据中对职业画像的人格、价值观、能力等关键心理特征进行分析和计算，是构建数据驱动下的职业画像体系的关键环节。教育信息化已经在我国开展多年，各地在大数据基础建设上投入很多，也基于这些数据做了不少报告，但是大多数的学校和政府部门觉得大数据和传统报表没什么区别，也没能体会到大数据对于职业生涯规划和职业体验提升实际的价值和帮助，究其原因是"数据静止在数据仓库，是死的"。因此，有必要深入分析对心理特征的数据挖掘和建模方法，从而推动以数字化赋能个体职业体验的提升。下面将类比心理学研究中对于样本、实验、行为三个层面的操作特点，阐述如何以数据驱动的方式挖掘个体的心理特征。

第一，样本与总体之间不再泾渭分明。传统的研究采用问卷或者实验的方法，希望通过对一小部分样本人群的数据进行分析从而揭示出总体普遍的规律。这种用代表性的样本代替总体的方法需要有先决条件，一是选择的样本是能够真正代表总体的，而不是仅仅代表了总体的一部分个体特征；二是样本中的所有个体具有同质性，也就是彼此间并无显著差异。然而这两种条件在实际情况下往往难以实现，比如针对第一种条件，通过问卷测量个体职业与其人格特质之间的关系，得到的结论本质上是代表了那些愿意参与问卷调查的群体，而非不愿意参与的群体的特点，因此有些学者戏称心理学的部分研究为"大学生的心理结论"，因为参与研究的群体往往是大学生，因此研究结果难以推广到更大范围的样本中。而针对第二种条件，参与研究的每个个体具有不同的价值观、能力水平，因此难以保证这种同质化的实现。这些限制明确地提示我们，传统研究的样本和总体之间是有差异的，因此通过样本得到的结论推广到外部时往往效果受限，这就是心理学研究中常常被提及的生态效度问题。而大数据时代，数据采集越来越简单和快速，成本也不断降低。在万物互联的时代，学生的课堂数据、活动数据可以直接通过传感器进行记录、采集、分析，不再需要通过抽样的方式收集样本的数据，采集的数据就是总体，从而一定程度上模糊了样本和总体的概念，使得结果的可推广性也大大提高。

第二，情境的挑选代替传统的实验。实验法在心理学研究方法中占有重要的地位，也是心理学成为一门科学的标志之一。实验法的优势在于通过对实验条件的操作和变量的控制，可以考察研究者想要观察的现象，并通过对混淆变量的控制得出自变量对于因变量的影响。但是实验法的缺点在于对于变量的精准控制实际在自然情境中是几乎不可能存在的，因此在这种不真实的实验情境中得出的结论能否适用于自然情境一直存有质疑。而在大数据时代，数据发生的情境是真实、自然的，研究者并不会像实验法一样施加人为的干预，并且和传统的自然观察法相比，无须等待想要研究的实验场景出现。通过挑选跟研究目标相关的情境进行研究和比较，比如学校的教育信息化平台记录了每个学生在学校的数据，可以选择某些和职业能力关联的课程数据，分析其中个体的课程表现和心理特质的关联。当然需要指出的是，大数据的研究方法的确存在混淆变量无法控制的问题。对此一些研究者指出，采用类似实验室匹配的A/B测试方法可以解决这一问题。A/B测试是一种对照实验，通过比较两个（或多个）不同版本之间的差异来验证假设是否正确。比如，设计两种互动程度（高 vs 低）的职业启蒙课程，比较学生在这两种课程中的行为和学习效果数据（如抬头率、作业正确率等），从而验证课程活动的互动性对职业体验的影响。

　　第三，大数据记录了普遍化的人类行为。相比于问卷和行为实验，大数据收集的信息来源于人自觉自愿的行为，比如诸多研究中使用的微博留言、点赞、评论等数据，是个体自发主动生成的。而在传统研究中，参与心理学实验的大多数被试是出于获取学分、达到课程要求或者获取金钱这些内在目的，这些动机本身就给研究结果引入了混淆变量。而大数据呈现的人类行为并不依赖于某种特定的实验范式或测量工具，因此反映了普遍化的人类行为，并且结果之间可以相互比较。科辛斯基（Kosinskia）等人在2013年的研究中，通过对58000余个脸书（facebook）点赞记录和大五人格特征数据进行分析，建立了基于点赞数据的人格预测模型。[①] 在2015年的研究中，以个体自评的大五人格分数作为标准，研究者比较了配偶、朋友、同事以及该人格模型对个体人格预测的准确性，发现基于点赞数据的模型预测准确性比同事、朋友都高，仅次于配偶。这些研究表明，点赞记录的分析可以实现"数据知你心"。[②] 这背后的原因正是我们对于社交平台话题的喜爱程度是受到内在人格特质所影响的，而机器学习的算法能够帮助研究者在庞杂的点赞记录中挖掘出人格维度与点赞话题的关联，比如科辛斯基

---

①　Kosinski M，Stillwell D，Graepel T. Private traits and attributes are predictable from digital records of human behavior[J]. Proceedings of the National Academy of Sciences，2013，110（15）：5802-5805.

②　Wu Y，Kosinski M，Stillwell D. Computer-based personality judgments are more accurate than those made by humans[J]. Proceedings of the National Academy of Sciences，2015，112（4）：1036-1040.

等人发现,那些会点赞"加菲猫"的用户,具有更高的开放性和更低的尽责性。[①]所以,类比点赞,可以通过分析不同职业个体的公开平台文本和行为数据,对职业和心理特质进行关联和分析。

(三)数据驱动下职业画像特征识别的方法

目前,基于数据挖掘的个体心理特质,按照数据源可以分为文本挖掘(text mining)和行为分析(behavior analsysi)两类。

一是文本数据挖掘方法。文本数据挖掘是指从文本数据中抽取有价值的信息和知识的计算机处理技术。用户在社交网络上自发撰写的文本信息蕴含丰富的信息,真实反映了用户的心情、状态及性格等心理特征,且易于收集、数量巨大,为分析用户特质提供了极大的便利,无论在研究方面还是应用方面都有非常重要的意义。文本分析从其研究方法来说,可以分为基于规则的文本分析和基于词汇的文本分析。托斯塔德(Thorstad)和沃尔夫(Wolff)在2018年收集了美国50个州的居民在推特(Twitter)上发表含有"未来"相关字样的800多万条推文,并计算出这些未来事件跟用户发该推文时之间的时间差,个体的推文时间差越高表明越呈现出高的前瞻性水平。[②] 前瞻性也称"预判",即基于已有知识、经验,对未来可能事件的推理和判断。他们的研究在整体层面和个体层面均发现了前瞻性对个体行为的影响。比如在群体层面,通过将同一州用户的前瞻性平均水平与该州年报中的数据进行相关分析,研究者发现整体民众的前瞻性越高的州,其报告中的冒险行为(酗酒,醉酒驾驶,吸毒过量死亡率,未成年人怀孕率和吸烟率)越少,并且投资行为(安全带使用,州立公园投资,学前教育支出,生均教育支出)越多。而在个体层面,前瞻性越高的个体更愿意推迟满足感,更能做出持续投资,更少尝试冒险行为。黄希庭认为,前瞻性作为一种时间洞察力,与个人的发展前途密切相关。[③] "人无远虑必有近忧"阐述的就是个体前瞻性的重要意义。在职场中,前瞻性也是一种能力要求,比如一些职业提倡员工"拥抱变化",要求员工对未来的局势或一切事物的变化做到积极的准备和适应。所以,这种基于文本挖掘进行前瞻性分析的方法,可以被迁移至个体职业画像的特征

[①] Kosinski M, Stillwell D, Graepel T. Private traits and attributes are predictable from digital records of human behavior[J]. Proceedings of the National Academy of Sciences, 2013,110(15):5802-5805.

[②] Thorstad R, Wolff P. A big data analysis of the relationship between future thinking and decision-making[J]. Proceedings of the National Academy of ences, 2018, 115(8):1740-1748.

[③] 黄希庭. 时间心理学初探[J]. 心理科学,1996,19(1):14-19.

识别中。但是,这种基于规则的文本分析中,核心规则的设置需要具有客观性和通用性,也就是规则必须尽可能地囊括所对应的概念绝大部分的内涵和外延。但是并非所有心理概念都能够找到一定的规则进行描述,比如难以用公式描述文本中的内向和外向的概念,因此基于规则的文本分析应用场景具有一定的局限。

二是基于词汇的文本内容分析方法。这种方法与一些心理概念的本质有天然的相似性。比如大五人格分类最早正是研究者通过语言学的方法,对书籍中的词汇进行人工归纳而生成的。我们在日常生活中也是用词汇描述他人的性格。图 7-2 是根据一些小学生的学期自我评价生成的词云图,图中字体越大的词,表明被提及的频率越高。因此,词汇是心理特质的表现形式之一,通过对词汇的分类和分析帮助研究者建立概念、维度与词汇之间的关联,比如在形容外向时,我们往往会使用"开朗""大方"等词,而形容内向时,我们会使用"害羞""胆小"等词,因此可以分别构建内向和外向的词库,从而帮助我们识别心理概念。

图 7-2 小学生人格描述词云图示例

目前有两种主要的词库构建方式:开放式词库(open-vocabulary)和封闭式词库(closed-vocabulary)。开放式词库不预先设定词库建立的规则和种子词,而是依据文本内容和维度特征的数学关联发掘特质对应的词汇,即词库是动态和开放的。比如克恩(Kern)等人 2014 年的研究中,通过对 69792 名被试的大五人格维度与其 Facebook 用户原创文本的关联分析,显示了不同人格维度水平的用户词汇使用的特点。[①] 比如在尽责性这个维度,具有更高尽责性的个体文字中与感恩、感谢有关的词汇使用频率较高,而低尽责性的个体文字中更多的是咒骂性的语言,这种词汇使用的差异与尽责性本质的特征相吻合。而封闭式词库则根据一定的标准和先验知识,预先确定各个维度的词汇,即词库是有限和封闭的,然后通过词汇匹配的方式计算文中的特征水平。在心理学相关研究中,封闭式词汇往往和已有的成熟词库搭配使用,近年来较为常用的一种对文本内容词

---

① Kern M L, Eichstaedt J C, Schwartz H A, et al. The online social self an open vocabulary approach to personality[J]. Assessment, 2014, 21(2):158-169.

语类别(尤其是心理学类词语)进行定量分析的软件——"语言探索与字词统计"(简称LIWC),可以对不同心理学类词语加以计算。LIWC包括两个部分:程序主题和词典。词典是核心,定义了词语归属的类别名称以及词汇列表,程序通过对导入的文本中词语与词典进行对比,输出各类词语在整个文本中的使用百分比。由于中文在语义和语法上相对于英文更加复杂,因此中国科学院心理所的朱廷劭团队在2013年基于英文版LIWC建立了简体中文版的LIWC词典。崔京月等人2021年采用该词典,通过网络爬虫技术分析用户收听在线音乐的歌词文本数据,并收集了其大五人格问卷分数,探究用户的人格特质与歌词偏好特征之间的相关模式。① 结果表明用户的人格特质与歌词文本的词类分布、关键词特征呈弱相关,用户歌词文本的关键词特征在一定程度上符合其人格特点。

三是行为分析方法。行为分析指根据用户的网络使用行为挖掘出其背后的心理特征。下面就以科辛斯基等人2013年针对人格特征的识别研究为例,谈谈如何通过数据挖掘的方式预测个体的大五人格特质。首先,58466名被试提供了他们的Facebook账号并完成了大五人格问卷,研究者爬取了这些被试总共55814个点赞记录。由此形成了一个以用户为行,点赞记录为列的58466×55814矩阵,由于该矩阵非常稀疏,因此需要对其进行降维。研究者采用了主成分分析的方法,该统计方法根据数据的共现规律,将较多数量的原始变量重新组合成互相独立的几个综合变量,以实现通过几个较少的综合变量尽可能多地反映原始变量信息的降维效果。通过这一方法,55814个点赞记录聚类成100个主成分,大大降低了矩阵的稀疏性和计算的时间。最后,以用户的大五人格分数为因变量,个体在100个主成分上的点赞数值作为自变量建立回归模型,采用十折交叉验证的方法,将数据集分成十份,轮流将其中九份作为训练数据,一份作为测试数据,进行试验。结果表明,这一回归模型对用户大五人格特质得分的预测值与其问卷得分的相关性均在0.6以上。科辛斯基等人的这一研究可以说是开创了基于大数据预测个体心理特征的先河,后续的研究者基于这一研究思路,发现通过社交平台的转发行为、音乐播放记录、电影观看记录等,都可以在一定程度上实现对个体人格特质的预测。

大数据资源和技术对于职业画像而言是新的机遇和挑战。机遇在于可以在更大样本范围、更长时间尺度和更高生态效度上通过客观行为探索职业偏好;大

---

① 崔京月,董柔纯,李伟卿,等. 网易云音乐不同人格用户的网络行为及歌词偏好特征分析[J]. 心理科学,2021,44(6):1403-1410.

数据研究思想的本质蕴含着中国文化的朴素思维方式。西方心理学思想中,个体化、还原论占据了主导地位,而大数据方法背后的思想渊源最为贴合中国"听其言、观其行"的朴素认识论,因此将帮助研究者用中国思想讲好当代中国人职业偏好的心理故事。而挑战在于研究的伦理层面,一串串数据背后是鲜活的个体,因此数据的监管和使用是需要高度重视的社会问题。近年来层出不穷的"大数据杀熟"现象警示我们,在充分发挥教育大数据在职业画像中价值的同时,需要审慎地对数据的应用场景、权限、影响进行评估。在研究的技术层面,需要明确大数据驱动下的职业画像不是算法导向,而是问题导向。如今大数据时代面临信息过剩、信息碎片化的问题,如何从海量的原始数据中提取出关键信息,是进行有效的职业画像的前端环节。面对职业画像,研究者不应在算法层面过度纠结,而应该在适应大数据背景下重新审视职业启蒙、职业偏好、职业教育的理论和问题,在此基础上积极与计算机领域专家合作。因此,发现问题、提出思路、解决需求的价值重要性是远远高于算法技术层面的选择。

第三节 职业画像助推职业体验提升的实现路径

前文介绍了心理特征对个体的行为和决策有着稳定、持久和深远的影响,因此可以作为职业画像的核心指标。职业画像的核心在于匹配,也就是个人心理特征和职业心理特征的相似度。二者的相似度越高,个体的职业体验越佳。在实际的情境中,表现为在"人职匹配"情况下,职业体验的提升既包括客观层面个体从事匹配的职业领域更容易有高的工作绩效和产出,也包括在主观层面个体的职业满意度、幸福感处在较高的水平,而职业倦怠、焦虑相对较低。相比于传统研究的问卷或者实验法,在信息时代,人们的活动会留下以电子数据存储的行为痕迹。各种物联网设备和教育大数据设施可以实时记录个体与职业相关的行为特征和职业体验的水平。因此,在明确了对职业偏好有影响的具体心理特征以及识别的基本思路后,本节我们将通过"职以类聚""人以群分""职伴成长"三个模块阐述如何提高职业画像的匹配性,以促进个体职业体验的提升。

一、"职以类聚"——职业群画像

我们常说"物以类聚,人以群分",这指的是物品是按类别聚集在一起,人是按照属性成群结队的。近年来随着时代的发展,一方面社会分工顺应社会发展的需求而进一步细化,出现了越来越多的细分领域和细分职业;另一方面年轻一代的择业观也发生了一定的改变,更加关注自身的发展和兴趣,而非传统意义的稳定。个体会根据自己的能力发展,在同一领域的不同职业中进行探索。比如,在信息技术领域,个体的职业生涯可能始于软件测试员,然后转成程序员,最后成为独当一面的系统架构师或者技术总监,因此个人的职业生涯是在动态发展的,并且一般来说职业角色的变更是发生在同一个领域的职业群中。因此,进行职业群的分析是十分有必要的,能够帮助我们在纷繁的职业中建立起职业之间的关联。

传统的职业群分析多基于理论或者专家经验,采用人工方式对职业进行分类。克恩等人2019年的研究提供了基于数据驱动的职业群分析思路。[①] 他们的研究基于两个思路:一是使用用户社交媒体的文本数据推断用户的数字画像;二是将同一职业用户数字画像汇聚,形成职业群画像(见图7-3),下面将介绍这种方法的具体步骤。

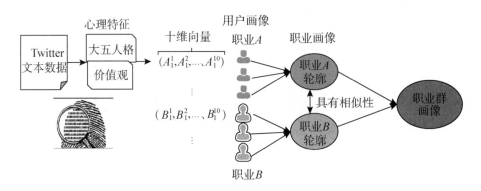

图 7-3　职业群画像生成示意

首先,在这类研究中,出于对伦理问题的考虑,研究者一般会选择用户在社交平台上公开呈现的信息作为数据源进行爬取和分析。比如国内的微博及国外的 Twitter、Facebook 等,用户在这些平台中会用文本描述自己的思想和行为,这成为挖掘用户心理特质的宝贵"数字指纹"。然后,基于上一节中提到的人格预测模型,不必给大量的用户发放问卷,通过分析用户的原创文本就可以得到其心理特质。近年来,一些商业软件通过前期的数据采集和模型训练,已经形成了成熟的人格预测系统,如 IBM 开发的沃森人格洞察系统(Watson Personality

① Kern M L, Mccarthy P X, Chakrabarty D, et al. Social media-predicted personality traits and values can help match people to their ideal jobs[J]. Proceedings of the National Academy of Sciences, 2019, 116(52):26459-26464.

Insights system），这一系统为不同的数据源提供了 API 接口，可以直接通过文本分析得到用户的大五人格特质和价值观得分。我们在此做简化，选取大五人格和施维茨的五大人格特质作为职业特质，那么每个用户就形成了一个十维的空间向量，各个维度的数值就是该维度对应的特质得分。该向量表征了个体与职业相关的特质，因此可以被视为用户的职业画像。

其次，基于用户的职业标签，对同一标签的用户画像进行聚合，形成职业轮廓。其中，职业标签的获得是非常重要的环节。在社交平台上的用户一般会有"职业"这一标签，但是用户对于自己职业披露的真实性是存疑的，因此需要引入更强的标准进行核验和比对。一种方式是进行人工核验，检查用户所披露的职业的真实性。另一种方式是如果数据源平台有第三方介入的信息，可以较为快速地进行职业核验。比如一些社交平台可以介入用户的 Linkedin（领英，全球知名的招聘平台）数据，而用户在求职平台上的职业经历往往具有更高的真实性。另外，一些职业论坛和网站也可以帮助标记职业信息，比如克恩等人 2019 年的研究关联了 Twitter 用户在 GitHub 网站的用户等级。[①] GitHub 是目标管理软件开发以及发现已有代码的首选，拥有超过 900 万个开发者用户，用户的等级在一定程度上与其技术的认可度相关。通过以上两种方式获得用户的职业标签后，将同一标签的各个用户数据按照维度进行汇聚计算，一般而言可以设定职业类别下最小的用户数 n（如 50），然后对这些用户各个维度的分数取算术平均数或者加权平均数，从而 n 个相同职业用户的十维向量汇聚成为一个代表职业的十维向量。该向量可以被视为职业的典型特征画像。

最后，计算不同职业向量的相似性，将相似性高的职业汇聚成职业群。汇聚的前提是职业之间具有相似性，因此在获得了每个职业的十维特征向量后，需要进行向量相似度的计算。具体地，对于两个职业 u 和 v，各自的特征向量 $u=[u_i; i=1\cdots10]$，$v=[v_i; i=1\cdots10]$，那么二者的相似度 $\mathrm{dist}(u,v)$ 可以用欧式距离度量：

$$\mathrm{dist}(u,v)=\sqrt{\sum_{i=1}^{10}(u_i-v_i)^2}\,\text{。}$$

① Kern M L，McCarthy P X，Chakrabarty D，et al. Social media-predicted personality traits and values can help match people to their ideal jobs[J]. Proceedings of the National Academy of Sciences，2019，116(52)：26459-26464.

欧式距离能够体现不同职业数值上的绝对差异，相似度越高的职业，欧式距离越小。基于欧式距离得到的相似度数值，在职业群画像的大数据实践中，可以搭配无监督的聚类算法，快速地在大量的职业中划分出职业群。聚类是一种广泛应用的探索性数据分析技术，聚类算法主要用于将相似的样本自动归到一个类别，不相似的样本则归为不同类。下面介绍两种较为常用的聚类算法。

（1）K 均值聚类算法（K-means clustering，简称 K-means 聚类算法）

K-means 聚类算法是数据挖掘十大算法之一，算法首先需要确定参数 k（k＝初始聚类中心，可以人为指定或由算法随机产生），即我们希望将数据集经过聚类得到 k 个职业群集合。然后算法将从数据集中随机选择 k 个数据点作为质心。对数据集中每一个点，计算其与每一个质心的距离（如欧式距离），离哪个质心近，就划分到哪个质心所属的集合。如此遍历一次后，所有数据均归属各自集合。然后重新计算每个集合的质心，如果新计算出来的质心和原来的质心之间的距离小于某一个设置的阈值（表示重新计算的质心的位置变化不大，趋于稳定，或者说收敛），则可以认为聚类已经达到期望的结果，算法终止。这样经过算法聚类后得到的同一集合中的数据点相似度最高，而不同集合中的数据点相似度最低。

（2）围绕中心点划分算法（partitioning around medoids，简称 PAM 算法）

K-means 聚类算法的一个缺陷在于对离群点敏感，因为这种数据的向量空间远离大多数数据，当分配到一个集合时，它们可能严重地扭曲集合的均值，从而间接影响了其他数据到集合的分配。因此，PAM 算法的核心思想与 K-means 聚类算法相似，但是最大的不同是对于集合中心点的校正。即 K-means 聚类算法每次选集合的均值作为新的中心，迭代至集合中对象分布不再变化，而 PAM 算法最初随机选择 k 个数据作为中心点，然后反复地用非代表中心点来代替上一轮的中心点，以试图找出更好的中心点改进聚类的质量。具体来说，在每次迭代中，所有可能的数据对被分析，每个对中的一个数据是中心点，而另一个是非中心点。对可能的各种组合进行欧式距离的计算，当总的损失（所有点到中心点的距离和）增加则停止迭代。正是这一差别使得 PAM 算法对数据集中的噪声和孤立点不敏感，从而弥补了 K-means 聚类算法的缺点。

通过上述三大步骤，我们可以从个体的客观行为数据出发，通过行为刻画特征，再由特征描述职业。职业特征的相似性是职业群的构成核心，因此，这种基于数据驱动的职业群概念将为传统的职业领域划分提供一种新思路，也可以帮助个体更好地根据自己的能力在职业群中进行不同职业的探索和体验。在当下,共享经济被热议,"斜杠青年"成为当下年轻群体的一种流行风尚与生活态度。"斜杠"(/)这一概念由美国专栏作家麦瑞克·阿尔伯在《一个人/多重职业》一书中提出,用以指代拥有多重职业和身份的人。斜杠青年描述的是这样一个人群:他们不满足单一职业和身份的束缚,而是选择一种能够拥有多重职业和多重身份的多元生活。因此,他们在自我介绍中会用斜杠来区分不同的职业和身份,例如:张三,记者/策划师/作家。斜杠青年认为,自主选择多元又有趣的职业,与枯燥单一的职业相比更为自由和随性。这种多元、灵活的职业观是时代发展的产物。在工业时代,个体的职业活动被限定在固定土地和工作场所,专业化被置于最重要的位置。因此,不论是学校的教育活动还是个体的职业发展,个体都努力让自己成为产业链中的"螺丝钉"。随着新时代的来临,良好的、开放的社会环境,推动个体的思想越来越开放和包容,兴趣越来越广泛,选择的可能性也越来越大。俗话说,商而优则仕,斜杠的转换核心在于同一个本领叩开不同职业的大门。比如,良好的文字功底可以让个体在作家/编辑/编剧/自媒体等做各种选择,因而"职以类聚"的职业群设计,可以帮助个体开阔思路,根据自己的能力和特质进行自由和丰富的职业探索。

二、"人以群分"——个体职业适应性

"职以类聚"通过将职业群体的能力特征进行汇聚形成了典型的职业群,代表了职业所需要的核心素养,因此可以基于职业群和个体的能力特征进行匹配,评估个体与职业的适应度。职业适应指个人的能力特征和心理素质与其正在从事或将选择的工作相互适配的状态。特别需要注意的是,这一概念指向了两种时态,一种对于目前所在工作的适应(vocational adjustment);另一种是对于未来希望或可能从事的职业的潜力(vocational aptitude)。职业适应性是在先天因素和后天环境相互作用的基础上形成和发展起来的。职业适应度高,一方面表现在个体的自身素质能够对职业及其环境所产生的各种要求做出协调的反应,另一方面也表明职业性质和工作内容与个人动机、价值观等内在目标相融合。因此,个体从事适应度高的职业能够引起心理上的满足和良好体验,从而产生正向的反馈,促进职业动机的进一步提升。

为一名用户推荐职业的基本的思路是,基于用户的特征空间向量,寻找与其距离最近的职业空间向量。在具体实践中,要训练机器学习的模型将用户画像和职业画像两者的非线性关系进行映射,并且输出模型预测的准确率。这本质上是一个分类问题,即将个体数据划分到合适的职业分类中。和职业群轮廓生

成不同，职业适应性预测属于监督学习，这类算法必须知道预测什么，即目标变量的分类信息，因此需要采用有监督的分类算法。下面介绍几种常见的机器学习分类算法。

（1）K-近邻算法（K nearest neighbor，简称 KNN 算法）。该方法的思路是先寻找该用户在特征空间中的 k 个最相似（即在特征空间中距离最近）的"邻居"，如果这些"邻居"大多数属于某一个职业类别，那么可以判定该用户与这一职业适应性最高。因此，给定一个训练集（职业群），对于新的输入样本（个体特征向量），在训练集中找到与该实例最邻近的 k 个实例，这 k 个实例的多数属于某个类，就把该输入样本分到这个类中。因此不难发现，k 的数量不同，判定的分类结果可能会有所差异。当 k 值较小时，只有与输入样本较近的训练基数据才会对分类结果产生影响，结果容易过拟合，即难以在更大范围的数据集上得到验证；当 k 值较大时，优点是可以减少训练的估计误差，但缺点是与输入样本较远的训练数据及异常值也会对分类产生影响。在实践中，k 值一般初始选择一个较小的数值，然后采用交叉验证的方法选择最优的 k 值。由于 KNN 算法主要靠周围有限的邻近的样本，而不是靠判别类域的方法来确定所属类别，因此对于类域的交叉或重叠较多的待分样本集来说，KNN 算法较其他方法更为适合。

（2）决策树算法（decision tree，简称 DT 算法）。为了达到目标根据一定的条件进行选择的过程称为决策树。决策树是一种基本的分类模型，一般是将输出的特征分为两类（比如个体与职业的适应性高 vs 低）。构建好的决策树呈树形结构，可以认为是 if-then 规则的集合。构造决策树的关键步骤是分裂属性。所谓分裂属性就是在某个结点处按照某一特征属性的不同值构造不同的分支，比如某职业群的特征向量共有五个人格和五个价值观特征，根据每个特征的二分值（比如外向性的高低）对应的正类（属于该职业）和反类（不属于该职业）人数，计算分类误差。根据分类误差的高低选择对于输出决策有重要影响的特征作为分裂属性进行分类。分裂之后检查每个特征值对应的分支，如果某个分支里所有样例都属于一类，那么停止分裂；如果不属于则继续分裂。但是决策树算法的缺点在于在开始训练前，无法知道哪部分数据存在异常样本，也无法知道哪些特征最能决定分类结果。因此，随机森林算法（random forests）在此基础上，从训练数据中有放回地随机选取一部分样本，并且也不会使用数据的全部特征，而是随机选取部分特征进行训练，构建多个决策树进行综合的比较和判断。

一般而言，会综合比较多种分类算法在数据集上的表现，选择其中准确率最高的模型。由于单次的测试集准确率受到取样偏差的影响，因此模型的准确率评估推荐使用十折交叉验证法(10-fold cross-validation)。该方法将数据集分成十份,轮流将其中九份作为训练数据,一份作为测试数据代入模型中运行。每次运行都会输出相应的正确率(或错误率),对十次结果的正确率(或错误率)的计算平均值作为对算法精度的估计。从更严谨的角度,往往需要进行多次十折交叉验证(例如十次十折交叉验证),再求其均值作为算法准确率。

通过上述机器学习分类算法,可以实现基于用户行为特征向量的职业适应性预测。职业适应性对于个体具有重要的意义。威特(Witte)等人2016年的研究表明,工作在人类生活中具有核心地位,占据了我们大部分醒着的时间,影响着个体和社会在生理、心理、人文和经济层面的幸福感,许多人渴望从事一份能够证明自我的职业。[①] 因此,数据驱动的技术思路,让用户的心理特质与职业相连,不仅为职业适应性的评估提供了一种新颖和有效的思路,也在更大意义上推动个体和社会的职业体验提升。

三、"职伴成长"——职业技能曲线

明者因时而变,知者随事而制。随着社会的发展和科技的进步,职业技能也处在不断的自我更新和发展中。职业技术的发展是一组纵向数据,在不同的阶段,职业技能的发展有着不同的变化特点。比如程序员这一行业,在职业初期需要训练客观、严谨的理想分析能力,到职业中后期需要整体的思路和良好的沟通协调能力。因此,职业技能生命曲线反映了在时间维度上职业特征的变化情况,对职业技能曲线的分析能够揭示职业的发展前景和变化规律。使用传统非数据驱动的方法绘制一项职业技能的生命曲线是较为困难的,因为职业技能曲线受到多方面因素的影响,如社会对职业的需求度、认可度,职业技能的难易度等,难以在主观经验层面进行较为完整的概括和分析。然而在互联网时代下,线上的职业平台逐渐兴起和火爆,其中包含的个体职业信息、人口学信息、原创文本、社交互动等为我们描绘职业技能的生命曲线提供了一种数据驱动的技术路径。

处在不同职业技术发展阶段的从业者有着不同的分布特征。职业技能曲线的核心是对职业群体以一定的标准、按照职业发展的阶段进行汇聚。目前少数

---

① Witte H D, Pienaar J, Cuyper N D. Review of 30 Years of longitudinal studies on the association between job insecurity and health and well-being: Is there causal evidence? [J]. Australian Psychologist, 2016, 51(1):18-31.

采用数据驱动方法生成职业曲线的研究以从业者的年龄为标准,分析不同年龄群体从业者掌握的核心能力和心理特征。有研究爬取了 LinkedIn 社交网络中37590 个用户的职业技能,发现不同年龄层的群体普及的职业技能有所不同,比如"java"作为目前应用最为广泛的编程语言之一,在 20—30 岁的青年群体中有较高的使用比率。[①] 而掌握"management"这一更需要经验和阅历技能的用户群体则主要分布在 30—50 岁。除了简单的年龄分类,LinkedIn 网站所具有的求职功能可以让用户点赞他人的职业技能,因此点赞数据可以在一定程度上反映出职业技能的被认可度。通过对各个年龄段用户点赞的技能数据进行汇聚和分析,发现"java"技能同样在 20—30 岁的青年群体中受到较高的认可,而在 30—50 岁的中年群体中,"government"技能被认可的程度相对更高。"management"虽然主要分布在中年群体中,但是它的认可度在各年龄段的用户群体中分布较为平均。上述职业技能在不同年龄阶段的普及度及热度能够从侧面反映职业的发展趋势,为个体和社会站在更长的时间尺度上评估职业成长提供广阔的视角。

另一种职业技能曲线的绘制思路是以心理特征为核心,考察在不同职业阶段的各个心理特征,如大五人格、能力、价值观的变化趋势。传统的统计分析方法假定在不同时间阶段的数据序列具有独立性,也就是说心理特征上一个时间段的数值和下一时间阶段是互不影响的。但是正如常见的"蝴蝶效应",不同时间阶段的数据序列往往存在互相依赖的关系。因此时间序列分析法根据对一定时间长度的数据记录进行趋势拟合,建立能够比较精确地反映时间序列所包含的动态依存关系的数学模型。基于对动态关系的刻画,时间序列分析的优势在于能够应用过去的数据,推测之后的发展趋势。例如,记录了某行业第 N 年的员工管理力水平,利用时间序列分析方法,可以对未来的员工管理力发展情况进行预测。此外,时间序列分析也考虑到事物发展的随机性。也就是说,任何事物发展都可能受偶然因素影响,为此要利用统计分析中加权平均法对历史数据进行处理。

时间序列法建立模型的基本步骤是:通过对行为数据、文本数据等的收集、爬取,获得被观测系统时间序列动态数据。然后,根据时间序列的数据绘制相关

---

① Si H, Wu H, Zhou L, et al. An industrial analysis technology about occupational adaptability and association rules in social networks [J]. IEEE Transactions on Industrial Informatics, 2020,16(3):1698-1707.

图,从相关图中能够发现跳点和拐点。跳点是指与其他数据明显偏离的数值,发现跳点后需要对其背后的原因进行分析,如果是正确的观测值,那么该数据应该被囊括进模型中;否则,如果该数据是由于系统或采集的错误造成的反常现象,则应该把这一数据剔除或者调整到期望值。拐点对应的是时间序列上从上升趋势突然变为下降趋势的转折点。拐点存在则意味着在建模时必须用不同的模型去拟合其前后的时间序列。在对跳点、拐点的识别和分析后,需要选择合适的随机模型拟合时间序列的观测数据。在职业画像领域,如果心理特质在不同阶段的影响是较为稳定的,可以用通用自回归滑动平均模型(ARMA)及其相应的变式模型进行拟合。如果心理特质在不同时间序列上波动较大,则需要先进行差分运算,转化为平稳时间,再选择恰当的模型对差分序列进行拟合。

因此,通过上述时间序列分析得到的职业心理特征时间序列曲线,承认了职业发展的延续性。伴随着时代的发展,职业包含的心理特质也在不断变化和成长。与传统的方法相比,数据驱动下的职业时间序列曲线来源于客观世界中现实的、真实的一组数据,而不是主观经验或者人为实验中得到的,是对职业发展的客观描述,反映了职业各个阶段的一般规律。此外,如果观测值包含多个变量(比如人格、价值观),可以通过一个变量时间序列中的变化来解释另一个变量在时间序列中的变化,比如在心理学相关理论中,人格的发展会影响个体价值观的形成,因此在时间序列上会显现变化趋势的先后关联,时间序列分析可以帮助我们清晰地展示这一变化,从而深入了解在职业发展过程中不同心理特征的相互作用。更重要的是,时间序列分析最有意义的作用在于可以通过历史数据对未来的职业发展趋势进行预测,以及对个体的职业发展偏离做出预警从而进行必要的控制,帮助个体合理规划自己的职业生涯,进行必要的技能和知识储备,以适应职业发展的需要。

互联网经济的发展持续推动职业教育数字化的升级,也为数据驱动下职业画像、职业体验的开展和应用提供了前所未有的机遇和挑战。本章系统梳理了基于数据驱动的职业画像和职业体验提升的相关研究,可以发现,个体的心理特征对职业偏好的影响是明确和稳定的,基于不同数据模态挖掘个体心理特征的实践是丰富而有效的,"人职匹配"能够在主观和客观层面对职业体验的提升产生重要的影响。同时,数据驱动的职业画像在实践和应用层面尚处于起步阶段,前期的相关工作大多还是靠传统的问卷和主观的评估方法,而数字化的职业画像离不开打通多渠道数据源、凝聚多学科知识、开展多领域专家的合作,发挥各自所长让职业画像的整体架构能够落地实现,从而让数据"活"起来,让画像"动"

起来。因此，在时代的机遇下，以数据挖掘为核心技术、以心理特质为关键指标实现"人以群分""职以类聚"，让个性化的职业画像伴随个体的职业启蒙和职业成长成为一种必然。

第八章
职业启蒙教育的国际借鉴与路径启示

随着经济全球化的快速发展以及终身教育的普及,职业选择越来越丰富,职业教育的发展关乎一个国家在未来的就业形势。我国职业教育发展在走向高质量阶段的过程中,暴露出一些需要解决的问题,如缺乏系统的职业启蒙教育,在不同的教育阶段都存在对职业生涯教育缺乏重视,学生缺乏职业生涯规划的认识与能力;职业教育质量不佳,没有配套的政策法规,无法保障职业启蒙教育按期、按质开展;等等。但近些年来,我国的职业启蒙教育也在过去的步步探索中迎来了进步的态势。在综合探析我国近年来本土职业启蒙教育发展的演变特点与基本情况之上,学习和借鉴德国、日本等发达国家成功的发展经验,将有助于我国未来进一步开展职业启蒙教育的本土建构。

第一节　德国职业启蒙教育的经验特点

在德国的语境中,与我国的职业启蒙教育最为贴近的概念应该是"vorberufliche Bildung",直接翻译为"前职业教育",根据德国联邦职业教育委员会于 1972 年的决议,它包括"在小学和初中阶段,帮助学生理解工作和经济世界所进行的所有教育措施"。结合其他德国官方机构的文件及文献,本节对德国职业启蒙教育的介绍将主要集中围绕 vorberufliche Bildung 相关内容展开,主要介绍第二次世界大战以来德国的职业启蒙教育在学校教育系统中的发展历程,当前职业启蒙教育在学校课程体系中的定位及与其他课程的关系,并就德国目前对职业启蒙教育课程地位的讨论作简要介绍,提出对于我国职业启蒙教育开展和实施的几点启示。

一、德国职业启蒙教育发展的历程

(一)职业启蒙教育的根源和前身

德国中学阶段现行的职业启蒙教育源远流长,在德国的文化和教育进化史上根深蒂固。早在 14 世纪,德国国民学校(Volksschule)的前身——德意志学校(deutsche Schule)就有"实用—职业精神",这体现在学校培养学生的听、说、读、写、算等技能都以服务学生就业为目的。到了 17 世纪,工作学校和生产学习车间的出现为广大青年提供了一些以工作为导向的基础课程;18 世纪末和 19 世纪初,产业学校取代了德国所有的传统小学,旨在将全国的青少年培养成为未来合格的劳动者。

在 20 世纪初,由凯兴斯泰纳设立的劳作学校通过"职前车间讲习班"对学生进行劳动教育,帮助学生理解手工业和服务业。在这一指导思想的指引下,德国的工业学校和劳作学校,不仅培养学生的思维、人格和行为习惯,同时还对学生进行职业启蒙教育。当然,在工业革命及之前具有职业启蒙色彩的教育很难与职业教育明显区分开来,但在德国发展面向全体学生的学校系统时,其教育内容中就已经包含了一些职业准备和职业启蒙性质的课程,换句话说,职业启蒙教育的根源在工业革命之前的德国学校中就已经出现,其精神内涵更是明显地体现在了凯兴斯泰纳的劳作学校中。

(二)第二次世界大战后—20 世纪 60 年代:探讨劳动课本身的存在意义及主要任务

第二次世界大战之后,由于培训和工作基地的缺失,学生从学习到工作的过渡遭遇困境,在 20 世纪 50 年代中期的西德,一些以职业为导向的职业教育应运而生。在 20 世纪五六十年代,职业启蒙教育主要体现在学徒前的预备班,主要局限于国民学校和其后部分代替它的主体学校。当时的德国教养和教育委员会(Deutsche Ausschuß für das Erziehungs-und Bildungswesen)指出,(1)劳动课是职业准备/职业基础教育,其本身不是职业培训;(2)劳动课传授生产和服务劳动中的一般基础,让学生了解基本的劳动和生产方式;(3)劳动课是一个单独的专业,应当安排在与生产类似的情境中,实施地点包括学校的工作间和企业,形式则应当包括企业参观与实习;(4)男女学生都要参加;(5)劳动课的核心功能是帮助学生适应经济发展的需求,并且为学生将来踏入工作岗位奠定基础。①

后来,随着职业需求的不断变化,要求学生必须具备与时俱进的职业观,而当时的小学和职业学校培养的学生并不能满足这些要求。在 20 世纪 60 年代早期,很多学者都注意到教育系统和就业系统的衔接障碍,并将其视为"教育灾难"。因此,以工作为导向的教育方式在这期间得到部分学者的大力提倡。当时学者呼吁,学校中应当开设劳动课,其目的不是帮助学生获得职业资格,也不是为了培养学生从事某项具体的工作,因为获取职业资格通常需要经受专业的培训,而劳动课则是将经济和技术现状及其实际需求相结合,通过耳濡目染的方式培养学生的职业意识。

德国教育和培训委员会的建议中明确指出:劳动课是职业启蒙教育,而不是职业培训;劳动教育通过让学生熟悉生产和工作的主要特征,从而为学生将来进入生产和服务行业工作奠定基础;劳动课是一门独立的课程,集手工、知识和特色教育于一体,必须在模拟的生产情境中实施;劳动课可以在生产车间内进行,以商业调查和工业布局的形式进行课程教学;劳动课须向全体学生普及。②

(三)20 世纪七八十年代:职业启蒙教育得到认可

这是德国职业启蒙教育得到认可和进一步发展的关键时期。在 20 世纪 60 年代,尽管部分学者和专家明确阐释了职业启蒙教育的价值和重要性,然而其意义和定位仍然饱受争议,人们对其主要内容观点不一。但接下来德国教育政策制定及咨询的权威机构通过决议和建议等形式重申和进一步明确了以劳动课等形式开展的职业启蒙教育的价值与意义,强调了其在中学课程中不可或缺的地位。

1969 年文教部长联席会议(Kultusministerkonferenz,简称 KMK)关于在主体中学开设劳动课的建议中明确指出:"劳动课应该传授学生技术、经济及社会政治领域的见识、知识和能力,而这也是构成对每个公民进行通识教育的基本要素;为学生之间的相互合作提供新的动力;此外,帮助学生找到自己喜欢的职业领域,并为学生选择从事某一职业做好准备,但是劳动课不是职业培训。劳动课应由三个部分组成:一是引导学生了解工业及工作世界;二是培养学生的劳动

---

① Ziefuß H. Arbeitslehre, eine Bildungsidee im Wandel. Arbeitslehre zwischen Arbeit und Freizeit, neuen Technologien und Technikfeindlichkeit, Arbeitslosigkeit und Ökologie. 3. Arbeitslehre im Spiegel der Meinungen[M]. Seelze:Kallmeyer,1996.

② Dedering H. Einführung in das Lernfeld Arbeitslehre. 2.,durchges. Aufl[M]. München: Oldenbourg 2000.

行为；三是帮助学生探索职业。"①

到20世纪70年代初，将经济、技术及职业方面的内容引入学校课程这一理念逐渐得到认可；人们意识到，劳动课并不是职业培训，也不仅仅是直接为了工作做准备，而是一种通用实践教育，是中等教育中不可或缺的组成部分。在此之后，包括工会和商会等许多利益相关者都参与对职业启蒙教育政策和内容等话题的讨论，这些讨论在一定程度上进一步巩固了职业启蒙教育的地位，并有助于其进一步发展。

德国工会联合会（Deutsche Gewerkschaftsbund，简称DGB）在1979年出台的劳动课教学工作纲领文件中，确定了劳动课是为劳动者的利益服务的宗旨，强调理论联系实际和教学原则的统一。根据工会联合会的要求，劳动课的教学目标应包括：(1)提供双向选择机会，既为学生参加工作做好准备，又能帮助学生进入职业教育和高等教育再学习；(2)提高工作标准；(3)提高学生的择业能力；(4)诠释技术、经济、政治和工作之间的关系，创造人性化工作的良好社会环境。②

德国雇主联合会（Bundesvereinigung der Deutschen Arbeitgeberverbände，简称BDA）认为，将学生引入经济、工作和职业世界的具体目标是：一是向学生传授企业具体运营和宏观经济的现状、需求以及两者之间的相互作用关系和存在的问题；二是培养学生在经济、职业和社会领域中的判断能力和决策能力，引导学生养成自立、敢于担当责任的习惯。从雇主的角度来看，劳动课的主要关注点应该在于帮助学生处理家庭、工作和市场等多个生活情境中遇到的问题。③

1978年，工作、技术与经济协会（Gesellschaft für Arbeit-Technik-Wirtschaft，简称GATWU）成立，该协会将所有关注劳动课理论和实际发展的中学及大学劳动课老师、学生组织了起来。

在这些相关利益组织的推动下，联邦德国的许多州都于20世纪80年代投入较多资源进行劳动课的课程计划和教学大纲的编制与修改，部分联邦州动作稍慢，但在90年代也做了相关工作。

---

① Kultusministerkonferenz. Empfehlungen zur Hauptschule, Beschluss der Kultusministerkonferenz vom 3[R]. 1969.

② Deutsche Geschaftsbund. Positionspapier des DGB zur Arbeitslehre[M]// Arbeitslehre-Positionen. Bonn：Bundesmin. für Bildung und Wissenschaft (Schriftenreihe Bildungsplanung, 33)，1981：19.

③ Bundesvereinigung der Deutschen Arbeitgeberverbände. Hinführung der Schüler zur Wirschafts-,Arbeits-und Berufswelt[M]// Arbeitslehre-Positionen. Bonn：Bundesmin. für Bildung und Wissenschaft (Schriftenreihe Bildungsplanung，33)，1981：196-201.

由于失业问题及技术的进一步发展,公众希望通过教育问题应对这些经济社会层面的挑战,这就更加凸显了职业启蒙教育的价值,在这样的背景下,劳动课甚至被认为是一种现代通识教育的形式。直至1984年,文教部长联席会议决定将1969年提出的开设劳动课的建议付诸实施,并将其在初中教育中普及。

(四)20世纪90年代至今:职业启蒙教育逐渐成熟和多样化

1993年,文教部长联席会议将劳动课列为初中教育的必修课程,这进一步确认了职业启蒙教育在学校教育体系中的地位。在此之后,职业启蒙教育及其实现形式在学校系统中进一步拓展,一方面其实现的课程形式变得更加多样,另一方面开展职业启蒙教育的学校也从原来的以主体中学为主逐渐拓展到实科中学和文法中学。

2001年,文教部长联席会议将经济教育纳入普通教育的范畴,强调经济教育是普通教育不可或缺的部分,它的核心任务就是引导学生认识和理解职业及工作世界。文教部长联席会议提倡校企之间就经济教育展开对话与合作,并说明经济教育可以通过职业指导以及劳动课等多种形式在课内、课外及校外以不同的课程形式开展。

2000年以后,社会各界都对初中的经济教育和劳动教育发展密切关注。不只是教育与文教部长联席会议等官方组织,还有一些社会组织,也都高度重视经济教育的发展。

德国股票研究所(Deutsches Aktieninstitut)在一份备忘录中提到,基本的经济教育是普通教育的组成部分,是帮助学生了解人类生存的经济和社会基础的必要途径,当然这里所指的经济教育不是复杂、专业的职业培训,而是普及基础的职业、经济和技术知识。德国经济教育协会(Deutsche Gesellschaft für ökonomische Bildung)指出,在市场经济条件下,每个人都要面对纷繁复杂的经济世界,都与经济活动中的成本、收益和风险紧密联系,在不同的情境中,人们将扮演生产者或消费者、供方或需方、劳动者或雇主等多种角色,因此经济教育是普通教育中必不可少的一部分,它能够帮助学生应对经济与职业世界的挑战。[1]

如上所述,德国的职业启蒙教育经过战后几十年的发展,其教育价值和在学校课程体系中的地位被逐渐认可,并且职业启蒙教育也在不断地进行讨论和尝试。在此过程中,一方面学者对其教育价值的阐述和呼吁,助力政策制定者和公

---

① Deutsche Gesellschaft für ökonomische Bildung. Kompetenzen der ökonomischen Bildung für allgemein bildende Schulen und Bildungsstandards für den mittleren Schulabschluss [R]. 2004.

众意识到职业启蒙教育的意义,另一方面不同社会组织的态度和期望也对职业启蒙教育的发展起到了重要的作用。

二、当前德国职业启蒙教育在学校课程中的定位

总的来说,当前德国的职业启蒙教育形式各异,在不同的学科中都可以体现出来,可以作为一门独立的课程或者学科组合的一部分在教室内进行课堂教学,也可以在商业情境或项目中进行教学,甚至可以和校外合作伙伴一起合作教学。常见的与职业启蒙教育相关科目是劳动、经济、技术与家政等。

文教部长联席会议于 2001 年关于经济教育的决议明确指出:(1)经济教育的实施形式包括:课内,作为其他科目的组成部分或者单独的科目;校内,学校企业或与经济相关的学校项目;校外,各种形式的校外合作伙伴的协助(包括企业及公共部门)。(2)各联邦州可在此基础上扩展具体的活动内容及范围。文教部长联席会议欢迎并支持学校与经济界的深入合作。(3)对于初中教育而言,向学生介绍职业及劳动世界是学校课程不可或缺的组成部分。此课程以某一科目(比如劳动课)或者其他科目的组成部分的形式展开。(4)在职业指导的框架内,学生们在不同的专业中学习关于不同职业的范例,比如通过在企业、行政机构及社会组织的为期数周的实习,学生们可以逐渐获得比较切合实际的关于工作世界的形象。这可以帮助他们在现实的评估之上做出职业选择。(5)除了劳动课及职业指导,该课程也可以在学习领域"经济"或综合专业"劳动—经济—技术"的框架内实施。(6)经济相关的主题可以是不同科目教学大纲和课程计划的组成部分,比如地理、政治、社会、历史,甚至在语言课程中体现。

德国各联邦州拥有对各自教育事务的立法及行政权力,因此在文教部长联席会议决议的框架范围内,职业启蒙教育在各州的课程实施形式有着很大的不同。后文将重点选取巴登符腾堡州的相应课程作为分析对象。巴符州的主体中学的经济—劳动—健康课程(Wirtschaft-Arbeit-Gesundheit)是职业启蒙教育开展的主要课程形式之一,其内容包括但不限于如下内容(其他相关内容更多与健康这一主题相关):(1)了解市场——理解供需关系与市场作用原理、合理的购物、了解投资的风险;(2)劳动—生产—技术——独立完成简单部件的设计和生产、了解不同材料的属性;(3)职业选择之路——了解不同的职业及其变迁、根据自己的能力和性格选择合适的培训职业。

此外,巴符州的主体中学也以职业指导的形式进行职业启蒙教育,其内容包括但不限于:(1)企业参观(8—9 年级,每周半天到两天不等);(2)"整块"(block)

实习(7—9年级,一周到两周,了解"压缩版"的职业培训专业);(3)实习日(某段时间内每周一到两天,进行企业或社会实践,观察体验特定职业领域的任务和流程,结束时教师对学生学习情况进行谈话);(4)假期实习(自愿参与,培养学生的自我参与及兴趣);(5)了解工作岗位(观察、提问、反思、做记录,其是对实习的补充,但并不能替代实习)。

职业启蒙教育不仅在主体中学开展,也在其他学校中得以实施,比如巴符州的实科中学,其职业指导主要以主题项目的形式展开,具体内容包括:(1)职业选择的视点(了解职业兴趣、区别职业及学校路径);(2)巴符州的教育路径;(3)了解职业培训(了解培训者的权利及义务、社会保障等);(4)了解企业及工作岗位(联系企业、观察、记录、评估企业参观等的经验);(5)变化中的职业世界(了解经济部门的变化、认识新职业及职业资格);(6)申请培训职位(准备申请材料及谈话、反思申请经历)。

巴符州文法中学的职业启蒙教育的内容有:(1)家长会的形式进行的、对家长和学生的基本信息介绍,包括文法中学职业及学习指导的目标及措施;(2)社会考察(Gemeinschaftskunde)内容,课程计划中关于经济及劳动世界的相关信息;(3)为期一天的生产及服务领域的企业参观;(4)由劳动局提供职业指导的信息,回答关于职业及大学选择的相关问题、参观职业信息中心(Berufsinformationszentrums);(5)分主题、领域的职业及学习信息咨询。

概括起来,德国职业启蒙教育在学校课程中有多种实现形式,内容也非常丰富,而且不同类型的学校都在开展职业启蒙教育;当然,因学校类型及地区的不同,职业启蒙教育的形式和内容也有所差异,学校的学术性越弱,学生就读大学的可能性越低,劳动课的内容越多,从文法中学、实科中学到主体中学,职业启蒙教育的重要性依次提高,在学校课程体系中也有越明确的课程载体。

三、关于职业启蒙教育课程地位的讨论

如上所述,目前与职业启蒙教育相关的内容在德国中小学的课程体系中有着较为丰富多样的实现形式,这一方面是由于职业启蒙教育本身的学科性质较弱,另一方面也正反映了相关内容在普通教育中多少有些尴尬和特殊的地位。具体来说,在德国的学校教育中,职业启蒙教育本身的价值毋庸置疑,这在关于其意义和内容的讨论中已经充分表现出来,然而最好的载体是什么,以怎样的课程来实现职业启蒙教育效果最好,仍然鲜有定论。

职业指导是职业启蒙教育不可或缺的形式,然而它本身的学科性质太弱,必

定只能主要通过课外项目的形式进行，其效果在很大程度上容易受到教师和地方支持情况的影响，其在课程体系中的地位难以保障；劳动课的学科性质也比较弱，但为职业培训做准备的成分较强，更加适合在部分类型的中学开展，不太适合所有学校；经济教育有很强的学科支撑，但一方面目前的学校课程未必能够容纳经济学这一新的学科课程，另一方面经济教育中有很多职业启蒙教育之外的内容，如果以经济教育实现职业启蒙教育，那么职业启蒙的性质可能会被削弱。

文教部长联席会议 2008 年的一份决议将职业指导、劳动课及其他相关职业启蒙教育的内容放在经济教育这一概念框架中。对此，德国教育的诸多利益相关方都以研究报告、声明和建议等诸多形式表达了各自的立场，且相互之间存在明显的分歧与紧张。

德国工商业经济联合委员会（Gemeinschaftsausschuss der Deutschen Gewerblichen Wirtschaft）在关于经济教育标准的报告中提出，为了让学生更好地为未来的经济与职业工作世界做准备，经济教育能够做出其特别的贡献，能够系统地向学生传授经济学知识与思维，让学生更好地适应现代社会越来越多样和复杂的挑战，而这正是他们未来作为职业工作者或雇主角色工作和生活的基础。[①]

对于上述报告所提出的观点，德国政治教育联盟（Deutschen Vereinigung für Politische Bildung）则非常不认同，他们指出，如果要让学生对于经济规律及经济社会关系有批判性的反思，则相应的知识能力应当以一种跨学科的方式传授，而不是仅仅通过一门经济学来传授。[②] 德国工会联合会联邦理事会（Deutscher Gewerkschaftsbund Bundesvorstand）则在其就经济教育的立场文件中明确提出，当下课程中处理政治与社会问题的课程还不够，还不到专门开设一门经济学课程的时候，更应当开设的是更加全面综合的社会经济课程。[③]

尽管文教部长联席会议将经济教育视为职业启蒙教育的重要组成部分及实现形式，但部分学者依然持反对意见。比如，卡明斯基（Kaminski）和他的同事于

---

① Retzmann T，Seeber G，Remmele B，et al. Oekonomische bildung an allgemeinbildend Schulen. Bildungsstandards［R］. 2010.

② Lange D，Reinhardt S，Simon T，et al. Stellungnahme der Deutschen Vereinigung für Politische Bildung（DVPB）zum Gutachten，Ökonomische Bildung an allgemeinbildenden Schulen［R］. 2011.

③ Deutscher Gewerkschaftsbund Bundesvorstand. Wirtschaft in der Schule-Was sollen unsere lernen？［EB/OL］.（2012-06-15）［2024-01-12］. http：//www. nibis. de/uploads/2medfach/files/Positionspapier_DGB_oeB. pdf.

2008 年提出,经济教育是普通教育的重要组成部分,但经济教育并不是职业启蒙教育的一种形式;经济教育是开发学生智力的一种必要形式,但不能仅仅停留在让学生理解的层面,而是要开发学生的商业头脑,从而促进市场经济的进一步发展。[1] 在这个意义上,经济教育有创业教育和企业家精神培养(entrepreneurship education)的成分。

由此看来,尽管职业启蒙教育已经在德国学校的课程体系中占有一席之地,然而对其内容内涵及具体的实现形式的讨论仍然在持续进行,这背后反映的不只是不同社会群体及其利益代理机构对教育政策和内容的影响,而且也是学术乃至哲学层面的内在困惑以及课程实施层面的难题,即职业启蒙教育这一具有职业教育色彩的教育内涵究竟是什么,其在普通教育中究竟应当具有怎样的价值和意义,它与其他课程的关系是怎样的,如何在以学科体系为主的普通教育课程中开展和实施。

第二节　日本职业启蒙教育的经验特点

一、日本职业生涯教育的缘起与发展

日本中小学职业生涯教育是一个完整的、有计划的教育体系,并依据学生的认知和成长规律将整个教育过程划分成不同的阶段,在不同阶段设计不同的教育方案,并将教育方案以教学大纲的形式体现出来。在重视学校教育的同时,日本还将职场体验活动作为促进职业生涯教育的重要手段,形成了小学以参观为主、中学以职场体验为主、高中以职场见习为主的各级职场体验活动层次递进体系。[2] 长期以来,我国普通教育和职业教育双轨并行,但在实际发展过程中却呈现出普通教育占比大于职业教育的明显趋势,个人职业规划和职业生涯意识较为薄弱。因此,分析日本职业生涯教育的演进与发展对我国职业启蒙教育的开展具有深刻意义与启示。本节将从日本职业生涯教育的发展出发,着重分析日本职业生涯教育在中小学阶段的改革举措以及所呈现的具体特点。

---

① Kaminski H，Eggert K，Burkard K. Konzeption für ökonomischen als Allgemeinbildung von der Primarstufe bis zur Sekundarstufe II. Bundesverband deutscher Banken[EB/OL]. (2008-04-21)[2024-01-12]. https://bankenverband.de/media/files/Konzeption_fuer_die_oekonomische_Bildung.pdf.

② 徐爱新,安月辉,于伟娜.解析日本的职业生涯教育[J].教育与职业,2011(18):81-83.

　　日本职业生涯教育的发展在很大程度上受到 20 世纪 50—70 年代美国著名学者马兰(Marland)、金兹伯格(Ginzberg)、舒伯等的发展理论的影响。从职业生涯教育的发展脉络来看,日本职业生涯教育的发展经历了从职业指导到进路指导,再到系统职业生涯教育的变迁历史,在此过程中,日本根据国情,有的放矢地吸收借鉴欧美国家的优秀理论和实践成果,形成了一套较为完整的职业生涯教育发展体系。

　　(一)职业指导阶段(20 世纪初—20 世纪五六十年代)

　　早在 20 世纪初,日本本土便有了"职业生涯教育"的萌芽,1911 年 7 月,文部省便在修改的《小学校令》中规定,从农业、商业或工业中选择其中一科作为高等小学的必修课,并增加授课时数。此外,初等小学各年级的学习内容中也包含了"兴产业""自立自营""勤劳""职业"等主题。其中,在第一期国定教科书中写道:"好的日本人应致力于尽臣民之本分。必须兴产业、增加国家财富。好的日本人,必须养成自立自营之习惯,着实勤勉于业务,钻研窍门,致力于职业的改良进步。"随后,日本东京帝国大学教授入泽宗寿于 1915 年将美国的"vocational guidance"理念引入日本,并著有《当代教育》一书,该书系统地陈述了美国的职业指导现状,并将"vocational guidance"翻译为"職業は指導します",简译为汉语即为"职业指导"。他指出,"儿童应当通过专业的指导才能选择正确的职业,这里的指导不仅包括向儿童介绍各种职业,还包括指导学生选择理想的职业",从而拉开了日本职业教育的序幕。之后,日本政府根据这个新引进的教育理念,在 1920 年设立第一家公立职业指导机构——大阪市立少年职业相谈所,旨在对本市青少年进行职业指导工作。1927 年,文部省在《关于尊重学生个性及职业指导的文件》中正式提出将职业指导纳入学校教育范围。随后,日本进入战时体制,学校教育陷入帝国主义强制阶段,此时的职业指导理念已完全扭曲,蒙上了一层国家主义的色彩。第二次世界大战后,日本又于 1947 年颁布了《教育基本法》,重新强调培养学生未来规划能力的重要性。这一时期职业指导的最终目标是培养"遵循皇国之道"的"忠良"臣民,并为资本主义的发展培养"资本"技能,打上了"军国主义"的烙印。

　　(二)进路指导阶段(1956—1983 年)

　　1957 年,日本中央教育审议会在颁布的《科学技术教育振兴方案》中正式启用"进路指导"(career guidance)一词,并于次年修订《中学学习指导要领》,将"职业指导"正式更名为"进路指导"。所谓"进路指导",就是"学生在了解个人资料、进路信息与生活经验,并与教师进行商谈后,自主选择未来出路(升学或就业等)并制定相应计划的过程,其间教师需给予学生适切的指导与援助"。换言之,进路指导应包含"学生自我理解""进路信息提供""启发性经验""师生商谈""进路选择与计划""教师从旁指导"等多个领域。这一时期"进路指导"的目的是帮助日本恢复战前的经济水平,提高日本的综合国力。鉴于当时正处于现代化发展的起步和深入阶段,因此不可避免地,进路指导也带有了现代化的色彩。

(三)职业生涯教育阶段(1983 年至今)

1971 年,马兰就任美国联邦教育总署署长,提出"生计教育计划"(career education plan),该计划以职业生涯为中心,要求将普通教育和职业教育相结合,并有意识地将这种教育形式贯穿小学、中学甚至高等学校的所有年级。随后,该教育思想传入日本,对日本职业生涯教育理念产生了巨大的影响。特别是以 1983 年的《初高中学校进路指导手册》为转折点,日本初高中教育阶段的职业生涯教育开始盛行。20 世纪 90 年代以来,随着日本经济形势的持续低迷,社会就业环境不断恶化,而现有的普通教育与职业教育无法满足社会对于高素质劳动力的需求,使得一向依赖于企业培训的日本学校不得不重新审视和关注生涯教育。此外,为了逃避就业竞争与职业压力,高中、高校毕业生大量涌入非正规劳动市场。这不仅加速了人才流失,同时也为个体职业生涯发展与市场经济的回稳埋下了隐患。[①] 在此背景下,日本政府重新梳理符合时代发展特征的教育理念——生涯教育,以期通过对青少年儿童职业生涯教育缓和社会现有的劳动市场现状。1999 年,中央教育审议会在咨询报告《关于改善初、中等与高等教育的衔接》中指出:"为促进学校、社会以及学校间的有效衔接,需从小学阶段开始实施职业生涯教育。"2007 年,修订的《学校教育法》规定:"培养学生相关的职业基础知识与技能、重视勤劳的态度以及选择未来进路的能力是义务教育阶段的目标之一。"这使得从小学阶段开始的体系化职业生涯教育有了法律依据。第二次世界大战后很长一段时间,教育相关法规都刻意避开了小学这一重要环节,这是日本政府首次将职业生涯教育纳入小学教育目标体系。此外,中央教育审议会在 2008 年发布的《关于改善幼儿园、小学、中学、高等学校以及特别支援学校的学习指导要领》报告也强调要扩充学习该指导要领中关于职业生涯教育的内容。在这一系列政策的引导下,日本职业生涯教育渐趋幼龄化,并贯穿每位学生的学习生涯,从人的幼年时期一直到成年进入社会仍然存在,这种理念与当前联

---

① 高静.从职业决策到社会自立:日本生涯教育及启示[J].高教探索,2021(9):95-101.

合国教科文组织所倡导的"终身教育""终身学习"思想有着异曲同工之妙。虽然不同历史时期政府对于职业生涯教育的界定不尽相同,但普遍认同的定义是由中央教育审议会于 2011 年发布的"职业生涯教育,是为了培养每个人在未来生活的自立能力,通过必要的能力、态度、情感与价值观的培育,形成合理职业生涯规划的教育活动"。①

二、日本中小学职业生涯教育课程体系的建设与改革

在日本中小学职业生涯教育推进过程中,不仅文部科学省积极参与,厚生劳动省、经济产业省等都非常重视,均提出相应的推进或支援措施,也就是说仅靠文部科学省的政策,依靠学校与教师的力量展开职业生涯教育是难以保证其达到预期效果的。实际上,职业生涯教育的产生原本仅为了解决年轻人早期离职率高与不就业问题,而众多部门的参与也从另外一个方面反映,职业生涯教育与经济发展、劳动力保障、产业发展等领域同样息息相关。职业生涯教育法律政策随着时代发展得到了全面更新,尤其是教育基本法、学校教育法以及学习指导要领的相继修订,从教学层面明确了职业生涯教育目标框架与各学科的结合,从法律层面确立了职业生涯教育在学校教育中的地位,进一步推动了职业生涯教育的顺利实施。为了更加符合时代发展的需要,日本中小学职业生涯教育课程体系开始了新一轮改革,后文将从多个层面整理分析当代日本中小学职业生涯教育课程改革的具体特征。

(一)日本中小学职业生涯教育课程改革的历史背景

面对人工智能、人口老龄化等带来的挑战,2016 年日本政府提出构建"超智能社会"的国家发展战略,对学校的人才培养提出了新的要求,开展了中小学生涯教育课程改革。2016 年初,日本内阁府在《第五期科学技术基本计划》中正式提出构建"超智能社会"的国家发展战略。同年 8 月,厚生劳动省颁布了《未来工作方式 2035:为了人人出彩》报告,系统全面地解析了未来社会发展所需的新型生产方式以及职业的具体要求。随后在 2018 年又出台了《面向超智能社会的人才培养》报告,指明了未来超智能时代人才培养的总体目标。

作为中小学阶段职业启蒙与准备的重要领域,传统的职业生涯教育课程面临巨大的挑战,如内容仅偏重升学和就业指导,缺乏对于新型劳动生产方式、未

---

① 黄红亚,刘丹. 日本小学职业生涯教育及对我国的启示[J]. 西北成人教育学院学报,2018(4):26-31.

来生存方式、信息技术发展的实时关注;课程体验活动较为单一,容易流于形式;缺乏有效的课程评价工具等。这些问题制约了课程实施的质量,特别是学生对于自身生涯规划的意识不强,甚至有逐年减退的趋势。2015 年的国际学历测评结果明确显示,在对学习的乐趣与意义、自我生涯发展与社会的互动上,日本学生的肯定性回答比例较低,抱有明确职业梦想和目标的学生比例也多年来未有提升。为了进一步落实超智能社会发展战略的要求,日本以职业生涯教育作为主要抓手,积极实施新一轮的课程改革,旨在通过提升学生的数字、信息与技术能力,提升个体的生涯规划能力,最终使其作为劳动者可以胜任未来职业的专业技术要求。为了进一步落实时代发展要求,日本开展了一场以生涯教育为主要抓手的课程改革,旨在通过提升学生的数字、信息与技术能力,提升个体的生涯规划能力,最终使其作为劳动者可以胜任未来职业的专业技术要求。

(二)日本中小学职业生涯教育课程改革的主要理念

为回应超智能社会变革下人才培养的要求,2017 年至 2018 年文部科学省相继修订了中小学阶段的《新学习指导要领》(简称《要领》),确定了基础教育阶段课程改革的指导方案,并为职业生涯教育课程发展指明了方向。新时期,日本将"为了人人出彩""面向社会开放"两大核心理念确立为本次职业生涯教育课程改革的核心理念。

第一,为了人人出彩。2018 年内阁府决议的《第 3 期教育振兴基本计划》中明确提出,面向未来的学校职业生涯教育总体目标为"在培养学生自主与自律精神的同时,重视建立学校教育与学生职业和生活的联系,培育学生勤勉的劳动态度,培养其基础通用能力,最终实现学生的社会自立和职业自立,促进与发展开拓职业人生的原动力"。日本教育界普遍认为,面对新的时代变革,人类更需要发挥有别于机器的独特优势,因此学校教育应当培养学生挖掘自身潜力、积极应对变化、主动开拓更好的人生、创造更优质的社会形态的能力和素质。为此,《要领》将中小学特别活动设定为实施职业生涯教育的最主要场景,在该活动中新增了"生涯发展与自我实现"的内容,也规定在出路指导中要引导学生在审视个人兴趣、能力、适应性的基础上选择符合自身生涯发展的道路。

第二,面向社会开放。《要领》提倡"面向社会开放的教育课程"的理念,即学校教育要将社会与世界的发展纳入视野,开放性地与地方社会共享与合作,充分利用地方社会的人力、物力等资源,将课程建设作为与社会联系的重要媒介。自中小学职业生涯教育实施伊始,日本便通过开展职场体验活动等方式与政府、社会、家庭建立协同关系。根据这个新的理念,本次课程改革呈现出以下一些新的变化：第一，通过开设与社会协同的课程或增加体现外部社会变化的课程内容，让孩子们与复杂多变的外部社会进行互动，体验多样的职业形态，进而最大限度地激发个体发展可能性，奠定其职业生涯规划的基础。第二，鼓励学校开设激发学生乡土情怀的职业生涯教育课程。超智能社会中，新型雇佣方式导致人们对企业等组织的归属感降低，对地方社区中的互助需求提升，可能形成与地方社会共生发展的新型关系。因此，文部科学省2017年颁布以《培养地方发展的未来人才，推进生涯规划事业》为代表的一系列教育政策，鼓励学校结合所在地区的实际情况，打造具有地方特色的职业生涯教育课程，培养热爱乡土文化的未来人才。第三，学校与政府、社会、家庭的协同互动逐步走向数字化。例如，文部科学省建设了"成为孩子与社会桥梁"等网络平台，实现了学校职业生涯教育课程研制与社会资源支持的实时互动与双向交流。这些新的变化是日本这次中小学职业生涯教育课程改革从不同角度贯彻新的发展理念的体现，也体现出日本政府对学校中小学职业生涯启蒙教育的重视。

（三）日本中小学职业生涯教育课程改革的主要内容

根据前文所提到的课程改革的两个主要理念——"为了人人出彩"和"面向社会开放"，课程改革的主要内容包括：课程目标旨在培养面向超智能社会的基础通用能力；课程内容关注生活自立、新型劳动、职业与社会、生存方式；课程实施采用探究性体验学习的策略；课程评价则以"生涯护照"为工具实施过程性评价。

1.课程目标：培养面向超智能社会的基础通用能力

文部科学省正式提出职业生涯教育之前，委托国立教育政策研究所进行了一项关于职业教育与进路知道的基础研究，在此研究基础上开发培养学生职业生涯能力发展的进路知道结构模型。在对国内外理论与实践的分析中，日本发现美国从小学到大学系统培养学生职业生涯能力发展的目标非常值得借鉴。文部科学省召集了来自中小学、高校、企业等各方代表，一边参照国外的发展模型，一边讨论日本社会现状对学生能力的需求，形成了四领域十二能力的目标框架。在此基础上，结合中小学各类活动的特点对其进行整理分类，最终形成了具有普遍性的四领域八能力的目标框架（见图8-1）。然而四领域八能力的目标框架在实施的过程中出现了很多问题，例如在最终形成的四领域八能力的目标框架中有列出具体的事例，但学校却局限于事例开展教学，忽视了教学过程中新案例的开发；将四领域八能力的内容理解为职业生涯教育要求的所有能力，在实践中照搬能力目标的名称，难以变通；学校普遍认为四领域八能力没有突出学生作为社会人所必须具备的能力等。围绕四领域八能力所产生的问题,各方也展开了讨论,出现了许多相似性很高的能力论。如内阁府提出"人间力",经济产业省提出"社会人基础能力",厚生劳动省提出"就业基础能力"。[①] 在此基础上,经过一系列分析与讨论,形成了不分领域与职业,实现社会自立与职业自立所必需的必要基础能力,即培养学生获得社会自立和职业自立所需的基础通用能力[②],具体包括:建立人际关系与社会关系的能力、自我理解与自我管理的能力、解决问题的能力以及职业生涯规划能力。

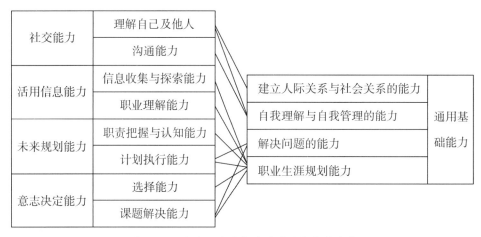

图 8-1 四领域八能力与基础通用能力的关系

"建立人际关系与社会关系的能力"要求学生掌握理解他人的想法和立场,听取他人意见,正确地表达自己的想法,接受当下环境并承担自己的责任,积极与他人合作,参与社会活动进而推动社会发展的能力。这是个体生涯发展的基础能力。

"自我理解与自我管理的能力"指的是在与社会的互动中了解自己能做的、感到有意义的、想做的事情并主动采取行动,自主地掌控自我的能力。这是个体生涯发展的关键能力,贯穿个体生涯发展的全过程。

"解决问题的能力"要求学生掌握发现、分析工作中的问题并制订恰当的计划,获得解决问题的能力。该能力是促使学生积极对待自己应该完成的任务所必须具备的能力。

"职业生涯规划能力"提出学生要能够理解工作的意义所在,并根据自身的

---

① 蔡璐.日本中小学职业生涯教育研究[D].上海:上海师范大学,2017.

② 文部科学省.小学校/中学校/高等学校キャリア教育の 手引き[C].東京:教育出版,2011.

立场及角色调整工作,在了解多种生活方式的基础上自主地判断、选择及规划组合个人职业生涯。

上述四项能力是涵盖了青少年生涯发展的能力和素质的综合性概念,是在四领域八能力的基础上重新构建而成,是对四领域八能力的补充强化。通过职业生涯教育培养中小学生掌握上述的基础通用能力显得尤为重要,特别要重点培养学生根据环境变化主动洞悉并解决问题的能力,进而调整职业生涯规划的能力和素质。另外,上述四项基础通用能力之间相互联系,但学校在实施中需依据个体生涯发展规律在各学段教育中做到有所侧重。因此,2011年国立教育政策研究所对不同学段的职业生涯教育进行了具体规定,包括:小学阶段作为出路探索与选择的形成阶段、初中阶段作为尝试阶段、高中阶段则作为探索社会并向社会过渡的准备阶段。通过对不同学段的具体划分,学校职业生涯教育课程目标呈螺旋式向上递进的状态,从而打通了学校生活、社会生活与职业生活之间固有的壁垒。根据人的身心发展规律,综合考虑如何在不同阶段更好地使学生接受职业生涯教育,日本职业生涯教育分小学、初中和高中三个不同的阶段逐层推进实施,取得很好的社会反响与效果。下面将简单介绍在这三个不同的阶段中,日本的职业生涯教育是如何具体开展的。

小学阶段作为出路探索与选择的形成阶段,主要是通过不同工作形式的初步接触,激发学生的好奇心,引起学生对工作的兴趣。学校通过组织一系列社会实践活动,加强对学生生活方式的指导,使学生在职业生涯教育过程中形成良好的生活习惯。初中阶段作为尝试阶段旨在促进学生形成对于工作、对于勤劳的正确观念,以及在尝试中发现自己未来职业规划的兴趣所在,从而形成初步的职业取向。学校组织学生进行至少五天职场体验,了解工作特征以及基本形式,并通过切身体验加深对职业的了解;同时,将体验活动所学内化到自己的知识结构体系;教师在学生进行职场体验之前要对其进行一定指导,从而激发学生内在的动机意识。高中阶段的职业生涯教育强调培养学生的社会属性,使学生养成自主学习的能力,并善于自我管理,在学生与社会接触的过程中,形成与自己性格特征相契合的人生观、职业观以及劳动观,为成为一名真正职场人、社会人做充足的准备。学生通过见习、实习等方式,到职场中进行切身体验,学习职场人的工作方式与交流方法,进而不断拓展价值观。①

---

① 梁珺淇,石伟平.日本生涯教育及启示[J].职教通讯,2018(5):70-74.

2.课程内容:关注生活自立、新型劳动、职业与社会、生存方式

课程改革的内容由生活自立、新型劳动、职业与社会、生存方式四大模块组成。日本学校的职业生涯教育课程采取学科融合的实施方式,以小初高的特别活动(每周一社会课时)为主要场景,在综合学习(探究)时间(每周两课时)的实践类课程,小初高的道德科,小学的生活科、家庭科,初中的家庭与技术科,初高中的社会科(公民科)以及高中阶段与职业相关课程等也融入职业生涯教育内容。

一是生活自立。生活自立始终是日本中小学职业生涯教育的目标之一,也是其课程内容的重要组成部分。《要领》将与生活相关的中小学生活科和家庭科定位为"对日常生活和步入社会有益,对将来生活很重要"的科目。生活自立主要包括个人生活管理、人际关系与社会关系的建立与管理,体现在衣、食、住等方面的自立。小学阶段,在低年级的生活科(每周三学时)开展学习自己穿衣、洗漱等独立生活的相关技能;在中高年级的家庭科(每周一至二学时)则主要学习烹饪方法、裁剪缝纫、生活空间整理、衣着装扮等个体自立的内容,以及开展饮食值日、校园清扫等集体活动。初中阶段,家庭科目增加金钱管理、消费者行为等消费生活的内容,以及安全生产、防灾减灾等人身安全的内容。高中阶段,增加消费者需求、生活服务等生活产业的内容,开展生活、家庭主题的探究性学习,引导学生通过与他人、家庭、社会的协作解决生活自立问题。

二是新型劳动。超智能社会发展要求日本教育要重点培养能够掌握新型技术以及创造新型商业模式的人才,因此本次课程改革新增加了大量关于新型劳动形式、样态的内容。以初中的家庭与技术科(每周一至二学时)为例,技术模块涉及材料与加工技术、生物培育技术、能源转换技术及信息技术等四个主题。材料与加工技术包含材料与加工技术的原理和规律、制作工艺、制图、安全防护、废弃物处理等;生物培育技术涉及农林水产业的种植和养殖技术的原理和规律,以及生物培育环境的营造、培育中的跟踪和管理等;能源转换技术包括电路和电磁特性、机械运动,光、热、动力、信号等能源转换和传送等;信息技术部分则注重培养利用计算机编程等信息技术解决社会问题的能力。基于对超智能社会构想,日本中小学非常重视信息技术人才的培养。此外,新型商业人才的培养同样得到重视。为了培养能够开展跨行业、跨领域经营的新型商业人才,2016 年以来文部科学省推广实施"中小学创业体验推进计划",致力于培育一批中小学创业教育优秀示范校并将其经验推广到全国。

三是职业与社会。职业与社会是课程改革的另一重点,这是由于学生对职

业与社会的认知直接影响其职业生涯规划及未来生活方式的选择。因此,日本各级学校都在以往的职业生涯教育课程中渗透了前文所提到的新的改革理念"面向社会开放",让学生从学校走出去,到真实的社会生活中去学习与体验不同的职业。

小学阶段,在特别活动或综合学习时间中,学生们通过调查家庭成员的工作体验、观察街头商店的工作形态、探访当地的手艺人、体验农家生活、栽培农作物、参与志愿者活动等方式,理解劳动的意义,体会劳动的艰辛与快乐,发现自己喜欢的事物,建立初步的生涯探索意识。初高中阶段,学生们在特别活动和综合学习(探究)时间开展职场访问、职业见习与实习等体验活动。在《要领》指导下,初高中体验活动从"体验"转向"探究",学生围绕"职业选择与社会贡献及自我实现""工作的意义和价值及社会责任"等主题开展探究性体验学习。此外,初高中的社会科、公民科更新了产业、经济、法律、劳动等内容,目的在于加深学生对超智能社会下现代产业和社会变化的理解,引发对职业、劳动、生活方式等问题的关注。

四是生存方式。初高中的职业生涯教育课程中设置了出路指导模块,旨在为学生未来的升学及就业服务。但是,超智能社会下,年轻一代的生活方式将发生巨大变化,人生和职业道路的选择更加多样化。因此,《要领》指出,出路指导不能仅仅停留于功利性的升学或就业层面,要培养学生探索新的生存方式的能力和素质。这一变化在特别活动等课程中体现为增加了"探索生存方式"主题的内容,旨在引导学生思考未来的生存方式、规划人生道路、启发学生将学校教育与未来的人生联系起来,并提前思考应对离职、失业等未来人生风险的方案。以广岛县教育委员会2017年制定的《中学生出路指导手册》为例,教学内容分为"自我理解""寻找梦想""理解社会"等主题,涉及"了解自我""开展职业调查""探索职业意义""思考升学的目标和意义""重新思考生活及未来的目标""访问学校""体验职场生活"等内容。在上述内容的指导中,教师要根据每个个体的发展特征,为学生提供可充分探索和试错的空间,引导其客观分析所选择的未来生存方式的优势和风险,最终使学生获得探索自我认同的生活方式的能力和素质。

3.课程实施:积极推广探究性体验学习策略

日本学校职业生涯教育课程实施的一种突出方式就是让学生在日常生活中自主发现并设定探究的问题。《要领》提出,职业生涯教育要以体验活动为载体,并重视体验学习实施的探究过程。探究性体验学习指的是,在教师的指导下,学生从体验活动中选择探究性课题,以解决问题为导向,主动地获取知识、应用知识的过程。具体的教学步骤包括:课题的设定、信息的收集、整理与分析、总结与展示(成果)四个主要步骤(见图 8-2)。首先,学生从体验活动中发现问题并将其设定为探究性课题;其次,学生带着问题,通过访谈或体验等途径收集信息,并进行整理、归档、保存;再次,学生梳理收集到的各类信息,明确整理和分析的方法;最后,学生结合各学科知识开展探究性学习,并通过报告、海报等方式展示成果。

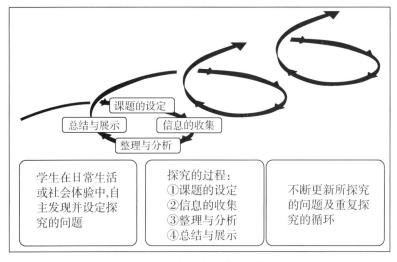

图 8-2　探究性体验学习的过程

　　在职业生涯教育中,探究性体验学习作为一种典型的课程实施策略,从学生感兴趣的、关注的现象或问题入手,探究或解决生涯发展问题以及与其相关的职场、社会问题,最终目标是使学生掌握生涯发展所需的基础通用能力。为了揭示探究性体验学习的过程,这里以日本富山县立富山北部高中的商业科课程为例。该课程致力于通过经营一家模拟公司——“富山北部设计工坊”,培养学生的职场人意识及参与商业活动的主动性。该课程的学习贯穿整个高中阶段,高中一年级的课程目标为培养以沟通能力为主的基础能力,引导学生将本课程的学习与商务基础、商业设计、信息处理等其他课程进行融合;与此同时,任课教师会定期邀请校外实践导师到校对学生进行商务培训等。高中二年级,则要求学生围绕具体问题开展探究性学习,做好企业运营的准备。到高中三年级时,学生需要应用所学的各种基础知识,真正开始经营这家模拟公司。学生们通过经营这家模拟公司,针对富山县存在的一些问题提出改革方案。具体的学习过程如下。

　　第一,课题设定阶段。学生们以“富山”作为关键词确定探究性学习的方向,形成不同的小组。例如，有的学生小组致力于宣传富山的地方特色，尝试为政府制作当地的旅游宣传手册和网页；有的学生小组与当地企业合作，致力于开发面向全球市场的地方特色产品。以制作宣传手册和网页的小组为例，学生们通过街头访谈和商业访谈等方式，听取各方对宣传手册和网页在形象、设计、概念等方面的意见。基于对课题的认识，学生们撰写商业企划书，在小组内部进行讨论。

第二，信息的收集阶段。学生小组需要深入富山县各地开展实地调查，将调查结果整合进商业企划或应用在商品设计上，进一步提炼宣传手册和网页的设计理念。小组成员根据每个人自身的优势分担设计任务，再分成不同的小组构思多个设计方案。其间，任课教师邀请校外实践导师给学生授课，并开展针对性的指导。

第三，整理与分析阶段。各个学生小组需要根据实际情况制定商品生产计划，深入分析运营模式与商业模式，之后动手制作展示品或样品，并在小组汇总展示中选出最优方案，按照方案重新明确学生小组内部分工，做到面面俱到。

第四，总结与展示阶段。学生们构思与演练学习成果展示的过程，分配成果演示中的角色和各项工作并做好相关准备与应急方案，之后进行公开演示，接受来自校外的实践导师的点评。

4.课程评价：利用"生涯护照"实施过程性评价

课程评价是完整课程体系中不可或缺的，客观系统的评价也是检验课程实施是否有效的重要手段。随着日本职业生涯教育的发展与推进，2020年4月，文部科学省开始引入"生涯护照"（キャリアパスポート）这一评价工具用以替代原有中小学职业生涯教育的课程评价。"生涯护照"是指向中小学生发行的一种用于记录学生在校成长过程中职业生涯教育课程的表现情况与改变的工具，持续性地记录学生的成长痕迹。"生涯护照"的使用将有利于教师与家长对学生职业选择提出更优的建议。鉴于中小学特别活动是职业生涯教育的主要实施场景，文部科学省提出应将"生涯护照"作为辅助教材融合到每周一次的特别活动中，并按照特别活动每学年的教学计划制定了关于职场体验、梦想展望与生活方式思考等活动的评价模板。评价模板分为两大类：一类为年度评价模板。该模板包括三个部分，第一部分是学生们自由记录过去一年中所感知到的自我生涯发展情况；第二部分是学生们对照所在学段的职业生涯教育目标进行自我评价，学生们在"熟练掌握""基本掌握""稍微掌握"的三段式中进行自我评价；第三部分是教师、家长和企业等其他评价主体自由记录学生的年度表现。另一类为日常活动评价模板。该模板包括两个部分,第一部分是学生们自由记录某一活动前后的想法;第二部分是教师、家长和企业等其他评价主体记录学生的表现。

"生涯护照"的具体使用步骤如下:第一,以特别活动为主要场景时,教师引导学生定期回顾参加过的职业生涯教育活动,并展望下一阶段的学习和生活,注重引导学生进行自我评价和互相评价,再填写指导意见,实施个性化的生涯指导。评价中涉及家长对学生的评价部分,需父母配合完成;评价中涉及企业对学生的评价部分,由职场体验活动的校外实践导师配合完成。第二,学科教学为辅助场景时,学科教师一方面通过"生涯护照"了解学生在其他课程或活动中参与职业生涯教育的情况,另一方面教师增加学科教学中职业生涯教育活动的过程性评价信息。"生涯护照"可以将学生在各学段的职业生涯教育情况汇集成人手一册的个性化生涯档案,有效加强了学科教学、校内外活动之间的衔接。随着"生涯护照"的使用,它也在一定程度上提升了职业生涯教育课程评价的整体性、系统性与衔接性。

(四)日本中小学职业生涯教育课程体系的主要特征

职业生涯教育对提升国家综合实力、发展学生核心素养有着举足轻重的作用,日本的职业生涯教育是通过教育帮助学生实现自我价值,进而为未来社会提供优质的劳动力的一种新的探索,它是一种自上而下式的、以现代人才观为理论基础的、充满人文关怀的教育形式。日本从小学阶段开始实施职业生涯教育,反映了从强调外在硬职业技能训练向软生涯能力培养转变的内涵式发展趋势,同时其实践途径和方式也日益多元化,逐渐形成了学校、企业、社区、家庭等多方合作的职业生涯发展体系。[①] 日本中小学职业生涯教育在随着时代变化的推进中,呈现出鲜明的发展特点,具体如下。

1.制定有力的职业生涯教育政策

日本的职业生涯教育史自上而下是由政府主导推行的,政府相关部门担负组织、指导和协调的责任。日本文部省以1999年报告为基础,为推进职业生涯教育,于2002年11月设置了"关于推进职业生涯教育的调查研究协力者会议",并在2003年7月发表了中期报告。报告指出,儿童的全部学习活动都会对职业生涯意识的发展产生影响,因此学校教育活动必需包含这方面的教育内容。此外,政府还制定了一系列相关政策法规,以推动学校与企业等社会组织共同配合

---

① 黄红亚,刘丹.日本小学职业生涯教育及对我国的启示[J].西北成人教育学院学报,2018(4):26-31.

实施。从 2005 年开始,政府鼓励积极进行人才培养的企业,将企业的教育训练费用按一定比例从法人税额中扣除。2010 年 5 月,日本职业教育特别委员会组织召开职业教育第二届理事会并发布报告《未来职业生涯学校》,报告分别针对义务教育及高中教育阶段学校,提出了学校未来促进职业生涯教育的对策,指出各学校应充分了解职业生涯教育的重要性和必要性。通过日本政府对职业生涯教育的有力支持和持续的研究改进,日本中小学职业生涯教育已经成为贯穿中小学阶段学习全过程的完整而有系统的学校课程教育。

2.构建分阶段有序衔接的职业生涯教育体系

2004 年,文部省组织了有关方面专家参加职业生涯教育研究协作会议,该会议提出了推进生涯教育的对策,特别是强调以学生职业观教育为核心实施生涯教育,把职业生涯教育贯穿初、中等教育全过程。日本各阶段教育的教学大纲更明文规定了从小学到高中各阶段职业生涯教育的内容和任务。从日本中小学阶段的教学大纲可以看出,小学阶段强调通过整体教育活动对小学生进行生活方式的指导,培养他们的劳动观、职业观,形成充满愿景和目标的生活态度、良好的生活习惯、健康安全的生活意识;初中阶段侧重指导学生适应集体生活,提高学生判断选择能力,帮助学生克服青年期的迷惘和苦恼,理解和尊重自己与他人,建立良好的人际关系,理解学习对于自身的意义,积极规划将来;高中阶段学生将被要求从被动学习状态转变到自我选择、自我管理和自我负责的学习,更重视培养学生的独立精神,形成自己的人生观、职业观,逐渐形成职业人的基本素质和能力。在学历教育从小学到中学,教育各阶段的连贯性依靠各阶段知识的衔接。而在实施职业生涯教育之后,日本中小学各阶段教育都融入了与学生职业生涯发展相关的内容,包括培养劳动价值观、养成良好人际关系能力、激发对职场环境的兴趣、获得积极的自我认知、培养职业信息探索和利用能力以及职业设计能力等。因此,日本中小学职业生涯教育已经形成了以"职业生涯准备"为线索,建构起分阶段有序衔接的课程体系。

3.定位于培养掌握综合实践行动能力的学生

在日本的职业生涯教育过程中,从关注学生四领域八能力的培养,到注重培养学生四种基本通识能力的掌握:建立人际关系与社会关系的能力、自我理解与自我管理的能力、解决问题的能力和职业生涯规划能力,培养学生获得社会自立和职业所需的基础通用能力,全方面地对学生成为社会人做好职业铺垫与充足的角色转换准备。另外,日本的职业生涯教育也十分重视校内综合学习实践和校外职业体验活动相结合的模式。在校内提高学生的学习兴趣,培养学生生存能力,同时以培养学生的职业观和劳动观为目的,有力推进职业体验活动,有效提高了学生对职业的认同感,对自己将来的职业计划有了更加清晰的认识。在整个教育阶段,注重培养学生参与社会实践活动的能力,保证学校培养的人不再是千篇一律的机械化"产品",而是充满个性,具有独特活力全面发展的社会储备人才。[①]

三、日本中小学职业生涯教育发展对我国的启示

随着经济全球化、发达国家进入工业 4.0 时代,我国力争通过"智能制造""再工业化"等形式,在新一轮国际竞争中占据优势地位;我国的人口红利已经逐步消失,劳动力不再呈现廉价形态,产能过剩,我国的劳动力总量与市场结构需求量产生矛盾;另外,青年不合时宜的职业价值取向和就业观念仍然存在,导致就业困难,稳定性不高。通过学习日本职业生涯教育对人才的培养方式,我国首先要致力于将个人的职业生涯发展与社会的发展有机结合,改变整个社会对职业生涯教育存在的一种十分狭隘的偏见——大部分人都将考上重点学校作为教育孩子的现实目标,而在这一目标的影响下,职业生涯教育便很难受到社会、学校以及家长的重视。因此,引导整个社会树立正确的职业观和劳动观,摒弃轻视职业生涯教育的思想十分重要。通过学习日本中小学职业生涯教育的成功经验,后文将对比分析我国的职业生涯教育发展,以期为我国的职业生涯教育发展提供有价值的参考。

（一）确立以学生为本的培养目标

我国要确立好教育发展的目标,以学生的兴趣与能力为主要导向,注重学生通识能力的培养,强调学生核心素养的提升,立足培养德、智、体、美、劳全面发展的具有核心竞争力的学生。然而,由于普通教育与职业教育两轨对于人才培养目标的不同,造成培养出来的人不能很好地满足社会需求,加剧了就业形势的严峻,因此,可以参考日本的职业生涯教育促进普通教育与职业教育的融合,以实现共同发展。通过强调对学生生涯进行规划、使其具备职业规划意识,从而使受教育者掌握扎实的理论基础,在理论学习中形成善于反思的学习能力,同时参与实践操作,形成较强的动手操作能力、创造能力以及适应社会的能力。

国家层面意识到在中小学实施职业生涯教育的重要性,并制定相关法律法规,或是落实到教学大纲与教学目的中,才能保障中小学职业生涯教育的实施。

---

① 梁珺淇,石伟平.日本生涯教育及启示[J].职教通讯,2018(5):70-74.

在教育改革的进程中,应合理地安排职业生涯教育的内容与其他内容相融合,逐渐建立起制度化、体系化的职业生涯教育体系。由于我国区域差异性较大,根据地区经济发展状况及省份间所掌握教育资源的多寡制定适合的梯度政策。相关专家指出,职业生涯教育是实施素质教育的有效手段,职业生涯教育应当将重心放到基础教育阶段。因此,职业生涯教育应成为我国中小学生基础教育阶段素质教育的重要组成部分,贯穿整个中小学阶段。[①]

(二)建立科学合理的职业生涯体系

我国应建立一个从学前到成人一贯连续的职业生涯教育体系,教育的目标、内容与实施方式应随着年龄的增长、心理认知水平的不断完善而做出相应的调整。宏观上,要保证政府提供有力的政策支持与保障,教育研究机构要立足社会视角,为职业生涯教育提供有益的研究,企业要承担社会责任,意识到在职业生涯教育中自身担负的社会责任;微观层面,职业教育学校与普通教育学校之间形成有机互动,认清两个教育的最终目的是一致的,都是为了学生能够成为更好的人,实现自身价值。教师在教学过程中,要有职业生涯教育的意识,将普通教育与职业教育人才培养的融通落实在细微之处。在宏观保障、微观落实的基础上,要建立一个客观的评价体系。通过评价主体多元参与、评价过程贯穿教育全局,切实促进职业生涯教育体系的形成与完善。

(三)促进社会资源的多方整合

在日本的职业生涯教育发展过程中,多元主体沟通参与极大程度地推动了职业生涯教育的顺畅开展,包括文部科学省及各都道府县、各教育研究机构、学校以及教师、公司企业和社会各界。文部科学省及各都道府制定了相关举措,共同推进职业生涯教育的发展,提高年轻人的自立自强的精神;同时,各教育研究机构也不断通过课题项目等专项研究推进职业生涯教育的科学发展。在普通教育与职业教育融通的过程中,关键在于培养能够满足社会发展需要,并实现自身价值的社会人,因此在这个过程中,为了更好地促进学生形成良好的职业观、劳动观,不能局限于学校教学,还需要政府、企业、学校、社区多方主体牵动,社会资源全面整合,促进学习型社会的不断实现,促进劳动力供给与市场需求实现有机平衡,促进人全面发展,进而实现自身价值。[②]

---

① 郑玥.日本中小学职业生涯教育及其启示[J].河南科技学院学报,2010(10):48-50.

② 梁珺淇,石伟平.日本生涯教育及启示[J].职教通讯,2018(5):70-74.

（四）多途径有效实现中小学职业生涯教育

结合日本中小学职业生涯教育的经验，通过多途径开展职业生涯教育：（1）将职业生涯课程渗透普通教育学科，并规定学时，保证职业生涯课程的实施质量；（2）探究适合职业生涯教育的教学方法，整合成功经验并推广；（3）安排丰富的社会职业接触机会。如组织参观生产环境、社会人职业人访问活动、地区职业调查研究活动、志愿服务活动等；（3）营造积极开展职业生涯教育的校园文化，建立与当地中等、高等职业学校、社区成人职业学校、普通高等学校等不同层次不同类型学校的联系与活动；（4）利用中小学生行为仍受家庭影响比较大的特点，建立家长教师协会，通过协会组织职业认识与探索活动，调动家长重视并参与子女的职业生涯教育。

第三节　国外职业启蒙教育对我国的路径启示

审视当下，以"他山之石"，攻"本土之玉"，有助于将职业启蒙教育研究与实践推进到一个更新的阶段。因此，本节根据发达国家中小学职业生涯教育的成功经验，对比分析我国的职业生涯教育发展，以期为我国的职业生涯教育发展提供有价值的参考。

一、加强宏观政策规划，宣传职业启蒙教育理念

新观念的引入，难免会使人产生怀疑、抗拒的心理，因此，发展职业启蒙教育，首要的是破除人们传统观念的阻碍。基础教育长期以来侧重学科知识的传授，忽视职业认同和其他能力的培养，学生不了解自己、不知如何选择大学专业、对未来就业方向感到迷惘。面对这种形势，今天的教育不能将学生当作"容器"，知识不仅是已知的知识，还要包括用来对未来进行创造的知识和未来知识，学生也要正确认识职业的划分，社会各层职业都应得到尊重。因此，必须大力宣传，让社会各界接受和传递职业启蒙。

结合我国的具体情况，比较合适的做法是教育部能够出台职业启蒙教育文件，通过互联网、电视等平台宣传职业启蒙教育，强调职业启蒙教育的必要性；中小学积极配合，学校成立专门的职业启蒙教育平台，并组织学生家长参与学校教育活动，对学生家长进行职业启蒙理念教育，逐渐让他们接受和配合；社会工商企业界在宣传教育的引导下，要积极为中小学生提供职业参观和职业实习机会；

成立职业启蒙机构[①]，机构以服务的形式提供广泛的信息、理性的忠告、正确的指导。

其中，现阶段最重要的是改变家长观念，树立职业启蒙教育理念，充分发挥家庭教育的作用。传统观念认为家庭在儿童的成长中占有非常重要的作用，这也包含生涯发展。我国家庭教育的现实情况是，虽然家长对孩子的教育付出了大量的时间、精力、金钱，也有部分家长意识到素质教育的重要性，开始让孩子参加钢琴、美术、舞蹈等培训班，却忽视了重中之重应该是帮助孩子明白三个问题：我是谁、我将到何处去、我该如何去。[②] 对此，学校或社会可以举办职业启蒙教育讲座或职业交流活动，鼓励家长和孩子参加，免费提供职业启蒙教育资料，宣传职业启蒙教育的理念、意义以及做法。家长在与孩子的日常交往中，要有意识地给孩子普及职业知识，例如可以讲解自己的职业类型、该职业所需能力、发展前景以及耐心回答孩子们感兴趣的问题，帮助他们探索未来、规划未来。

二、依托现有学科课程，强化职业启蒙要素渗透

我国目前的学校课程体系，是在过去若干年不断建设及改革经验基础上逐步发展和完善起来的，目前我国中小学生课业任务重，面临严重的升学压力，因此职业启蒙教育这一相对较新的内容要想在教育教学实践中切实得到实施，最有效的是在现行的以学科体系为主的普通教育课程中渗透。

深入挖掘教材中与职业启蒙有关的素材，在保证学术质量的同时，将职业分类、职业性质、职业要求等知识渗透到学科课程中。根据泰勒原理，首先，确立与职业启蒙教育相关的课程目标，其目标必须与我国基础教育阶段的教育目的和培养目标一致，这是最基本的要求；其次，制定详细的课程内容，将每一门科目、每一节课的课程目标具体化，制定一个详细的课程渗透流程，只有每一个细小的目标都得以实现，才能保证职业启蒙教育最终目标的实现；再次，组织学习经验，即强调不同阶段和不同领域课程之间的联系，根据学生的年龄阶段和身心特点，有计划、有步骤地进行课程教学，同时在注重学生已有经验的基础上，启发学生的"最近发展区"，进行更深入的渗透；最后，做好效果反馈，反馈可在班级例会中呈现。

---

① Liu J，Mahon M M，Watson M. Childhood career development in Mainland China：A research and practice agenda[J]. The Career Development Quarterly，2014（62）：268-279.

② Dahir C A. Career planning in middle school[J]. The Education Digest，2001（12）：65-67.

学生可以通过课堂中聆听到的和课后搜集的职业相关资料,在班会中自由表达、讨论、反思,也可制作主题海报、黑板报等加深职业认知。其中,小学、初中、高中三个阶段的职业启蒙渗透应依据个体认知水平和职业了解、群体交往情况以及职业探索、能力培养和职业管理的深度层层递进、循环上升。

将职业启蒙教育的因素融入学校课程体系中,贯穿中小学教育的各个方面和全过程,从而使职业启蒙成为教育的内在组成部分而不是外加任务。以课程为基础的职业启蒙教育,使处于学校中心地位的学术课程成为职业启蒙教育实施的主要途径,非常适合当下我国的国情。课程的优势在于全面系统、循序渐进,引导学生在掌握学术知识的基础上学以致用、举一反三,有助于学生全面掌握与职业启蒙教育相关的知识和技能。

三、巧用综合实践活动,拓宽职业体验认知路径

职业启蒙教育的实施不应仅仅局限于书本知识的传授,要包容和吸纳丰富多彩的经济社会生活内容,应当创造机会与条件,让学生们能够通过职业启蒙教育认识和了解更多真实的工作岗位。学校要加强与当地的政府、工商企业、公益组织的联系,让他们认识到职业启蒙教育是为社会输送人才的有效手段。

2001年《基础教育课程改革纲要(试行)》中规定:"从小学至高中开设综合实践活动并作为必修课程,每周平均3课时,其内容主要包括:信息技术教育、研究性学习、社区服务与社会实践以及劳动与技术教育。"有学者认为,综合实践活动可以作为实施职业启蒙教育的课外拓展活动的方式,改变过去仅以服务社会为主要内容的体验活动。[①] 这与过去的课程相比,无疑有了很大进步,但大多数地区综合实践活动的开展往往流于形式,它被推迟在寒暑假由学生自主进行,只要求在学期初上交一份实践报告,随后不了了之。

2016年12月发布的《制造业人才发展规划指南》中指出"普通中小学要在实践活动课程、通用技术课程中加强制造业基础知识、能力和观念的启蒙和培养"。基于此,在职业启蒙角度上,综合实践活动不应看作学科课程的附庸,而是与学科课程同等,有着自己独特教育功能的教育形态。学生在教师的引导下,以调查、访问、服务、实践等多样化的形式亲身体验。小学阶段,学校可以开展职业模拟体验活动和统一组织学生去企业参观、访谈,例如,江苏省某些小学开展的

---

① 陈鹏,俞程.职业启蒙教育的"未启"与"开启"——基于一所小学个案的研究[J].河北师范大学学报(教育科学版),2015,17(6):70-75.

"开心小农场""科学试验田"等;中学阶段,可以开展岗位体验活动,组织学生利用假期自愿进入企业实习,还可以参加企业或高等院校的夏令营活动。学校还要努力创造条件,邀请各领域的专家或大学生进入中小学校开展职业介绍和职业咨询活动。以实践为基础的教学能够提高学生的学习兴趣和活动参与度,学生在亲身体验中认识劳动的意义,了解职业分类、职业与生活的关系、学习与工作的关系,是促进学生未来发展的重要途径。

法国教育家卢梭在《爱弥儿》中写到,教育不在于他学到的是什么样的知识,而在于他所学的知识要有用处。[①] 学生对社会的适应,表现在不仅要适应社会当前发展的要求,更重要的是适应社会未来的需要,无论是学校、社会,还是教师、家长,看似给孩子提供了舒适的学习环境和丰富的学习资料,却很少关心对于孩子的未来发展他们真正需要什么。教育不是培训,要实现人尽其才,就必须尽早进行职业启蒙,尊重学生的意愿,鼓励和帮助学生认识自我,找到适合自己的学习目标和人生发展规划,培养他们对社会的责任意识和奉献精神。正所谓"随风潜入夜,润物细无声"。教育是细水长流,职业启蒙教育是一项宏大的工程,不可能在一朝一夕建成,但我们应该让全社会都认识到它的重要性,通过研究发达国家的生涯教育,在借鉴他国经验的同时,回归本土,在现行的教育体制下寻找切实可行的方案。相信在不断的实践探索中,适合我国的职业启蒙教育体系终会建立。

---

① 卢梭.爱弥儿[M].李平沤,译,北京:商务印书馆,2015:236-237.

参考文献

一、外文文献

[1] Atwood-Blaine D，Rule A C，Walker J. Creative self-efficacy of children aged 9-14 in a science center using a situated mobile game[J]. Thinking Skills and Creativity，2019，33：100580-100584.

[2] Bilgin C U，Tokel S T. Facilitating contextual vocabulary learning in a mobile-supported situated learning environment[J]. Journal of Educational Computing Research，2019，57(4)：930-953.

[3] Chen C C，Chen C Y. Exploring the effect of learning styles on learning achievement in a u-Museum[J]. Interactive Learning Environments，2018，26(5-8)：664-681.

[4] Defur S H，Taymans J M. Competencies Needed for Transition Specialists in Vocational Rehabilitation Vocational Education，and Special Education[J]. Exceptional Children，1995，62(1)：38-51.

[5] Denissen J，Bleidorn W，Hennecke M，et al. Uncovering the power of personality to shape income[J]. Psychological Science，2018，29(1)：3-13.

[6] Falk J H，Storksdieck M. Using the contextual model of learning to understand visitor learning from a science center exhibition[J]. Science Education，2005，89(5)：744-778.

[7] Herr E L，Cramer S H. Career Guidance and Counseling Though the Lifespan[M]. New York：Harper Collins，1992.

[8] Kern M L，Eichstaedt J C，Schwartz H A，et al. The online social self an open vocabulary approach to personality[J]. Assessment，2014，21(2)：158-169.

[9] Kim M，Dillon J，Song J. The factors and features of museum fatigue in

science centres felt by Korean students[J]. Research in Science Education, 2018(50):419-436.

[10] Krange I, Silseth K, Pierroux P. Peers, teachers and guides: A study of three conditions for scaffolding conceptual learning in science centers[J]. Cultural Studies of Science Education,2020,15(1):241-263.

[11] Kosinski M, Stillwell D, Graepel T. Private traits and attributes are predictable from digital records of human behavior[J]. Proceedings of the National Academy of Sciences, 2013, 110(15):5802-5805.

[12] Li J. Pre-vocational Education in Germany and PRC-A Comparison of Curricula and Its Implications[D]. Köln: Universität zu Köln,2011.

[13] Landers R N. Developing a theory of gamified learning linking serious games and gamification of learning[J]. Simulation & Gaming, 2014, 45(6):752-768.

[14] Mortensen M F, Smart K. Free-choice worksheets increase students' exposure to curriculum during museum visits[J]. Journal of Research in Science Teaching,2010,44(9):1389-1414.

[15] Peleg R, Baram-Tsabari A. Learning robotics in a science museum theatre play: Investigation of learning outcomes, contexts and experiences[J]. Journal of Science Education & Technology, 2017, 26(6):1-21.

[16] Peleg R, Baram-Tsabari A. Learning robotics in a science museum theatre play: Investigation of learning outcomes, contexts and experiences[J]. Journal of Science Education & Technology, 2017, 26(6):1-21.

[17] Ricardo, Alonso S, Javier, et al. Collaborative learning via social computing [J]. Frontiers of Information Technology & Electronic Engineering, 2019(5):265-282.

[18] Sugiura A, Kitama T, Toyoura M, et al. The use of augmented reality technology in medical specimen museum tours[J]. Anatomical Sciences Education,2019, 12(5):561-571.

[19] Si H, Wu H, Zhou L, et al. An industrial analysis technology about occupational adaptability and association rules in social networks [J]. IEEE Transactions on Industrial Informatics, 2020,16(3):1698-1707.

［20］ Sun C Y，Yu S J. Personalized wearable guides or audio guides：An evaluation of personalized museum guides for improving learning achievement and cognitive load［J］. International journal of human-computer interaction，2018，35(1-5)：404-414.

［21］ Wu Y，Kosinski M，Stillwell D. Computer-based personality judgments are more accurate than those made by humans［J］. Proceedings of the National Academy of Sciences，2015，112(4)：1036-1040.

［22］ Witte H D，Pienaar J，Cuyper N D. Review of 30 years of longitudinal studies on the association between job insecurity and health and well-being：Is there causal evidence? ［J］. Australian Psychologist，2016，51(1)：18-31.

［23］ Willard A K，Busch J，Cullum K A，et al. Explain this，explore that：A study of parent-child interaction in a children's museum［J］. Child Development，2019，90(60)：596-617.

［24］ Yoon S，Anderson E，Lin J，et al. How augmented reality enables conceptual understanding of challenging science content［J］. Educational Technology & Society，2017，20(1)：156-168.

［25］ Yu S J，Sun C Y，Chen T C. Effect of AR-based online wearable guides on university students' situational interest and learning performance［J］. Universal Access in the Information Society，2017，18(2)：287-799.

［26］ Zhou J，Urhahne D. Self-regulated learning in the museum：understanding the relationship of visitor's goals，learning strategies，and appraisals［J］. Scandinavian Journal of Educational Research，2016，12(3)：1-17.

二、中文文献

［1］ 阿伯特.职业系统——论专业技能的劳动分工［M］.李荣山,译.北京:商务印书馆,2016.

［2］ 柏拉图.理想国［M］.郭斌和,张竹明,译.商务印书馆,1986.

［3］ 包春莹.中学生物学教科书中加强渗透生涯教育的思考［J］.课程·教材·教法，2013，33(7)：63-68.

［4］ 陈向明.质的研究方法与社会科学研究［M］.北京:教育科学出版社,2000.

［5］ 陈宇,等.技能振兴［M］.北京:中国劳动出版社,2009.

[6] 陈鹏.职业启蒙教育学[M].北京:知识产权出版社,2019.

[7] 陈鹏,庞学光.大职教观视野下现代职业教育体系的构建[J].教育研究,2015,36(6):70-78.

[8] 崔京月,董柔纯,李伟卿,等.网易云音乐不同人格用户的网络行为及歌词偏好特征分析[J].心理科学,2021,44(6):1403-1410.

[9] 杜威.民主主义与教育[M].王承绪,译.北京:人民教育出版社,2002.

[10] 付积,王牧华.论中小学场馆学习的价值意蕴与实践策略[J].课程·教材·教法,2021,41(2):64-71.

[11] 高山艳.中职学校面向中小学开展职业启蒙教育的现状研究——基于北京市11个区19所中职学校的调查[J].中国职业技术教育,2021(10):49-57.

[12] 霍克海默,阿道尔诺.启蒙辩证法:哲学断片[M].渠敬东,曹卫东,译.上海:上海人民出版社,2003.

[13] 霍秉坤.教科书使用研究框架的评析[J].全球教育展望,2016,45(8):31-42.

[14] 黄炎培.黄炎培教育文选[M].上海:上海教育出版社,1985.

[15] 加德纳.多元智能[M].沈致隆,译.北京:新华出版社,1999.

[16] 贾彦琪.新高考改革背景下普通高中生涯课程建设的价值定位与路径选择[J].重庆高教研究,2018(6):60-71.

[17] 凯兴斯泰纳.教育论著选[M].郑惠卿,译.北京:人民教育出版社,2004.

[18] 康德.对"什么是启蒙"的回答[M].肖树,乔汉,译.北京:中译出版社,2016.

[19] 联合国教科文组织国际教育发展委员会.学会生存:教育世界的今天和明天[M].北京:教育科学出版社,1996.

[20] 卢梭.爱弥儿[M].李平沤,译.北京:商务印书馆,2015.

[21] 刘晓.从"学历社会"走向"技能社会"——新工业革命下的产业工人技能匹配与提升策略[M].杭州:浙江大学出版社,2022.

[22] 刘晓,黄卓君.青少年儿童职业启蒙教育初探[J].河北师范大学学报(教育科学版),2015,17(6):64-69.

[23] 刘晓,黄卓君.青少年儿童职业启蒙教育:内涵、内容与实施策略[J].中国职业技术教育,2016(23):32-37.

[24] 刘晓,黄顺菊.职业启蒙教育:内涵审视、作用机制与实现路径[J].职教论坛,2019(11):28-34.

[25] 刘晓,郁珂,杜妍.小学阶段开展职业启蒙教育的构建理路[J].全球教育展望,2020,49(10):39-48.

[26] 刘志慧,罗生全.综合实践活动课程评价的伦理考量[J].教育发展研究,2015,35(20):50-55.

[27] 刘海霞.互联网＋背景下职业启蒙课程建设研究[J].中国职业技术教育,2020(8):30-35.

[28] 李蕾,陈鹏.发达国家职业启蒙教育的经验与启示[J].职教论坛,2017(21):90-96.

[29] 李红恩.学校课程评价的意蕴、维度与建议[J].教学与管理,2019(34):1-4.

[30] 李彦儒,孙翠香.职业学校与中小学合作开展职业启蒙教育:困境与推进路径[J].职教论坛,2019(11):35-40.

[31] 李秀晗,朱启华,蒋宇,等.基于游戏化学习的儿童数字读写素养研究[J].现代教育技术,2020,30(4):46-52.

[32] 梁立国.开展小学生职业生涯规划教育的策略[J].中国教育学刊,2023(1):20-22.

[33] 朗格朗.终身教育引论[M].周南照,陈树清,译.北京:中国对外翻译出版司,1985.

[34] 马斯洛.马斯洛人本哲学[M].成明,译.北京:九州出版社.2003.

[35] 皮亚杰.结构主义[M].7版.倪连生,王连,译.上海:商务印书馆,2010.

[36] 邱慧燕,柴江.家校合作体系构建的要素、困境及路径[J].内蒙古社会科学,2021,42(6):179-186.

[37] 施良方.课程理论:课程的基础、原理与问题[M].北京:教育科学出版社,1996.

[38] 沈有禄.职业学校联合中小学开展劳动和职业启蒙教育:天时、地利、人和[J].中国职业技术教育,2019(7):112-113.

[39] 史文晴,李琪,唐帅,等.中职学校企业工作背景教师从教动机影响因素分析——基于扎根理论的研究[J].职业技术教育,2020,41(25):37-44.

[40] 邵文琪,王刚,刘晓.共生理论视角下职业启蒙教育资源整合的困境与突破[J].教育与职业,2021(7):5-11.

[41] 孙宏艳.高中职业生涯规划教育如何因时而变、精准施策?——基于对中美日韩四国12282名高中生的调查比较分析[J].中小学管理,2024(1):48-51.

[42] 覃章成. 初中职业生涯教育课程的开发[J]. 教育理论与实践，2014，34（29）：41-43.

[43] 陶佳, 范晨晨. 沉浸式学习理论视域下的游戏化课程目标设计：机理、框架与应用[J]. 远程教育杂志，2021，39(5)：66-75.

[44] 田静, 石伟平. 英国生涯教育：新动向、核心特征及其启示[J]. 中国职业技术教育，2019(18)：83-88.

[45] 田友谊, 李婧玮. 职业启蒙与劳动教育有机融合的价值创生及路径探寻[J]. 教育科学研究，2022(11)：5-11.

[46] 王乐, 涂艳国. 场馆教育引论[J]. 教育研究，2015，36(4)：26-32.

[47] 王攀峰. 教科书话语分析的方法论建构[J]. 教育研究，2019，40(5)：51-59.

[48] 徐国庆. 劳动教育[M]. 北京：高等教育出版社，2020.

[49] 许玮, 代陶陶, 沈致仪, 等. 技术应用真的能够有效提升场馆学习效果吗？——基于近十年 34 项实验与准实验研究的元分析[J]. 电化教育研究，2021，42(12)：63-70，85.

[50] 赵志群. 职业教育与培训新概念[M]. 北京：科学出版社，2003.

[51] 朱凌云. 新西兰中小学生涯教育的特点与启示[J]. 外国教育研究，2013，40(8)：20-26.

[52] 朱仲敏. 教育转型背景下普通高中生涯教育内容设计与实施路径研究[J]. 教育发展研究，2017，37(6)：77-82.

[53] 张华. 论核心素养的内涵[J]. 全球教育展望，2016，45(4)：10-24.

[54] 张鹏, 吕立杰. 语文教科书中的国家形象分析——以 A 版初中教科书为例[J]. 全球教育展望，2018，47(7)：21-33.

[55] 张婷, 于伟. 儿童职业梦想的现实困境与教育应对——基于对 100 名 12 岁小学生的访谈研究[J]. 教育科学研究，2021(12)：47-55.

后 记

在团队历时三年完成这部《点亮未来：新时代职业启蒙教育的体系构建与实践路径》专著之际，我回想起来还是感慨万千。在此，我想借此机会回顾整个创作过程，并分享一些思考和感悟。

青少年儿童职业启蒙教育是一个非常重要而复杂的领域。我们不仅要关注孩子的学术成绩，更要关注他们的兴趣爱好、特长潜能和未来的职业发展方向。因此，我深感撰写这部专著的责任重大，同时也感到无比荣幸能够为这一领域贡献自己的力量。

在本书的撰写过程中，我们遇到了许多未知的挑战和困难。首先，青少年儿童职业启蒙教育涉及多个学科领域，包括教育学、心理学、社会学等，需要丰富的知识储备和深入的研究。其次，每个孩子都是独一无二的，他们的成长环境和个人经历各不相同，如何在教育实践中做到因材施教，让每个孩子都能找到适合自己的职业道路，是一个巨大的挑战。然而，正是这些挑战激发了我不断探索和研究的动力，也让我更加深入地理解了青少年儿童职业启蒙教育的内涵和价值。对此，我要特别感谢那些愿意分享自己经验和故事的家长和孩子们，正是他们的真实反馈让我更加坚定了自己的研究方向。

本书作为浙江工业大学"职业教育现代化"重点创新团队的集体成果，得到了浙江工业大学重点创新团队建设基金支持。全书由创新团队负责人刘晓总体设计，汇集同济大学、江苏师范大学、广州大学、天津大学、浙江工业大学等高校优秀青年学者共同完成。全书各章既有整体逻辑，又各自相对独立。具体分工、合作情况如下：前言，刘晓；第一章，李甘菊、陆宇正、刘晓；第二章，刘晓、杜妍、郁珂；第三章，刘晓、陈乐斌；第四章，刘晓、邵文琪；第五章，刘晓、童莉洁；第六章，许玮；第七章，孙造诣；第八章，李俊、任平、陈鹏。全书最后由刘晓统稿并最终定稿，李甘菊对全书的统稿和校对也做出了巨大贡献。

本书得以顺利完成，也要感谢浙江工业大学教育学院的领导及我的学科同事和研究生，他们或参与调研，或提供前沿资料，或参与研讨，都付出了辛勤的劳动。本书在撰写过程中还有幸得到了浙江省、江苏省、山东省、四川省、上海市等地区的相关教育主管部门、职业院校、职业体验中心和相关博物馆的支持，在此一并表示感谢！本书在撰写过程中参考和引用了国内外专家、研究者的有关著作、论文和科研成果，因篇幅有限，书中未能一一说明，在此表示诚挚的感谢！

通过这部专著的撰写，我们更加深刻地认识到青少年儿童职业启蒙教育的重要性。它不仅关乎孩子们的未来职业发展，更关乎他们的个人成长和社会进步。我希望这部专著能够引起更多人的关注和思考，共同推动青少年儿童职业启蒙教育的发展和创新。由于职业启蒙教育是一个起步不久的工作，加之团队的研究水平有限，书中难免存在疏漏和不妥之处，恳请专家、研究者、同仁和广大读者批评指正。

本书既适合教育工作者、家长和关心青少年儿童职业发展的读者阅读，也可作为相关研究和培训的参考书籍。我们希望通过这本书，能够激发更多人对职业启蒙教育的兴趣和热情，共同推动新时代职业启蒙教育的发展和创新。